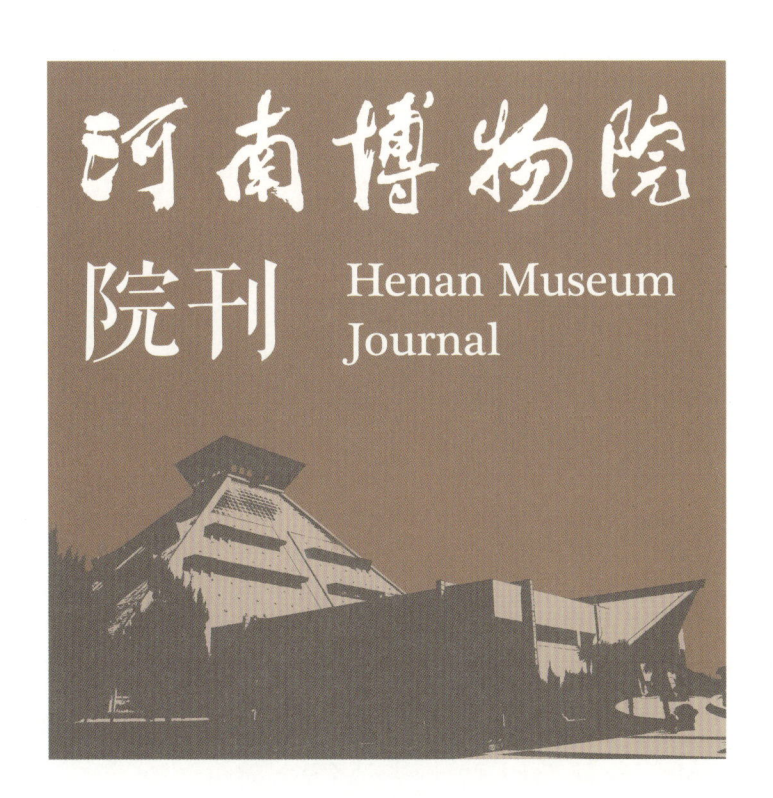

河南博物院院刊
Henan Museum Journal

第六辑

河南博物院 编

中原出版传媒集团
中原传媒股份公司
大象出版社
·郑州·

图书在版编目(CIP)数据

河南博物院院刊. 第六辑 / 河南博物院编. — 郑州：大象出版社，2022.7
ISBN 978-7-5711-1500-5

Ⅰ.①河… Ⅱ.①河… Ⅲ.①博物馆-河南-丛刊 Ⅳ.①G269.276.1-55

中国版本图书馆 CIP 数据核字(2022)第 110864 号

## 河南博物院院刊（第六辑）
HENAN BOWUYUAN YUANKAN(DILIUJI)

河南博物院　编

| | |
|---|---|
| 出 版 人 | 汪林中 |
| 责任编辑 | 郑强胜 |
| 责任校对 | 万冬辉　张绍纳 |
| 装帧设计 | 王　敏 |

出版发行　大象出版社（郑州市郑东新区祥盛街 27 号　邮政编码 450016）
　　　　　发行科 0371-63863551　总编室 0371-65597936

| | |
|---|---|
| 网　　址 | www.daxiang.cn |
| 印　　刷 | 河南瑞之光印刷股份有限公司 |
| 经　　销 | 各地新华书店经销 |
| 开　　本 | 890 mm×1240 mm　1/16 |
| 印　　张 | 10 |
| 字　　数 | 223 千字 |
| 版　　次 | 2022 年 7 月第 1 版　2022 年 7 月第 1 次印刷 |
| 定　　价 | 125.00 元 |

若发现印、装质量问题，影响阅读，请与承印厂联系调换。
印厂地址　武陟县产业集聚区东区（詹店镇）泰安路与昌平路交叉口
邮政编码 454950　　电话　0371-63956290

## 《河南博物院院刊》编委会

**主　任**：万　捷　马萧林
**委　员**：（按姓氏笔画排序）
　　　　丁福利　王海锋　左俊涛　史自强　冯　威
　　　　司秀琳　刘　康　刘振江　李　琴　李政育
　　　　张建民　张得水　武　玮　林晓平　单晓明
　　　　荆书剑　信木祥　徐　雷　龚大为　葛聚朋
　　　　翟红志

**主　编**：马萧林
**副主编**：张得水　武　玮
**编　辑**：向　祎　王莉娜　贺传凯

**四神云气图壁画**

西汉早期

长 5.14 米,宽 3.27 米

1987 年河南商丘永城芒砀山柿园汉墓出土

河南博物院藏

# 目录 | CONTENTS

### 文旅文创融合战略研究专题

001 基于展览特色视角下博物馆文创展示的探讨
　　——以青海省博物馆"1+3"主题展览为例
　　　　　　　　　　　黄培培　王建新　弓俭鸽　王世威　马　娟

009 潮归何处
　　——兼谈安徽博物院的文创实践　　　　　　　　　　　徐大珍

016 走向未来生活的文创　　　　　　　　　　　　　　　　张　杨

### 考古探索

019 1993年山西朔州经济开发区家具厂汉墓发掘简报
　　　　　　　　　　　　　　　　　　　　　　　山西省考古研究院

### 展览评议

028 于细微处寓极致　于璀璨中见非凡
　　——"微观之作：英国V&A博物馆馆藏吉尔伯特精品展"掠影
　　　　　　　　　　　　　　　　　　　　　　　汤　威　樊　欣

037 解读河南博物院"出彩中原——河南红色文化陈列"
　　——兼论院藏红色出版物的价值及利用
　　　　　　　　　　　　　　　　　沈天鹰　袁鹏博　李　莎

### 文物品鉴

052 四方福佑
　　——浅谈四神纹铜镜的发展过程及艺术特点　　　　　　王小文

060 明周藩永宁荣穆王墓志考略　　　　　　　　　　　　　李　聪

064 河南博物院院藏地方文献资源述略　　　　　　　　　　崔晓琳

069　从老区革命文物整治开发谈保护和发展的关系　　　　　　　张　华

**博物馆实践**

074　论"一带一路"沿线国家和地区博物馆交流合作的内涵
　　　　　　　　　　　　　　　　　　　　范洁帆　徐　玲　王骋远
080　试论博物馆在城市文化建设中的载体功能　　　　　　　王元黎
088　我国博物馆领域专利技术应用研究
　　　——基于十年专利授权数据的分析　　　　　　　　　　姚　明
097　后疫情时代博物馆"云教育"的探索与思考
　　　　　　　　　　　　　　　　　　　　　刘　璐　徐博一　王　浩
102　文物博物馆管理体制的创新思路探索　　　　　　　　　马　侠
107　现代信息技术与博物馆管理有机结合的模式探讨　　　　成耿坤
113　"互联网+"智慧博物馆建设研究
　　　——以内乡县衙博物馆为例　　　　　　　　　　　　　王晓杰
120　河南博物院志愿者团队2021年基础情况调研与分析　　　阎国宇
125　河南博物院国宝特展"中华第一灯——长信宫灯"线下观众调查
　　　　　　　　　　　　　　　　　　　　　　　　　梁　爽　李晓荧
133　从《唐宫夜宴》谈博物馆文化传播　　　　　　　　　　宋铭月
139　河南博物院院藏革命文物教育功能的再思考　　　豆晓宇　冯冬艳

**史学发微**

145　试论夏商王朝的民族政策　　　　　　　　　　　　　　王　琼
150　黄河之子济沧海：参与郑和下西洋的河南籍将领　　　　刘　涛

# 基于展览特色视角下博物馆文创展示的探讨

## ——以青海省博物馆"1+3"主题展览为例

黄培培　王建新　弓俭鸽　王世威　马　娟
青海省博物馆

> **摘要**：文创展示区是实现博物馆与参观者有效连接和沟通的最后一个展厅，是博物馆展览、宣传教育社会功能最大化和实现文创产品经济效益的有效途径。本文立足青海省本地历史民族文化，结合青海省博物馆"1+3"主题展览的介绍与亮点分析，深入挖掘馆藏精品文物与本地历史文化的特色元素，在展览解读中探索青海文创研发与展示平台的融合之路。
>
> **关键词**：文化创意产品；文创生活体验馆；青海"1+3"主题展览

青海省博物馆建馆三十多年来，始终坚持以传承弘扬中华优秀传统文化、服务民生为己任，积极践行社会主义核心价值观，开展以展览为中心，弘扬爱国主义、革命传统、社会主义先进文化等为主要内容的各类社会教育活动，在藏品保护研究、文物陈列展示、公共文化服务、文创产品研发、对外文化交流、总分馆制建设等方面取得了显著成效，是青海省传承和弘扬中华优秀传统文化的重要平台，也是推动青海省精神文明建设及文化强省建设的主要力量。（图1、图2）

为进一步认真贯彻落实习近平总书记关于博物馆工作的重要论述和指示批示精神，在青海省委、省政府的决策部署及省文化和旅游厅、省文物局的指导下，青海省博物馆顺应文旅融合战略，助力打造"国际生态旅游目的地"，努力提升博物馆事业高质量发展，重塑新形象，激发新活力，彰显新作为，精心组织策划了以"青海历史文物展"为主，"青海非物质文化遗产精品展""青海考古成果展""百年青海革命文物目录展"为辅的"1+3"主题展览体系，多角度展现青海地域历史及民族文化特色。同时优化功能布局，在提升展览展示水平、举办高质量

图1 青海省博物馆外景航拍图

图2 青海省博物馆大厅

精品展览的同时,营造合理、舒适的参观环境,提供精细化、人性化的参观服务,以博物馆自身优势助推文化和旅游高质量发展,走出了一条彰显青海文化魅力的蜕变发展之路。

## 一、创新办展理念,讲好青海故事

本次展览策划的最大特点是整合全省文物资源,丰富展品来源。在充分挖掘自身馆藏资源及文物研究成果的基础上,整合青海博物馆联盟文物资源,扩充展品类型,丰富展览内容,提高策展办展能力,全景式展示青海从史前文明到近代的发展历程。展览展陈面积增加至9450平方米,上展文物1331件(套),2405件,其中一级文物191件、珍贵文物248件(套)。

策展思路上,秉承"千水之源、万山之宗、多元共生、人文河湟、大美青海"的办展理念,以打造黄河文明、河湟文化为核心内容,策划区域特色鲜明、定位准确的展览体系,全方位、多角度将青海历史文化以可知可感的形式传递给观众,为青海在中华文明进程中的重要地位提供了实物佐证。

### (一)"青海历史文物展"——全面展示区域文化

该展览是青海省博物馆"1+3"主题展览体系中的核心展览,展览结合青海历史发展进程和多元地域文化特色,客观再现古代青海境内的羌中道、吐谷浑道、唐蕃古道、青唐道、茶马古道的交通功能与历史风采,呈现青海独特人文风貌与生态景观,全方位展示青海深厚的历史文化底蕴,突出青海多元文化特色,彰显了青海在"一带一路"中过去有地位、现在有成就、未来有前景的地位。展览共分为六个部分，参展文物600多件（套），其中一级文物152件（套），均是见证历史的"活化石"，是青海马家窑文化、宗日文化、齐家文化、辛店文化、卡约文化、诺木洪文化的典型代表，印证了青海是丝绸之路、唐蕃古道和茶马古道重要干线的历史史实，反映了青海厚重深远的历史文化渊源。（图3、图4、图5）

该展览亮点包括：一是从考古发掘见证青海悠久灿烂的历史文化和东西方文明的交流进程。在中国史前时期，考古发掘和研究发现，陶器、铜器、玉器、粟黍、小麦、海贝等遗存均反映出先民所创造的本地文化与中原文化、欧亚草原文化、南亚文化等有着千丝万缕的关系。可以说，青海在这一时期就存在连通中国东部、西部，连绵至中亚、西亚，远抵东欧的通道。它是一条农耕传播之路、青铜之路、玉石之路。青海地区出土的马家窑舞蹈纹彩陶盆及粟黍等农作物、圆銎阔叶倒钩铜矛、玉璧等实物，证明了早在史前时期青海就已经存在东西方文化交流现象，并且是中西文明交流的重要通道。二是展览在内容上力求大格局、新视角。展览在内容策划上，将青海"锁钥之地"的战略意义放到历史和地理的大背景中，通过政治、经济、文化、军事等多重角度进行审视，并从"文化交流"的视角娓娓道出农耕与游牧、汉民族与少数民族、中原与地方政权长期的碰撞与交融，以期做到见人见物讲故事。在内容上，每部分单列丝绸之路青海道，从全新的视角客观再现青海在丝绸之路上重要的地位。根据青海独特的地理位置和地域文化特色，拓展了魏晋南北朝时期鲜卑西迁内容，反映了其对青海历史产生的深远影响。三是展览运用场景复原、多媒体等多种辅助展示手段，提升观展效果。运用场景复原、微缩景观、半景画和多媒体等辅助展示手段，浓缩历史瞬间，把观众带到身临其境的遐想之中，配合展览内容，多层次、全方位展示青海历史发展沿革和人文变迁，使观众能更加生动直观地了解青海历史文化发展脉络。四是部分参展文物首次在青海省博物馆亮相。展览策划

图3 青海历史文物展

图4 宗日遗址出土的骨刀、骨叉、骨勺

过程中，结合青海省文化资源特色，深入挖掘文物背后的故事，增加展示内容，例如在"青海历史文物展"中，增加了"乙弗勿敌国""乙弗皇后""粟特人在青海""都兰遗珍"等内容，对青海历史文化的阐释更为全面。同时，汇集省垣各文博单位馆藏珍品，如都兰热水大墓部分出土文物等均属首次与广大观众见面。（图6、图7、图8）

## （二）"青海考古成果展"——展示青海文明起源和发展的历史脉络

习近平总书记强调，"考古发现展示了中华文明起源和发展的历史脉络，展示了中华文明的灿烂成就，展示了中华文明对世界文明的重大贡献"。"青海考古成果展"正值中国考古学诞生一百周年，集中展示新中国成立以来青海考古的

图5　贵南尕马台墓地出土的七星纹铜镜

图7　大通上孙家寨汉晋墓出土的鸾凤铜熏炉盖

图6　柳湾墓地出土的彩陶靴

图8　乐都瞿昙寺铜鎏金菩萨像

艰辛历程和丰硕成果，这也是青海省首次举办的考古成果专题展览。在展览内容上积极探索富有时代性的展陈方式，选择独特艺术元素展开创作，秉持"让文物回归考古语境"的策展理念，运用类型学、年代学等多种方法，深入挖掘文物内涵，让深藏于文物库房中的文物"活"起来。搭配声、光、色等辅助手段营造展览主题氛围，让观众品味独特的文化魅力，其中通过微缩景观、主题宣传片、场景复原、纪录片推介等形式首次综合性对海西都兰热水墓群的四个墓葬做了全面介绍。展览共展出精品文物314件（套），其中珍贵文物93件（套）。

该展览有如下四个亮点：一是展览将青海考古历程中最具代表性的典型遗址进行集中展示，辅以古道调查、文物保护等内容，既有对考古过程的梳理，也有对考古成果的解读和阐释，力求全方位、多角度呈现青海考古的丰硕成果；二是展览适度采用遗址复原、多媒体演示等手段，力求打造全景式、深学术、宽艺术的展示效果，在考古学的学术推广、社会化宣传和艺术欣赏相结合方面实现新的探索；三是将考古过程中使用的工具进行集群展示，并辅以考古学方法科普和互动体验等内容，让神秘的考古学不再束之高阁，助力推动考古和文物保护利用融入大众的日常生活。（图9、图10、图11、图12）

**（三）"青海非物质文化遗产精品展"——展示青海大地厚重的传统文化**

"青海非物质文化遗产精品展"是青海省博物馆提升改造后推出的常设展览，该展览立足于青海地区代表性非遗项目，选取热贡艺术、黄南藏戏、"花儿"等6项联合国教科文组织人类非物

图9 青海考古成果展

图10 宗日遗址出土的舞蹈纹彩陶盆

图11 唐双狮日月金牌饰

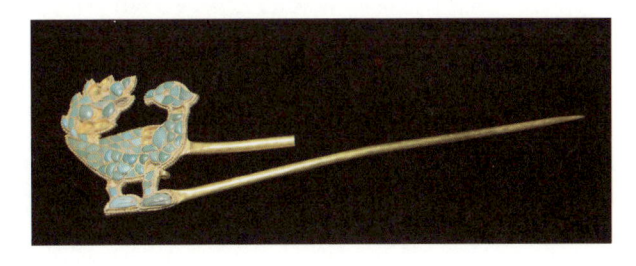

图12 唐镶绿松石凤钗

质文化遗产代表作项目，以及加牙藏族织毯技艺、土族纳顿节、塔尔寺酥油花等88项国家级非物质文化遗产项目，河湟剪纸、河湟刺绣等17项省级非物质文化遗产项目作为展示对象，共计展出190套（640件）展品。（图13、图14）

该展览亮点为：一是在展览内容上更具时效性。依托国务院公布的五批国家级非物质文化遗产代表性项目名录和青海省政府公布的五批省级非物质文化遗产代表性项目名录，对青海省非遗项目进行梳理整合，保证展示内容紧跟非遗保护传承的时代潮流。此外，在展览筹备过程中，积极搜集相关资料，图文翔实、展品丰富。二是在展览布局上，打破传统的非遗分类模式，以非遗项目所凸显的青海民族文化的交融性、多元性、独特性特征作为展览叙事逻辑，划分为"河湟神韵""民族风情""文化生态保护区"三个单元进行体系构架，突出青海独具地域特征和民族特色的非遗代表性项目。三是在展览形式上，通过实物展示、图板介绍、活态展演、场景还原、多媒体展示、互动体验等方式，全方位、多角度向社会公众展示近年青海非遗保护传承发展成果，辅以青海古建风情、地区代表性自然景观等，力求达到"看非遗 游青海"的展览效果，让文化旅游"靓"起来、文旅品牌"响"起来、文创资源"活"起来。

**（四）"百年青海革命文物目录展"——传承红色基因，弘扬新青海精神**

在中国共产党成立100周年之际，为献礼建党百年，特别策划此展览。以物讲史，以物传神，发挥教化育人、凝心聚力的作用。联合省内五家文博单位，共同打造精品展线，以合作办展的形

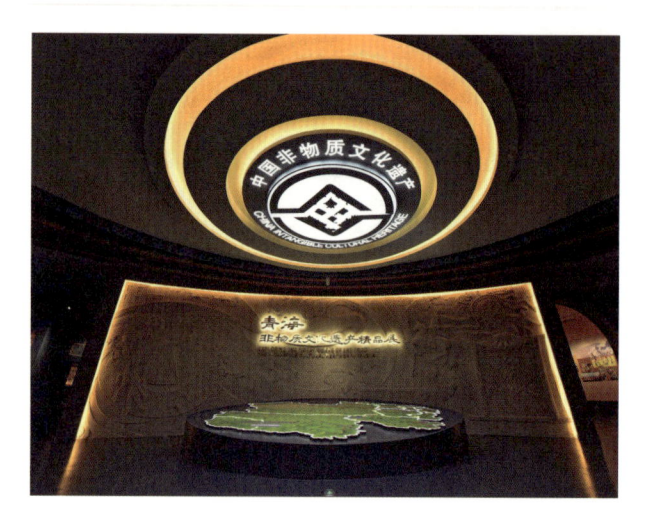

图13 青海非物质文化遗产精品展

图14 土族婚礼模型

式借展相关单位展品，完善展览内容，丰富展线展品。依托青海省公布的第一批革命文物名录，梳理全省红色可移动文物和不可移动文物，利用青海省具有重大历史意义的红色遗址、革命历史纪念场所等红色资源，讲好青海的革命史和红色文化故事，深入挖掘红色文化精神谱系，讲好长征精神、西路军精神、"两弹一星"精神、"两路"精神、"玉树抗震救灾"精神、新青海精神等，以阐释红色文化，讲述红色记忆！

该展览亮点为：一是创新展览主题。以践行习近平总书记关于保护革命文物的重要指示和

全国革命文物工作会议精神为指导思想，将展览重心放在革命文物上，以物讲史，以物传神。以2021年青海省第一批革命文物名录以及现有革命文物为主，展示了多年来青海省在革命文物保护上的成果，开启全民对革命文物认识的新篇章。展览主题新、内容新、数据新，与时俱进、与时同行。同时，该展览也是践行《关于庆祝中国共产党成立100周年组织开展"永远跟党走"群众性主题宣传教育活动的通知》的有益尝试，展示出在党的领导下各族各界人民为青海乃至全国建设与发展所做出的重大贡献。二是创新展览内容。展览在叙事方法上打破了专题纪念馆以时间为叙事逻辑的方法，让革命文物成为主角，以事件为展览逻辑，形成文物组群式展现手法，讲述文物与历史事件之间的联系，解读文物背后的历史故事，做到"见物、见事、见人、见精神"。展览分不可移动革命文物与可移动革命文物两个部分，第一部分重点展示青海省18处不可移动革命文物，第二部分展示红军长征、西路军征战、青海解放、抗美援朝等历史及兰青铁路、青藏公路、"两弹一星"、玉树抗震救灾等重大建设成就中，青海人民及全国各族各界人民所做出的贡献，激励社会各界人员保护革命文物，赓续红色基因。三是丰富充实展品数量。展览策划过程中，参展文物的选择遵循三个原则。第一是基于馆藏，挖掘馆藏文物中有故事可讲的文物。第二是馆际合作，以合作办展的形式借展相关单位展品，完善展览内容，丰富展线展品。第三是精选事件，撷取与青海息息相关的革命历史事件，并集结青海省博物馆、西路军纪念馆、慕生忠将军纪念馆、原子城纪念馆、玉树抗震救灾纪念

图15　百年青海革命文物目录展

图16　命运之石

馆、玉树地震灾后重建展览馆6家文博单位文物158件，其中三级文物2件（分别为1953年4月7日青海省人民政府任命朱贵为乐都县政府委员的通知书和1954年青海省人民政府颁发的劳模奖章，均为首次展出），充分展示了青海红色文化资源的丰富谱系和青海在百年党史中留下的弥足珍贵的红色印记。（图15、图16）

## 二、延伸博物馆功能，用文化创意产品为展览注入生机与活力

依托"1+3"主题展览体系，青博文创秉承创新发展的理念，着力打造"青博文创"销售区及

"文创生活体验馆"两大功能区域。文创产品主要以本馆"彩陶意蕴""古道文华""憧约瞿昙"三大系列为主,涉及学习用品、生活用品等,并开辟"青博"文创销售门店,以"青海博物馆联盟"成员单位的产品为主,涵盖文具类、纺织类、茶具类及图册等,旨在通过对成员单位文创产品的大融合、大集合,实现加强合作、优势互补、资源共享、共同进步的目标,建立藏品、展览、人才等资源的共享机制,激发创新活力,共同推进青海文旅产业的大发展、大繁荣。

图17 青博文创展示区

"文创生活体验馆"作为青海省博物馆"文化+创意+生活"的一次新尝试,以还原真实生活场景的方式,展示了现代工艺大师的珍藏品、文物复制品、青海传统手工艺"青绣"系列产品、"河湟陶韵"餐具、竹编茶具等多种类文创产品,将观展、学习、休闲与博物馆的基本功能相结合,使参观者在整洁、舒适的环境中,领略每一件文创产品的文化内涵,融入生活,在日常生活中感受文创产品带来的生活新体验,真正实现"把博物馆带回家"的目标。(图17、图18)

图18 文创家居体验区

同时,为全面展现新设展览的创新与提升,多维度、多视角呈现展览形式及内容的多样化,"青博"文创依据展览大纲,精心策划筹备,研发生产配套展览的特色文创产品,满足不同消费者的个性化需求。

在青海省文化和旅游厅、青海省文物局的正确领导和各协作单位、各有关专家的鼎力支持下,青海省博物馆展陈改造提升项目经过两年多的酝酿,160天的紧张实施,羽化蝶变,焕然一新,开启博物馆发展新的征程。展望未来,青海文旅融合发展恰逢伟大新时代,新的历史机遇赋予青海省博物馆新的历史使命。青海省博物馆将以文化和旅游融合满三年为契机,不断创新展览内容和形式,提升展览展陈水平,用贴近实际、贴近生活、贴近群众的精品力作讲好青海故事,提振青海多元历史文化的"精""气""神",充分发挥博物馆在弘扬中华优秀传统文化方面的重要作用,紧密围绕打造"国际生态旅游目的地",为文化强省建设贡献青博力量。

# 潮归何处
## ——兼谈安徽博物院的文创实践

徐大珍
安徽博物院

**摘要**：本文通过分析当下"国潮"现象，诠释"国潮"的发展历史和基本内涵，揭示"国潮"正当浓的时代原因。同时，结合安徽博物院近年的文创活动、品牌合作、产品设计等实际案例，探索博物馆在"国潮"中的实现路径，进一步提出关于"潮归何处"这一概念的未来展望。
**关键词**："国潮"；博物馆；文创

## 一、"国潮"的定义

近年，"国潮"成了一个炙手可热的词语，尤其在互联网时代，国家对文创事业大力扶持，"国潮"也在国人的探索创新中应运而生，成了年轻人竞相追捧的潮流。[1] 2019年11月，在"博鳌文创论坛文创前沿对话"活动中，清华大学文化创意发展研究院发布《国潮研究报告》，指出了"国潮"的"国"即中国，是中国优秀传统文化的复兴；国潮泛指具有中国特色的，符合时代前沿审美和技术趋势的，具有国际视野、展现中国自信的中国商品。[2]

国潮包含三方面含义：国潮一定是具备中国元素的；国潮一定是创新的；国潮一定是潮流的，这个潮流是红遍了大江南北的潮流，这个潮流也是走向国际的潮流。让中国文化走向世界，让中国人文化自信，让全球的华人和全世界人民知晓中国文化的博大精深和中国现在的发展。

## 二、"国潮"的历史与现状

当今的国潮实际上是国潮的又一次回归。在中国文化发展史上，中国的国潮有两个高光时期：汉代和唐代。汉唐时期，中国的潮流是包括西方国家在内的世界最先进最时尚的典范，并一直延续到16世纪。安徽博物院馆藏中有一组清早期的"汉宫春晓图"彩漆屏风，当时中国风的很多彩漆屏风是为热爱东方文化的西欧人所定制的，充分说明16世纪中国文化对西方的影响。16世纪的欧洲，特别是荷兰，在西欧的王室和贵族的房间里面会专门布置有"中国房间"，放上浓浓中国风的彩漆屏风，摆上中国的瓷器，人们穿上中国的丝绸，这是当时西方对中国文化的膜拜。至近代，中国落后了，被西方文明赶超了。中国人开始一味地学习西方，国风一度成为落后腐朽的象征。

国潮文化是对中华民族传统文化内涵的传承与价值的体现，具有独特的民族文化和民族特征，是我国国力强大、文化自信增强的体现。[3]中国风不但有中国元素，也必须跟上时尚的脚步，让传统赋能潮流。现在越来越多的年轻人喜欢国潮服装，汉服的流行也可见一斑，更多集传统与时尚为一体的国潮产品让年轻人竞相追逐。这是我们国潮能够风正浓的一个原因。

根据百度与人民网研究院联合发布的《百度2021国潮骄傲搜索大数据》报告显示，国潮在过去十年时间搜索速度增长528%，如今的国潮已经迈入3.0时代。[4]通过近五年国内和国外品牌关注度相比，中国消费者消费方向也在不断改变，很多博物馆做的相关文创产品，既有文化内涵，又有很高的品质，比起国外大牌，可谓价廉物美。如苏州博物馆、故宫博物院等做了很多精致的国潮风产品，得到了各界人士的喜欢。

现在是国潮正当浓的时候，不仅文创产品风行，更有大文创不断涌现。如西安的大唐不夜城步行街，它真实复原了唐代的盛景，也吸引了全国各地的年轻人，游客如潮。形式上借用了迪士尼流行的表演模式，如彩车巡游等，装饰和表演的内容都运用了中国元素，受到很多年轻观众的追捧。还有河南卫视的出圈、博物馆新文创、天猫旗舰店等各种各样中式品牌的出圈，都能体现国潮风在中华大地上的兴盛。正是有这样一个非常好的环境，博物馆才可以乘势而为，在这个大潮当中利用国潮的力量，让国潮挺立潮头，永不退潮。

## 三、安徽博物院实践案例

自2012年至今，安徽博物院文创从起步到被列为全国博物馆系列92家文创试点单位，取得了一定成绩，从品牌的打造到跨界融合，探索出了一条属于安博的文创之路。

潘玉良油画是安徽博物院的特色馆藏，依托这些展品安博精心打造出了潘玉良系列文创产品，2021年入选全国"十三五"全国文化文物单位文化创意产品开发优秀成果，也在各个层面获得了一些奖项。

现在的文创是大文创的概念，不仅仅是一个小小的产品，配合展览，把活动和文创结合起来，是文创的走向之一。文创本身就是创意，安徽博物院在借鉴故宫博物院、河南博物院、苏州博物馆等文创大馆宝贵的理念和方法的同时，更是立足自身的馆藏文物和文化特色，做出特色文创。

关于文创产品跨界和出圈的工作，安徽博物院文创团队结合展览、社教和宣推等力量，做了大量工作，效果显著。2021年11月，安博精心策划了一场文创宣传推广活动"围博雅集——安博文创围巾首饰沙龙"。活动地点设在徽州古建筑的展厅里，场景唯美。活动运用舞台剧走秀的方式展开，以古琴伴奏。由院内工作人员主持表演，古琴家伴奏，除了观众，还特邀了合肥各个层面的女性嘉宾，有作家、书画家、企业家、媒体人、文博工作者，她们观看表演，畅谈感想，参与走秀。同时，活动聘请了专业摄像摄影团队记录全过程，最后由安博的工作人员进行现场销售。嘉宾及观众争相购买，效益显著。（图1、图2）最重要的是通过这次宣传，嘉宾们深度了解了博物馆文创的价值，表示将长期关注和合作，并将博物馆文创产品作为企业和个人礼品的重要备选品。这个活动也与媒体合作进行了直播，扩大了影响力。

2020年11月，安博团队创意策划了一场活动——渐江诗词吟诵会，配合原创展览——《家在黄山白岳之间——渐江书画艺术》。渐江是安徽明清之际的书画流派"新安画派"的领军人物，本次活动选取部分渐江诗词，邀请安徽书画名家和诗词达人，运用中国传统的诗词吟诵方式来演绎大师的作品，通过古装表演，取得了非常好的效果。活动后期，工作人员用多媒体的方式对活动进行数字化制作，以唯美画面表达渐江诗词的意境，在网上进行大量传播。（图3、图4）

2021年9月29日是安徽博物院新馆开馆十周年，安博团队策划了一场大唐风华秀大型创意活

图1 "围博雅集——安博文创围巾首饰沙龙"活动现场（一）

图3 渐江诗词吟诵会现场

图2 "围博雅集——安博文创围巾首饰沙龙"活动现场（二）

图4 多媒体展示诗词意境

动，契机源于安徽博物院引进展——陕西历史博物馆的汉唐文物精品展览。这场活动由安博的工作人员撰写剧本，邀请部分专业舞蹈演员参加，其他工作如主持、演绎、制作视频均由院内工作人员承担，不仅可以节约成本，也保证了活动的内容和质量。活动通过复原《唐宫夜宴图》场景，结合唐代茶艺表演、唐诗演唱、观众互动等环节，带领观众感受大唐文化。现场美轮美奂，观众好评如潮，几家媒体共同直播，社会影响力显著扩大。（图5、图6）

安徽合肥近年的发展也屡屡成为热点话题，这与中国科技大学的科技成果助力分不开。2020年，安徽博物院与科大讯飞公司联合推出文物手机壁纸。随着国潮风的手机壁纸成为年轻人的新宠，市场上也出现了很多这种风格的壁纸，但有的内容和画面并不能充分体现中国优秀传统文化。博物馆应该引领传统文化的传播，引领国潮走入正确的发展路径。安博和科大讯飞公司的合作就出于这个初衷，科大讯飞具有丰富的手机合作平台，拥有专业的设计团队。安博负责提供文物元素和文化内涵，并全程给予创作指导和审核。在双方的共同努力下，2021年安博推出了首期国宝系列"非同寻常的宝藏"，现已上线OPPO手机平台，随后vivo手机和华为手机等平台也将陆续上线。截至目前，壁纸曝光量达到2.4亿，包括图文H5曝光量9000万、10秒游戏曝光量9000万。这些壁纸的形式美感具有浓浓的国潮风，符合现代年轻人的审美意趣，而壁纸的内容则选用安徽博物院馆藏文物元素，是对中华优秀传统文化和安徽地域文化特色的传播。（图7、图8、图9、图10、图11、图12）

近年文创食品也受到大量文创爱好者的追捧，为满足这一市场需求，安徽博物院深挖地域文化，联合徽州老字号胡兴堂共同合作研发出城市伴手礼系列——徽墨酥。同时，

图5 大唐风华秀活动现场（一）

图6 大唐风华秀活动现场（二）

图7 "非同寻常的宝藏"手机壁纸（一）

图8 "非同寻常的宝藏"手机壁纸（二）

图11 "非同寻常的宝藏"手机壁纸（五）

图12 "非同寻常的宝藏"手机壁纸（六）

图9 "非同寻常的宝藏"手机壁纸（三）

图10 "非同寻常的宝藏"手机壁纸（四）

为了扩大文创产品的宣传，安博工作人员又策划了一场文创活动——徽墨酥品鉴会。活动包括徽墨文化的宣讲、徽墨酥现场制作讲解、嘉宾试吃体验等环节，将传统文化的传播与文创产品宣传相结合，加强产品推广的力度和深度。参加活动的参观者和嘉宾反响甚佳，媒体也进行了现场采访和直播。结合前期安博文创雪糕、巧克力等产品在微信、微博、抖音等平台的宣传，大大提升了参观者关注度和互动。（图13、图14）

国潮向何处去？如何引导国潮走向正确的道路也是博物馆文创的责任和使命所在，博物馆掌握了大量的文物资源，是中华文化的载体。文化的传播需要博物馆的文创人员深挖文物背后的故事，深挖文化内涵。这个内涵既要是中华优秀传统文化，又要契合现代人的需求；既要满足人们对美的需求，又要满足人们精神世界的需求。比

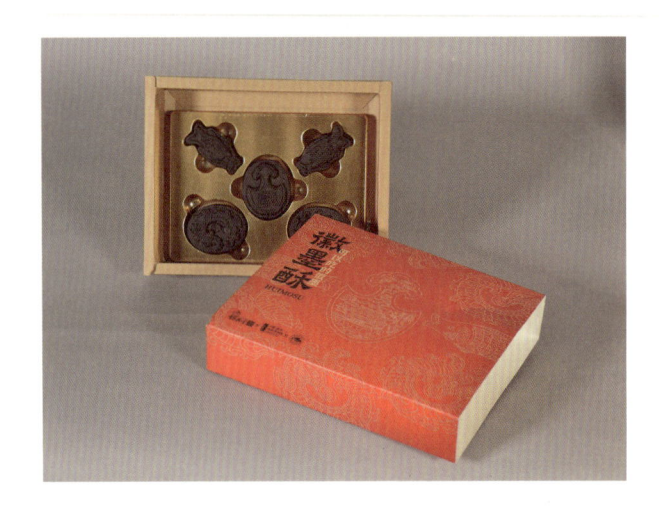

如安徽博物院馆藏的国宝级文物鄂君启金节,是战国时期楚怀王颁发给贵族的免税通行证,形制独特,文字优美,内涵丰富。安博的文创团队借用金节蕴含的水路陆路皆畅通的含义,表达现代人祈求平安、人生通达的愿望。在这一理念的推动下,随后安博陆续推出"车""舟"铭文耳环、项链、金节文具套装、丝巾系列。特别是金节大丝巾在2021年12月25日中央电视总台3频道的《国家宝藏》栏目中亮相,尽显安徽地域文化之深厚和安博文创之精彩。(图15、图16、图17)

徽学是与敦煌学、藏学并称的中国三大地域显学,徽文化是安徽特色地域文化,内涵博大精深。安徽博物院馆藏徽文化文物藏品丰富,徽州建筑艺术中有木雕、砖雕、石雕,统称"徽州三雕",承载了徽州文化内涵,体现了徽州制品工艺的精湛。徽州人喜好以物寄情,用谐音表达愿望,馆藏一件明代"荷蟹图"砖雕,"荷蟹"寓意"和谐",和谐是千百年来中国人心中所求,也是中国普世的价值观,体现了中国人的智慧。和谐可以解读为几个层次,包括个体内在的和谐、人与

图13 徽墨酥

图14 徽墨酥品鉴会

图15 金节文具套装

图16 "车""舟"铭文耳环

图17 金节大丝巾　　　　图18 "荷蟹图"砖雕　　　　图19 "荷蟹"（和谐）戒指

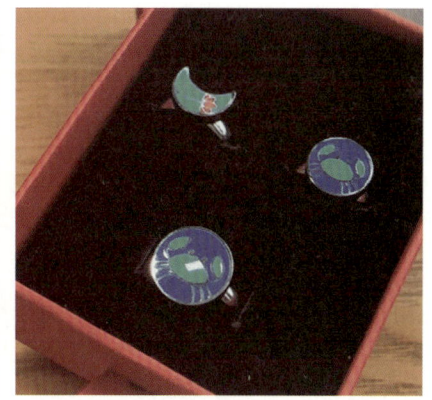

人之间的和谐、人与自然的和谐，是徽州人以及中国人对理想社会和美好生活的向往。在和谐发展的理念下，安博联合授权公司共同推出了徽文化主题文创——"荷蟹"（和谐）戒指，通过对荷花和蟹图案的艺术化解构，打破常规，制作出三枚戒指，包括一大一小两个蟹图案、一个荷图案。消费者可以根据自身需求，选用多种组合佩戴，一个人戴两枚荷蟹，寓意一个人的独立，是个人内在的和谐；家人、情侣、朋友共同佩戴，体现了和谐主题的广泛性。（图18、图19）

## 四、总结与展望

潮归何处？国力强盛，国人有强烈的自我认同感，文化自信深入人心，将促使国潮的未来前景广阔。5G信息时代的到来，让潮流传播更快更广。中国有几千年的灿烂文化，深邃的思想、唯美的艺术是国潮文创产品取之不尽的源泉。而国潮不是简单的复古，是传统文化和现代艺术的高度融合，只有完美诠释国潮与众不同的时尚，才会让国人乐此不疲地持续追逐和认同。从"中国制造"到"中国质造"，国货品牌通过更高级的设计，更"国潮"的姿态，更先进的技术，走进大众的视野和生活。[5]

博物馆有得天独厚的文物资源和具有良好文化素养的文创专业人才，这是推动国潮向着更深层次发展的重要动力，博物馆文创必将引领国潮的导向，文物数字藏品文创、文创美食、伴手礼、各种盲盒层出不穷，创新不断，满足了不同层次消费者的需求，国潮也将通过不同渠道走向世界。

---

[1]魏旭燕,郭霖蓉,秦岁明.文创经济背景下国潮艺术的发展现状及风格特色探究[J].北京文化创意,2021（4）.

[2]清华大学文化创意发展研究院.国潮研究报告[R].北京,清华大学,2019.

[3]才隽.国潮文化在品牌形象设计中的应用[J].西部皮革,2021（12）.

[4]刘墨.国潮携爆款来袭,你种草了吗？[J].中国对外贸易,2021（6）.

[5]彭欣瑞,阿白霞.从"国潮"热看国学发展的新途径[J].汉字文化,2020（22）.

# 走向未来生活的文创

张 杨
中国旅游研究院

**摘要**：文创是一个国家有要求、人民有期待、市场有需求、企业有动力、媒体有关注的文化活动，在文化和旅游融合发展的趋势助力下，未来的文创将更加广泛地走进百姓生活。扩大普惠式供给、从有形产品走向无形文化输出、加强数字化等新基建建设都是需要认真思考的问题。

**关键词**：文创；普惠式供给；新基建

文创的确是近几年非常热的一个文化现象，与其说是文创热，不如说是真正的文化热。为什么文创会有这么高的热度和吸引力呢？总体看来，这是一个国家有要求、人民有期待、市场有需求、企业有动力、媒体有关注的文化活动。当多种力量交缠在一起，文创或者说文化产业就能得到快速发展。据统计数据来看，2019年我国国内旅游的人数将近60亿人次。从全球的产业发展规律来看，在一个国家或地区的人均GDP超过1万美元后，消费的类型会从物质型向精神型消费跃迁，我国恰恰在2019年人均GDP突破1万美元，进入消费结构转型阶段。从统计数据来看，新冠肺炎疫情暴发前我国国民每年平均出游接近5次，而这5次当中就会有1次出游是到文博场所，占比20%，比例是非常高的。如果再考虑近些年国家与社会各方对于教育的重视，包括2021年教育部门"双减"政策出台与落地，对于文博场所的到访与消费的推动作用都是非常明显的。在构建文化自信、让文物"活"起来的大背景下，文创正是在这样一个奔涌的大趋势下，才会发展得如此之快。在国务院办公厅印发的《"十四五"文物保护和科技创新规划》里明确了"十四五"期间文物事业发展的基本原则，要依托文物资源推进中华文明标识体系建设。在这样的高度下来看当前文创领域的发展，它其实是被纳入整个中华文明标识体系的一个部分，它让高冷而有距离感的文物以有温度、有趣、有创意的方式走进老百姓的生活，让文化在无形之中浸润于人们的生活。

如何让中国的灿烂文化通过一件件文创产品走进生活，走出国门，我们每一个文创人都有一份责任在身上。以微信销售比较火的一款以天坛为造型、以榫卯结构开发而成的拼插玩具为例，这是典型的中国积木，无论从造型还是设计都体现了浓浓的中国文化，也是古建资源如何活化的一个成功案例。它的售价并不比同款的乐高积木低，开始只上线了通体雪白的款式，后来又上线了彩色款，销量都不错。如果外国的小朋友都能够接触到这样的玩具，那么他们就会自然而然地了解中国古代建筑的相关知识。这就是一种润物细无声的文化传播，同时实现了从文化资源到产品再到市场的飞跃。当这样的产品多起来，我们的文化产业、文创产业也就发展起来了。

对于未来文创的发展，本文主要从以下几个方面加以探讨。

一是走向生活的文创与走向普惠的文创。无论是文物的活化，还是非遗的传承，都需要有高频的消费和使用的场景，这就必然要求我们要走向生活，正所谓"百姓日用即道"。现在摆在博物馆里的文物，大多都是当时老百姓日常生活用具的写照，如今，那些受到欢迎的文创产品，基本上也是与生活关联紧密的产品。所以，我们在看到文物价值的同时，也要看到它需要如何走向未来的生活。

在疫情之下，当远程旅行时常不能成行的情况下，大部分市场上出现的新产品和服务都是基于微旅游、微度假和微体验的产品。过去，我们到访博物馆或景区，可能都不会去第二次，或者说至少忠诚度和黏性都不高，毕竟我们国家太大了，总是有很多远方的风景在等着我们。但是在疫情背景之下，越来越多的人来到博物馆，越来越多的当地人多次到访当地的博物馆。因为这里发生了变化，不再是每次进来都看到相同的文物，而是有不同的社教活动，有不断更新的文创产品和研学课程，于是它进入了老百姓的日常生活，从低频走向了高频的休闲空间。要充分考虑如何把百姓纳入整个文创、文博、文旅融合消费，对于他们来讲，消费预算非常有限，本来就具有社会教育和公益属性的文博机构，未来如何能够结合市场化的方式实现普惠式供给，将是非常重要的一个课题。

二是从有形产品制造走向无形文化输出。过去几年，文创产品更多是有形产品，比较典型的一类是将一些元素与实体产品进行结合，这个时期大大推动了零售品的发展，改变了过去旅游景区零售产品低质、趋同、文化内涵低的特点，开始进入品质化发展。未来如何依托有形产品持续深入地输出有黏性的软内容与软服务，是值得深挖的方向，可能会带来更广的空间，也带来更大的利润空间。在每一个博物馆背后，都有强大的科研体系和数量庞大的专家，这些优质而宝贵的科研力量如能够形成一种文化和知识的系统化的输出，既会使广大的老百姓受益，也是对专业人才的盘活和有效利用，而有形的文创产品正是这些文化和知识的载体。

三是要加强文博、文创领域的新基建。在三星堆考古的直播中，有一个视频在网上非常火。

一名年仅25岁的UP主"才疏学浅的才浅",在B站上传了一条名为《15天花20万元用500克黄金敲数万锤纯手工复原三星堆黄金面具》的视频,详细记录了自己手工制作金面具的全过程。那么值得思考的是博物馆能不能成为更开放的平台,文博资源能不能让更多的人接受。如果我们能够将资源开放共享,更多的市场主体和一个又一个的民间高手,将会做出让我们完全意想不到的产品。例如河南博物院上线了两款数字化产品,对于很多文博爱好者,一旦能够自由接入资源,他们就会迸发出无限的创作潜力。这种开放共享需要前期大量基建的投入,需要依托更广泛更深度的数字化建设,需要更有前瞻性的系统架构和专业技术。

文博资源是全社会共同的资源,需要为老百姓所共享,也利于激发大众的热爱和潜力。在未来,我们需要依靠大众的智慧让博物馆、文博、文化一直热下去。虽然我们讨论的是文创如何能够出圈,但出圈只是一个概念,是一种概率,是一个结果。只要我们做得多,做得好,一直往前走,总有一款会出圈,还会有更多款出圈。河南博物院的盲盒已经出圈,期待未来有更精彩的尝试,把文物继续向社会敞开。

在我们2021年对典型市场主体的专项调研中,一家来自成都的企业bikego(玩不够)在疫情之下开发了一款新的产品(平台)——大咖说。它的模式是招募社会上能够对博物馆展开深度讲解的大咖专家,让他们自己来开发博物馆讲解的产品,大概120分钟。产品成型后就可以上线到平台,当这样的大咖和产品越聚越多,就通过像滴滴派单这样的系统,对公众开放预订。所有到当地游玩的游客和本地人都可以在这个平台上预约博物馆讲解产品,它实际上解决的是我们现在志愿者讲解不足和激励不足的问题。在整个公共文化产品领域,社会化的力量已经不可逆转地进入。在很多企业,很多地方,已经尝试将社会力量与博物馆营运结合,未来可期。

# 1993年山西朔州经济开发区家具厂汉墓发掘简报

山西省考古研究院

**摘要**：1993年7月，为配合朔州市经济开发区原家具厂基本建设，考古工作者对该基建区进行了勘探，发现墓葬5座。后经上级部门批准，由原山西省考古研究所对这批墓葬进行了抢救性发掘。发掘区域内5座墓葬分布集中，排列有序，方向统一；2座土坑木椁墓、1座土洞木椁墓、2座土洞墓，推断年代为西汉晚期，随葬器类较为丰富，包括日用陶器、模型明器、车马器、钱币等。

**关键词**：朔州市经济开发区；抢救性发掘；汉墓；木椁墓

朔州市经济开发区原家具厂位于煤气厂北侧，平朔物资供应公司门前，电器配件厂西，东西长90米，南北宽63米，占地面积670平方米。（图1）1993年7月，考古工作者对该基建区进行了勘探，发现墓葬5座。经批准，由原山西省考古研究所对这批墓葬进行了考古发掘。

## 一、墓葬形制

1993年家具厂地点的发掘，共清理墓葬5座，墓道朝东，分布相对集中，排列整齐，其中土洞墓3座、土坑墓2座。（图2）

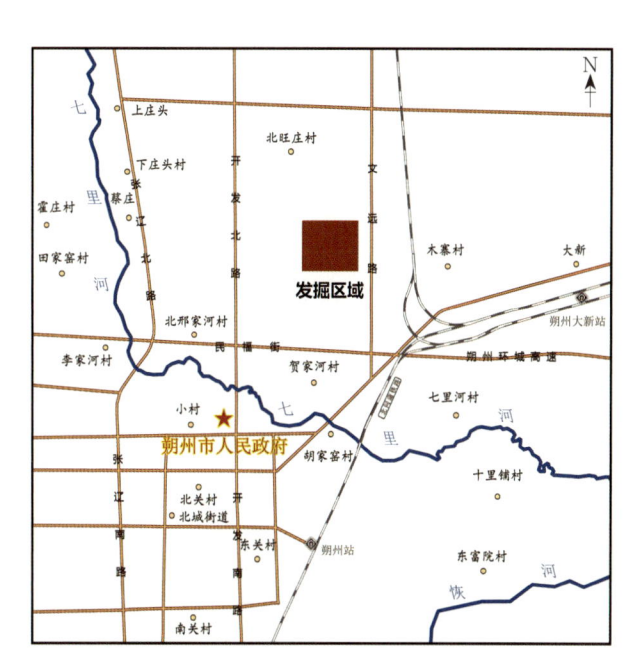

图1　发掘区域位置示意图

M1 位于生活区东北，物资公司南侧，西接 M3，北邻 M2，方向 92°。

该墓为土洞墓，竖井斜坡式墓道，位于墓室东端。墓道口长 7 米，宽 1.4～1.6 米，壁直，底略斜。长方形弧顶洞室，洞顶高 1.6 米。墓底长方形，长 3 米，前宽 1.6 米，后宽 1.75 米。封门情况不详。葬具仅有 1 棺，棺长 2.3 米，宽 0.68 米，厚 0.04 米。棺内死者为女性，单人仰身直肢葬，头向东，双手位于盆骨两侧。随葬品共计 5 件，置于死者脚端，含铜镜 1 面、铜刷把器 2 件、铜筒形器 1 件、海蚌 1 件。（图 3）

M2 位于物资公司南侧，南邻 M1，方向 85°。

该墓为土洞木椁墓，斜坡墓道，位于墓室东端。墓道口长 14 米，宽 1.36 米，竖井，直壁，底坡 24°。长方形弧顶洞室，洞顶前高 2 米，后高 1.8 米，墓底长 4 米，宽 1.95 米。男女同穴合葬，椁长 3.96 米，宽 1.9 米，厚 0.1。椁底板为南北平铺。椁内设两棺，木棺长 1.98 米，宽 0.7 米，厚 0.04 米。死者均仰身直肢，头向朝东，双手放于盆骨两侧。北面死者为男性，面向朝南。南面为女性，面向朝北。墓室前端放置随葬品，计陶壶 6 件、陶罐 7 件、陶灶 2 件、陶鼎 1 件、陶盆 1 件、漆盒 1 件，墓室后端有陶罐 1 件。（图 4）

M3 位于电器配件厂西侧，生活区南侧，西邻 M4，东接 M1，方向 95°。

该墓为土洞墓，斜坡墓道，位于墓室东端，墓道口长 4 米，宽 1.1 米，底坡坡度 23°。长方形弧顶洞室，墓底长 2.3 米，宽 1.5 米，深 4～4.3 米，洞顶前高 1 米，后高 0.7 米。男女同穴合葬，有棺无椁，棺迹不清。死者均仰身直肢，头向朝东，双手放于盆骨两侧。男性在墓室前部北侧，

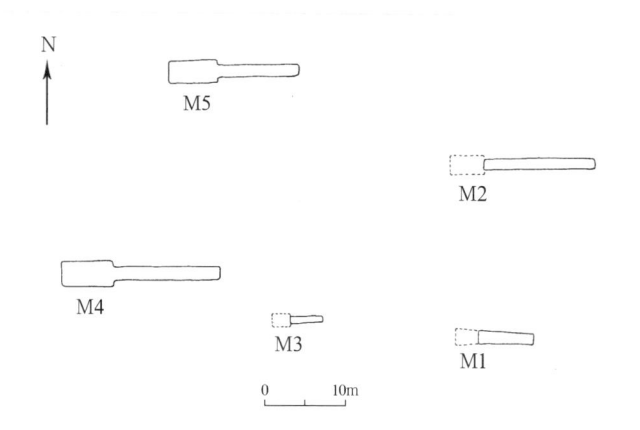

图 2 墓葬平面分布图

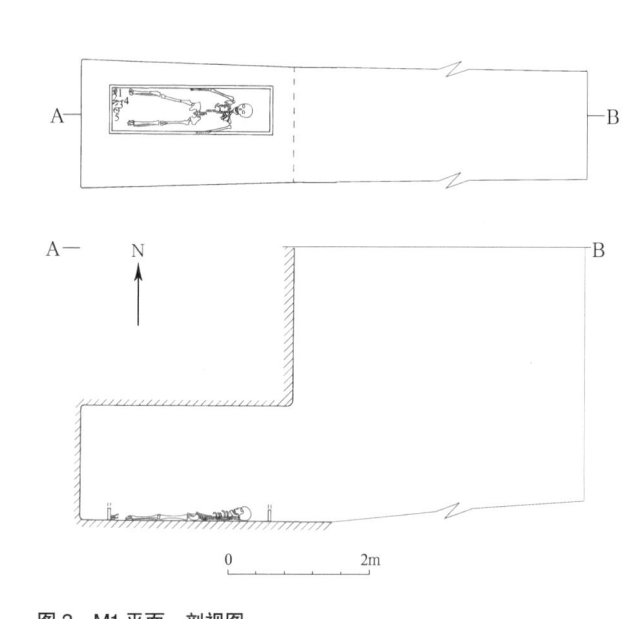

图 3 M1 平面、剖视图
1. 海蚌；2、3. 铜刷把；4. 铜筒形器；5. 铜镜

面向朝北；女性位于墓室后部南侧。该墓共有随葬器物 26 件，其中陶壶 2 件、陶罐 2 件、五铢钱 20 枚、石砚 1 套、铁臿 1 件。（图 5）

M4 位于开发区电器配件厂西侧，物资公司南偏西，开发区煤气厂北侧，东邻 M3，方向 90°。

该墓为长方形竖穴土坑木椁墓，斜坡墓道，位于墓室东侧。墓道平面呈长方形，长 13 米，宽

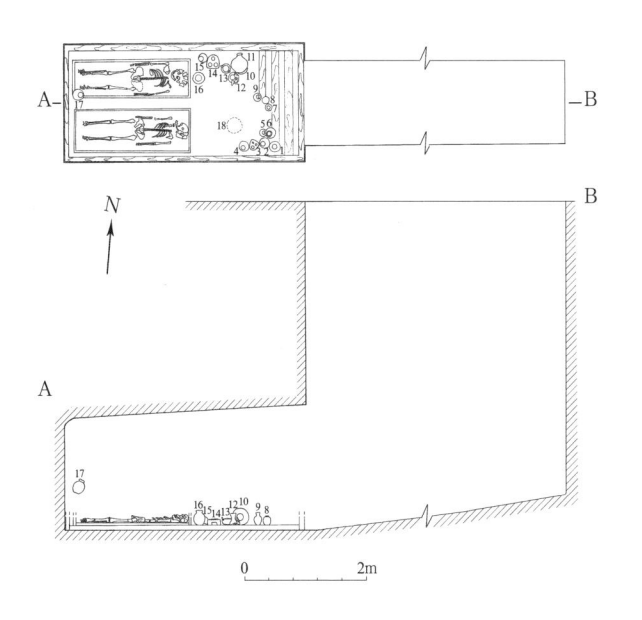

**图4　M2平面、剖视图**
1、2、4、9、12、16. 陶壶；3、14. 陶灶；5、6、7、8、11、15、17. 陶罐；10. 陶盆；13. 陶鼎；18. 漆盒

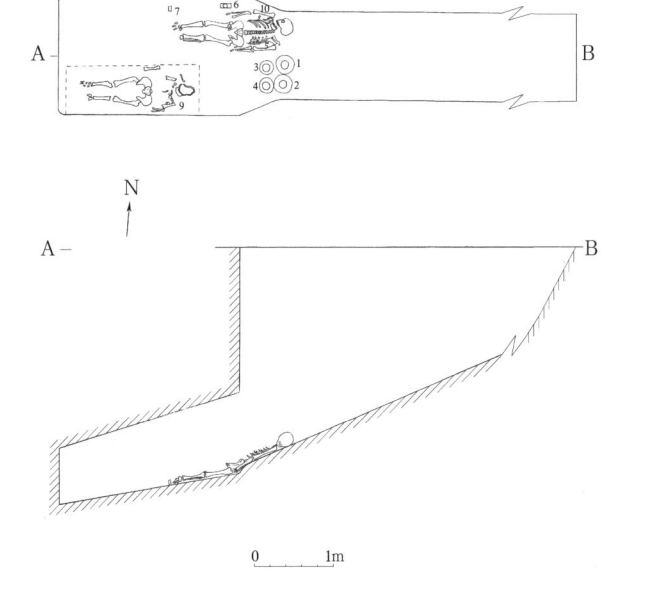

**图5　M3平面、剖视图**
1、2. 陶壶；3、4. 陶罐；6. 石砚；7. 铁𬬻；5、8、9、10. 五铢钱

1.6米，底坡17°。长方形墓室，直壁，底口等大，墓室长6.5米，宽3.1米，深6米。同穴男女合葬，椁内西端并置两棺。棺内骨殖散乱。北面为男性，约35岁。南面为女性，约10岁。该墓东北角置陶壶4件、陶罐3件。东南角有陶壶2件、陶灶1件。东部正中放铜车马明器1套、铜盖弓帽1件。椁正中偏北置石弹子2枚，正中偏南有石砚1套。棺上有瓦1板。

该墓椁室四周上下均积炭，木椁构筑方式为先于墓底放置两根垫木，再在垫木上平铺底板。然后在底板西侧立4块南北向后挡板，南、北两侧立4块东西向邦板。接着在邦板、挡板之上铺设18块椁盖板。邦板、挡板间用简单榫卯连接，底板东侧设封门立柱。其中，垫木长5.7米，宽0.2米，厚0.14米。底板长2.4米，宽0.2～0.36米，厚0.04～0.06米。邦板长5.1米，宽0.3米，厚0.25米。后挡板长2.6米，宽0.3米，厚0.25米。前立柱长0.96米，宽0.4米，厚0.2米。椁盖板长3.1米，宽0.3米，厚0.06～0.08米。

出土器物共16件（套），其中陶器10件、瓦1板、石砚1件、石弹子2枚、铜盖弓帽1件、铜车马器1套。（图6）

M5位于平朔生活区东北角，供应公司南侧，南邻M4，东接M2，方向95°。

该墓为竖穴土坑木椁墓，墓道位于墓室东端，墓道口呈长条形，长10米，宽1.4米，底坡27°。长方形墓室，直壁，口底等大，长6.2米，宽2.6米，深5.6米。男女同穴合葬，椁内西端置两棺。棺内骨殖散乱。椁室底板长2.55米，宽0.2米，厚0.02～0.04米。邦板共5层，长5.8米，宽0.2米，厚0.15～0.2米。后挡板共5层，

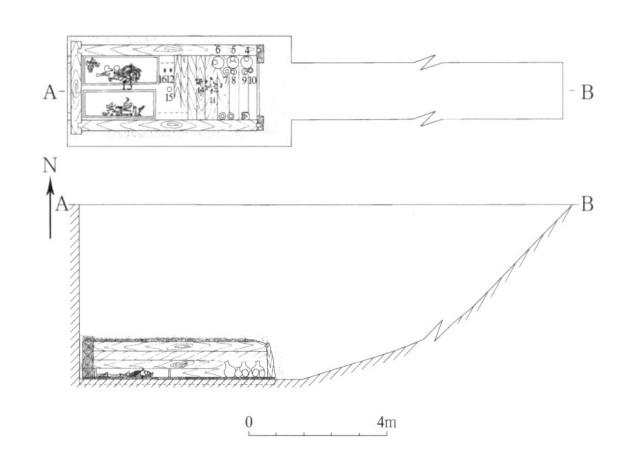

图6　M4平面、剖视图
1. 陶灶；2、3、4、5、6、7. 陶壶；8、9、10. 陶罐；11. 铜车马器；12、16. 石弹子；13. 瓦；14. 铜盖弓帽；15. 石砚

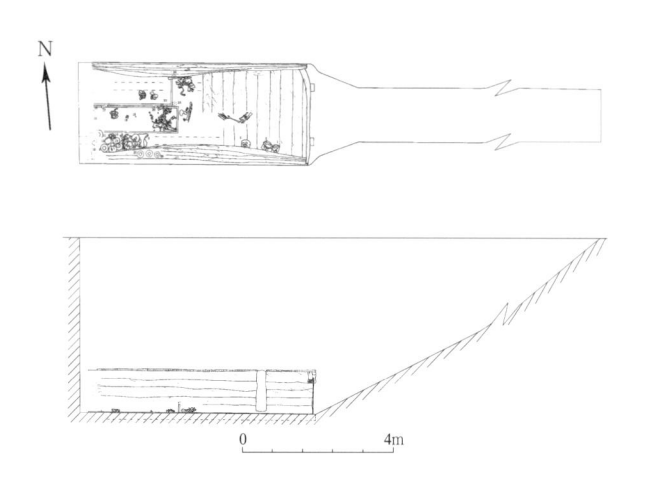

图7　M5平面、剖视图
1、3. 陶灶；2、5、6、8、9、10、14. 陶壶；4. 海拔蚌；7、11、15、16、26、27、28. 陶罐；12、13. 陶鼎；17. 石砚；18. 铜铺首；19. 铅币；20. 铅环；21、25. 货币；22. 铜帽骨饰；23、24 铜镜

长2.55米，厚0.1～0.15米。顶板残厚0.04～0.06米，长宽及结构均不详。以木板封门，木块高1米，宽0.1米，厚0.2米，封门板根数不详。随葬品共计39件（套），其中陶罐7件、陶壶7件、陶鼎2件、陶灶2件、石砚2套、铅币1枚、铅环1件、铜镜2枚、铜铺首3个、铜刀币1枚、五铢钱7枚、铜帽骨饰1个、贝壳3件。（图7）

## 二、随葬器物

随葬器物多为日用器皿，包括鼎、壶、罐、盆等日用陶器，模型明器陶灶，铜镜、铜刷把、石砚等室内生活用器，钱币、车马器等社交用品，还有少量漆器、蚌器和铁器等，共计104套（111件，表1）。按各类器物代表性器型介绍如下：

陶鼎　3件，均为罐形鼎，其中M2随葬1件、M5随葬2件。

标本M5:12，罐形鼎，双附耳均残。敛口，圆唇，圆鼓腹，平底，三蹄足，两足均残。通高25厘米，口径24厘米，腹径40.5厘米，底径25厘米，腹深25厘米，足高7.2厘米。（图8:1）

标本M5:13，罐形鼎，双附耳，深腹，腹部有一隔棱。平底，三足，一足已残。通高22厘米，耳高6.8厘米，口径18厘米，腹径24.5厘米，底径16厘米，腹深14厘米，足高4.8厘米。（图8:2）

陶壶　21件，其中M2随葬6件、M3随葬2件、M4随葬6件、M5随葬7件。分为盘口和喇叭口两类。

盘口壶　子母状盘口。标本M3:1，方唇，仿博山炉器盖，直颈，鼓腹，最大径居中，平底。素面。通高67厘米，盖高13.5厘米，口径19厘米，腹径44.5厘米，底径21.5厘米。（图9:1）

标本M4:4，盘口，方唇，高领，束颈，圆鼓腹，假圈足，小平底。口沿下及肩部饰仿铜箍带纹。通高76厘米，口径25.5厘米，腹径64厘米，底径29.5厘米，足高5厘米。（图9:2）

表 1　随葬品统计表

| 墓号随葬品 | | M1 | M2 | M3 | M4 | M5 | 合计 |
|---|---|---|---|---|---|---|---|
| 陶器 | 鼎 | | 1 | | | 2 | 3 |
| | 壶 | | 6 | 2 | 6 | 7 | 21 |
| | 罐 | | 7 | 2 | 3 | 7 | 19 |
| | 灶 | | 2 | | 1 | 2 | 5 |
| | 盆 | | 1 | | | | 1 |
| 铜车马器 | | | | | 弓帽1、1套（辖害1、轴1、当户1、车义1、镳1、兽面饰1、铜泡2） | 铜帽骨饰1 | 3 |
| 铜镜 | | 1 | | | | 2 | 3 |
| 钱币 | 五铢 | | | 20 | | 7 | 27 |
| | 刀币 | | | | | 1 | 1 |
| | 铅币 | | | | | 1 | 1 |
| 铜刷把 | | 2 | | | | | 2 |
| 石砚 | | | | 1 | 1 | 2 | 4 |
| 其他 | | 筒形器1、蚌器1 | 漆盒1 | 铁臿1 | 瓦1、石弹子2 | 铜铺首3、铅环1、蚌器3 | 14 |
| 合计（件套） | | 5 | 18 | 26 | 16 | 39 | 104 |

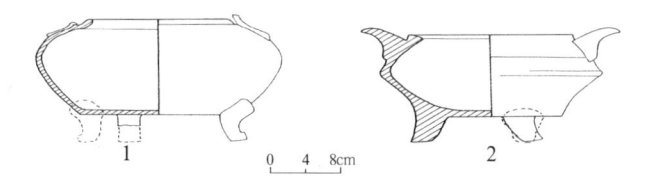

**图 8　陶鼎**

1、2. 罐形鼎（M5:12、M5:13）

喇叭口壶　大喇叭口，鼓腹，最大径居中，平底，假圈足。标本 M2:1，尖方唇，高领，束颈，鼓腹，最大腹径居中。器表素面。通高 60 厘米，口径 24 厘米，腹径 46.8 厘米，底径 30 厘米，圈足高 5 厘米。（图 9:3）标本 M5:9，圆唇，高领，束颈，鼓腹，素面。口径 22 厘米，通高 62 厘米，最大径 48.5 厘米，底径 29 厘米。（图 9:4）

陶罐　19 件，其中 M2 随葬 7 件、M3 随葬 2 件、M4 随葬 3 件、M5 随葬 7 件。分有颈和无颈两大类，

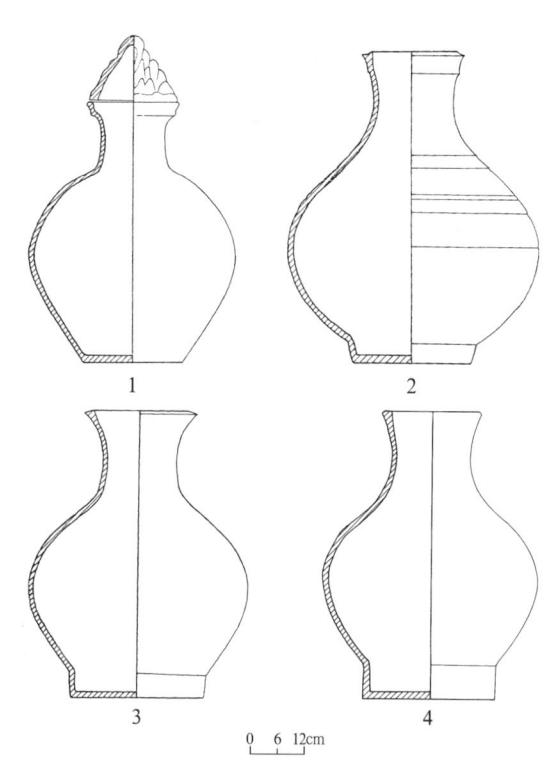

**图 9　陶壶**

1、2、3、4. 陶壶（M3:1、M4:4、M2:1、M5:9）

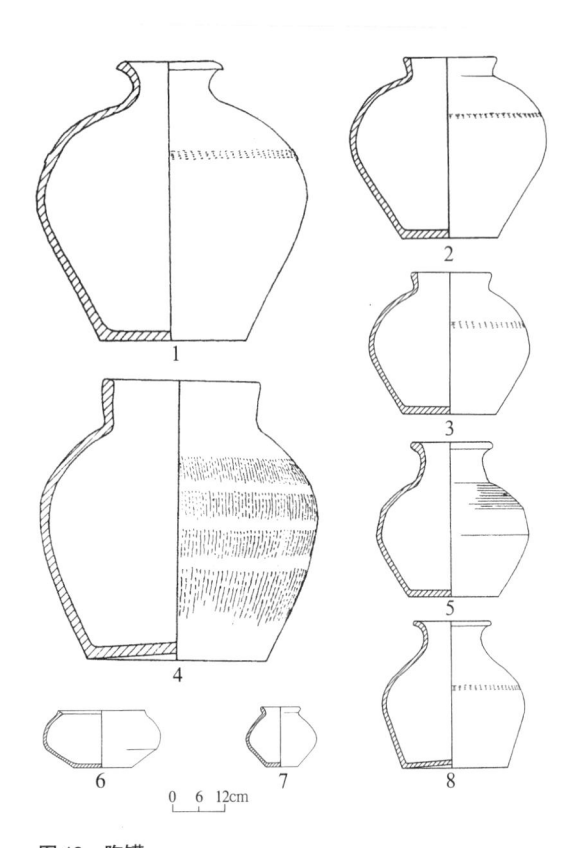

**图 10 陶罐**
1、5、8.卷沿束颈罐（M2:6、M2:8、M4:9）；2、3.斜领罐（M5:7、M2:15）；4.直领罐（M4:10）；6.钵形罐（M2:5）；7.素面小罐（M5:15）

有颈多为卷沿束颈罐，无颈类型较多，均矮领，如斜领罐、直领罐、钵形罐、素面小罐等。

卷沿束颈罐　敞口，圆唇，卷沿，束颈，溜肩，大平底。标本 M4:9，肩部饰窄带抹绳纹。通高 35.5 厘米，口径 18 厘米，腹径 33 厘米，底径 24.5 厘米。（图 10：8）标本 M2:8，肩部饰凸弦纹。通高 34.8 厘米，口径 18 厘米，腹径 36 厘米，底径 21 厘米。（图 10：5）标本 M2:6，肩部饰窄带抹绳纹。通高 61.5 厘米，口径 18 厘米，腹径 53.5 厘米，底径 29 厘米。（图 10：1）

斜领罐　方唇，斜矮领，无颈，鼓腹，最大腹径偏上，大平底。标本 M2:15，肩部饰窄带抹绳纹。通高 32.5 厘米，口径 18 厘米，腹径 38 厘米，底径 22 厘米。（图 10：3）标本 M5:7，肩部饰窄条抹绳纹。通高 42 厘米，口径 22.5 厘米，腹径 48.5 厘米，底径 23 厘米。（图 10：2）

直领罐　方唇，无颈，矮直领。标本 M4:10，最大腹径偏上，平底内凹。器身饰竖向旋断绳纹。通高 26.8 厘米，口径 15 厘米，腹径 27 厘米，底径 18 厘米。（图 10：4）

钵形罐　1 件。标本 M2:5，敛口，方唇，无颈，上腹外鼓，下腹斜收，平底。通高 12.5 厘米，口径 20 厘米，腹径 26 厘米，底径 13.2 厘米。（图 10：6）

素面小罐　1 件。标本 M5:15，圆唇，敞口，无颈，矮领，折肩，下腹斜收，小平底。素面。通高 13 厘米，口径 9 厘米，腹径 16 厘米，底径 7.2 厘米。（图 10：7）

陶灶　5 件。其中 M2 随葬 2 件、M4 随葬 1 件、M5 随葬 2 件。

标本 M5:3，平面呈船形，圆头，方形灶门；灶面设 5 个火眼，中间为主火眼，两侧和前方各留 2 个次火眼；出烟孔 1 个，位于前端。通高 28.5 厘米，长 49.5 厘米，宽 48 厘米。（图 11：1）

石砚　4 件，其中 M3、M4 均发现 1 套，M5 出土 2 套。

M5 随葬的 2 套，形制相若，体呈长方形板状，中部设方形圆孔的砚石。标本 M5:17-1，长 27.5 厘米，宽 9.5 厘米，高 3.6 厘米。（图 11：2）标本 M5:17-2，长 27.5 厘米，宽 11 厘米，高 3.5 厘米。（图 11：3）

标本 M4:15，圆盘状，四围刻有一周凸起。研磨面使用痕迹明显。通高 1.5 厘米，直径 23.5 厘米。（图 11：4）

铜镜　3 件，均为日光镜，其中 M1 随葬 1 件、

M5随葬2件。

标本M1:5，半球形钮，圆座，座外饰十六内向连弧纹。钮座与连弧纹区间内纹饰不清。外区为铭文带，铭文右旋"见日之光，天下大明"，铭文间夹以"の"等符号。宽素平缘。直径7.5厘米，缘宽0.6厘米。（图12:3）标本M5:23，圆钮，圆座，座外饰八内向连弧纹。钮座与连弧纹区间内饰指甲纹。外区为铭文带，带缘施锯齿纹。铭文右旋"内清以昭明，光象乎日月"，铭文间夹以"而"字。宽素平缘。直径10.5厘米，缘宽1.1厘米。（图12:1）标本M5:24，形制与标本M5:23一致，直径10厘米，缘宽1厘米。（图12:2）

钱币　五铢钱27枚，其中M3出土20枚、M5出土7枚，M5出土铅币、刀币各1枚。

五铢钱　标本M3:10-1-8，8枚。圆形，正方形穿，穿上下及边缘有郭。穿左右面文模铸阳文篆文"五铢"两字，自右往左读。"五"字略鼓，"铢"字"金"旁始笔略低于"朱"旁。直径2.4厘米，穿径1×1厘米，肉厚0.7厘米。（图13:1-8）标本M5:25-1-4，4枚。圆形，正方形穿，穿上下及边缘有郭。穿左右面文模铸阳文篆文"五铢"两字，自右往左读。直径2.5厘米，穿径1×1厘米，肉厚0.75厘米。（图13:9-12）标本M5:25-5，1枚。圆形，正方形穿，穿上下及边缘有郭。穿左右面文模铸阳文篆文"五铢"两字，自右往左读。"五"字略鼓，"铢"字"金"旁始笔略低于"朱"旁。直径2.5厘米，穿径1×1厘米，

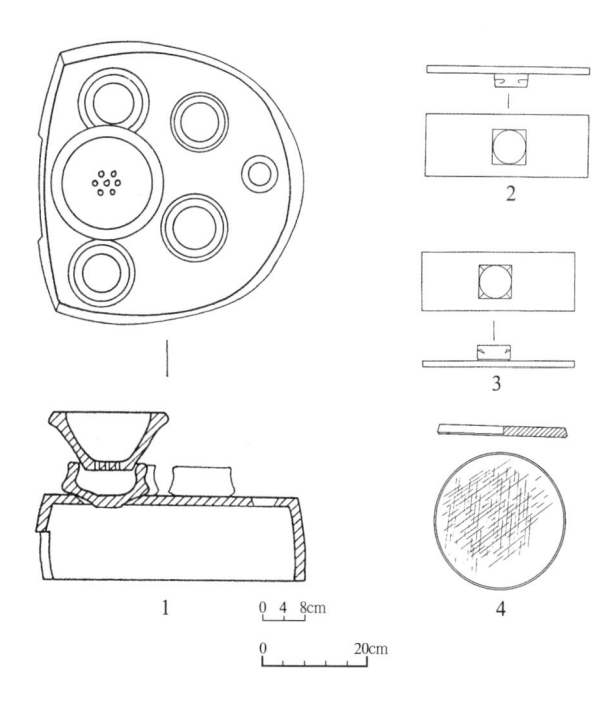

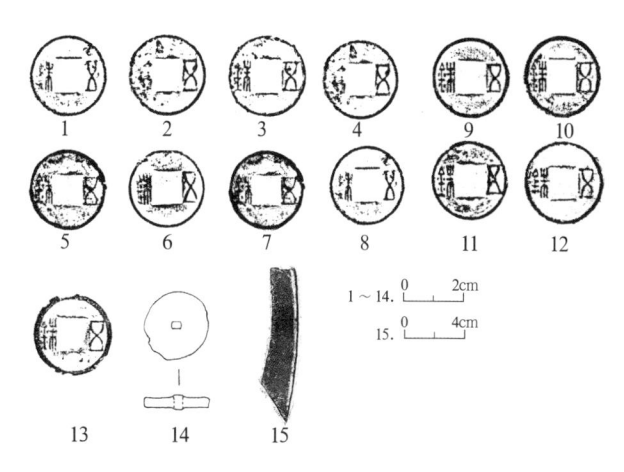

**图11　陶灶及石砚**
1. 陶灶（M5:3）；2、3、4. 石砚（M5:17-1、M5:17-2、M4:15）

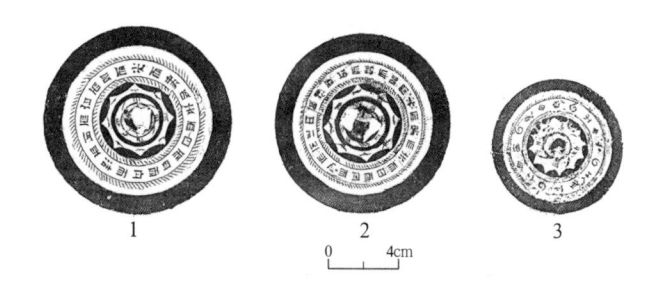

**图12　铜镜**
1、2、3.（M5:23、M5:24、M1:5）

**图13　钱币**
1-8. 五铢钱（M3:10-1-8）、9-12. 五铢钱（M5:25-1-4）；13. 五铢钱（M5:25-5）；14. 铅币（M5:19）；15. 刀币（M5:21）

肉厚 0.75 厘米。（图 13：13）

铅币　1 枚。锈蚀严重。标本 M5：19，圆形，正方形穿，穿上下及边缘均无郭。素面无纹。直径 2 厘米，穿径 0.2×0.3 厘米，肉厚 0.9 厘米。（图 13：13）

刀币　1 枚。标本 M5：21，把部已残，仅余刀身。素面无纹。残长 9.4 厘米，残宽 1.6～2 厘米。（图 13：15）

铜车马器　1 套，见于 M4。包括盖弓帽、辖軎、车轴、当卢、车义、衔镳、兽面饰、铜泡等车饰及组件。

铜盖弓帽　1 件。标本 M4：14，圆筒形，上窄下宽，封顶呈钉帽状。器中部向上翘起一钩。通高 11.6 厘米，径 2～2.8 厘米。（图 14：1）

铜辖軎　1 件。标本 M4：11-1，辖插軎中，辖为钉形，軎口沿较敞，近口沿处有辖孔横穿器身。器身饰两道凸弦纹，辖长 5 厘米，軎长 6 厘米，径 2.2～4.4 厘米。（图 14：2）

铜车轴　1 件。标本 M4：11-2，圆筒形，两端同大，管体上下饰一道凸弦纹，中部并饰两道凸弦纹，长 18 厘米，径 3.2 厘米。（图 14：3）

铜当卢　1 件。标本 M4：11-3，中部呈椭圆形，圆内有镂空纹饰。上下端延长，分制出两角，外侧均有环。长 21.5 厘米，宽 6.5 厘米。（图 14：4）

铜车軎　1 件。标本 M4：11-4，圆筒形，上窄下宽，上部并饰两道凸弦纹，长 3.5 厘米，径 1.5～2 厘米。（图 14：5）。

铜车车义　1 件。标本 M4：11-5，体呈"U"形，断面为三角形。长 18 厘米，宽 4 厘米。（图 14：6）

铜衔镳　1 件。标本 M4：11-6，衔为两截，以换套相连。镳呈"S"形，穿在衔的两端环内，

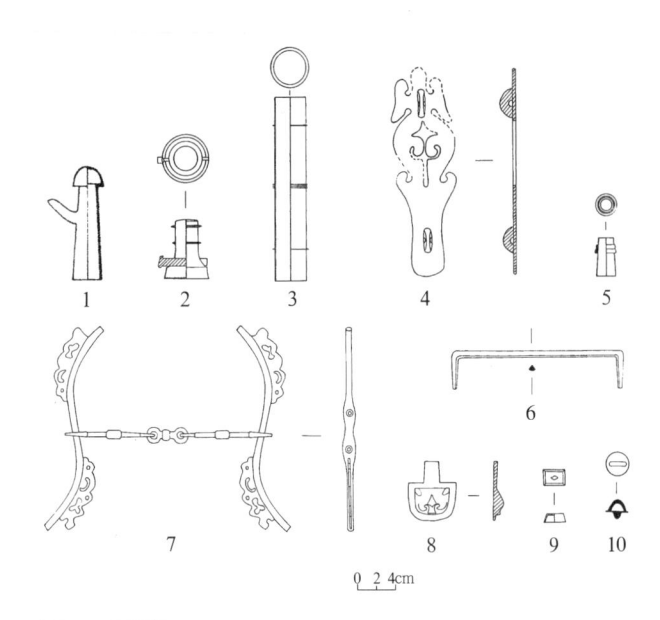

图 14　车马器
1. 铜盖弓帽（M4:14）；2. 铜辖軎（M4:11-1）；3. 铜车轴（M4:11-2）；4. 铜当卢（M4:11-3）；5. 铜车軎（M4:11-4）；6. 铜车车义（M4:11-5）；7. 铜衔镳（M4:11-6）；8. 铜兽面饰（M4:11-7）；9. 方铜泡（M4:11-8）；10. 圆铜泡（M4:11-9）

镳两端附有镂空纹饰。衔镳相连，衔长 21.5 厘米，镳长 20.8 厘米。（图 14：7）

铜兽面饰　1 件。标本 M4：11-7，体呈"T"形，外饰兽面。长 6 厘米，宽 4.8 厘米。（图 14：8）。

方铜泡　1 件。标本 M4：11-8，长方形覆斗状，一端封顶。器身素面。通高 0.8 厘米，长 2 厘米，宽 1.6 厘米。（图 14：9）

圆铜泡，1 件。M4：11-9，圆形，外侧有钮，内侧有钉。通高 1.5 厘米，钮高 1.2 厘米，钉深 0.3 厘米，径 2.5 厘米。（图 14：10）

铜刷把　2 件，随葬于 M1。

标本 M1：2，中空，两端略粗，中间细。柄端呈烟斗状，首端略扁。通长 23 厘米，径 0.8～2.4 厘米。（图 15：1）标本 M1：3，圆形，器体中空，首至尾端渐细，柄端饰兽面纹。长 12.4 厘米，径 0.5～1.2 厘米。（图 15：2）

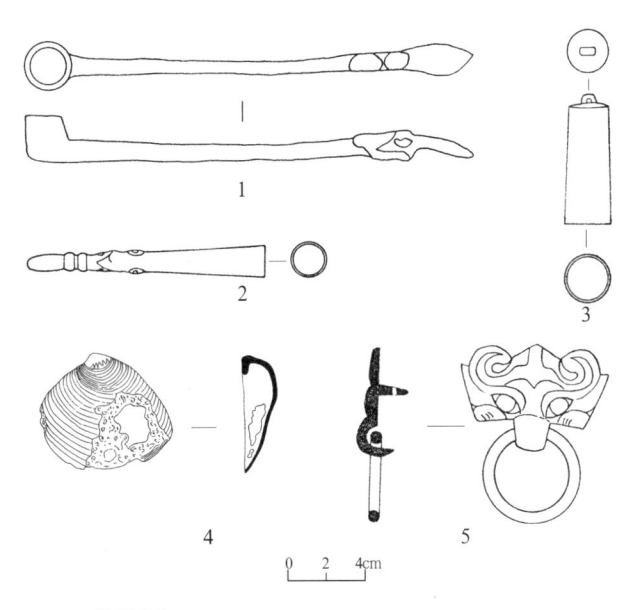

**图 15　其他随葬品**
1、2. 铜刷把（M1:2、M1:3）；3. 筒形器（M1:4）；4. 海蚌（M1:1）；5. 铜铺首（M5:18）

筒形器　1 件。标本 M1:4，圆筒形，中空，顶部置桥形耳。器高 6 厘米，耳高 0.6 厘米，最大径 2.3 厘米。（图 15:3）

海蚌　4 件，出土于 M1 和 M5 中。

标本 M1:1，局部已残，宽 7 厘米，高 6 厘米。（图 15:4）。

铜铺首　3 个，均出土于 M5 中。

标本 M5:18，铺首为兽面，背面有一钉，通高 9 厘米，兽面高 5.4 厘米，宽 8 厘米。下为衔环，环径 5 厘米，肉径 0.5 厘米。（图 15:5）

## 三、结语

本次清理的 5 座墓葬，分布集中，排列有序，方向统一，2 座土坑木椁墓、1 座土洞木椁墓、2 座土洞墓。随葬器类丰富，包括日用陶器、模型明器、车马器、钱币等。陶器基本组合为鼎、壶、罐，其中喇叭口壶、卷沿束颈罐、直口矮领罐尤具代表性，模型明器有该阶段常见的圆头陶灶等，还有象征社交出行的车马构件、石砚和五铢等钱币，梳妆的日光铜镜等也较典型。从上述墓葬形制和随葬器物来看，与 20 世纪 80 年代发掘的平朔汉墓第四期年代相当，主要为西汉晚期。[1]

在该地点周边分布有大量战国及两汉时期墓葬，除 1982—1985 年发掘的千座墓葬，还包括 1996 年发掘的中行办事处和北邢河服务楼等地点，多在古马邑附近。该墓群与太原（晋阳古城）东西山、晋南侯马（绛邑）乔村、晋东南屯留（纯留）余吾等已进行大规模发掘的两汉墓地类似，均是延续时间长，规模较大的汉墓群。从这些发现来看，由于受北方地区影响，包括朔州家具厂的这批墓葬在内，太原及以北地区的木椁墓，尤其是洞室木椁墓延续时间较长，西汉晚期还较为盛行，甚至还存在一些极具蒙古高原特色的圆木木椁墓，如平朔 M12 [2]、榆次北河流 M13 [3] 和太原开化 M134 [4]，朔州家具厂发现的这几座木椁墓也进一步说明了此问题。

执笔人：朱智博　施光玮

---

[1][2] 平朔考古队. 山西朔县秦汉墓发掘简报[J]. 文物，1987（6）.

[3] 王俊，张光辉. 山西榆次北合流遗址[C]//中国文物报社编. 中国考古新发现年度记录 2010. 中国文化遗产增刊，2011.

[4] 张光辉，刘辉，裴静蓉. 晋阳古城开化墓群考古发掘获重大收获[N]. 中国文物报，2013-09-13；张光辉，刘辉，常一民，等. 太原开化墓群 2012—2013 年发掘简报[J]. 文物，2015（12）.

# 于细微处寓极致　于璀璨中见非凡
## ——"微观之作：英国V&A博物馆馆藏吉尔伯特精品展"掠影

汤威　樊欣
郑州博物馆

**摘要**：郑州博物馆"微观之作：英国V&A博物馆馆藏吉尔伯特精品展"是英国维多利亚与艾尔伯特博物馆（简称V&A博物馆）的吉尔伯特夫妇珍藏首次来华展览，也是其亚洲巡展第一站。此次展览深入诠释了欧洲宫廷及贵族艺术收藏的演变，探索16—20世纪精美艺术品的工艺发展历程。

**关键词**：微观之作；英国V&A博物馆馆藏吉尔伯特精品展

为促进中西文化交流，传承中欧友谊，郑州博物馆联合中国文物交流中心共同推出"微观之作：英国V&A博物馆馆藏吉尔伯特精品展"。展览于2021年9月30日在郑州博物馆（文翰街馆）开幕，此次展览是V&A馆藏的吉尔伯特收藏精品首次来华，近百件精美艺术品带领中国参观者了解了欧洲的社会、文化和历史。

## 一、展览背景信息

### （一）享誉世界的英国维多利亚与艾尔伯特博物馆

本次展览的展品来自英国V&A博物馆，该馆成立于1852年，是为纪念维多利亚女王和艾尔伯特亲王命名的。V&A博物馆永久藏品超过230万件，以英国风格的工艺品为主要特色，几乎包括了所有艺术品形式，其藏品大部分来自欧洲各地，同时也有来自中国、印度及日本等国家的世界级精品。该博物馆分为装饰品、欧洲工艺品、玻璃和陶瓷器皿、东方艺术品及服饰与纺织品五个展区，完美展示了跨越五千年的人类创造力。基于丰富的展品和多年的经营，维多利亚与艾尔伯特博物馆已经成为世界装饰艺术的权威，来自世界各地的顶级设计精品汇聚于此，使其成为现代设计师的灵感源泉，因而被公认为世界上最重要的艺术设计史博物馆。

（二）吉尔伯特夫妇和他们的特色收藏

V&A博物馆此次来华展出的展品全部出自著名收藏家吉尔伯特夫妇。罗莎琳德曾是一名才华横溢的服装设计师，在与亚瑟·吉尔伯特结婚后，20世纪30年代，他们创建了自己的时装公司——罗莎琳德·吉尔伯特有限公司，其业务主要为高端百货公司生产晚礼服，并由此事业兴隆。吉尔伯特夫妇对收藏品的工艺技术最为看中，这也得益于他们在奢侈品时装行业的创新设计经验和背景。

吉尔伯特夫妇以金银器、鼻烟盒及微型马赛克等突出精湛工艺水平的收藏而声名赫赫，是20世纪私人收藏中最为重要的欧洲装饰艺术藏品。对于收藏他们有着无限的热情，其收藏生涯开始于美国，起初是为比弗利山庄的新家选购一些微型马赛克和银制装饰品，但吉尔伯特夫妇很快从为了装饰新居变成要建立一个包罗万象的私人收藏体系。夫妇二人以博物馆藏为考量标准，经四十多年的努力，其收藏有1000余件的金银制品、鼻烟盒金器、珐琅彩肖像画、浮雕和微型马赛克等华丽璀璨的艺术品。他们经常将藏品借给博物馆做公众展览，并慷慨捐赠。在2008年，英国V&A博物馆入藏了罗莎琳德和亚瑟·吉尔伯特夫妇的收藏品。这些珍贵藏品能够向社会公众开放，让我们得以从中探索藏在其背后的文化、历史及艺术。

## 二、"微观之作"展览概况和展品特色

V&A博物馆此次来华的"微观之作"展览集中展示吉尔伯特夫妇珍藏的90件（套）精美艺术品。展览共分四个部分，分别为"璀璨万象""袖珍无瑕""艺术幻想""吉尔伯特夫妇收藏系列之外"。展览深入诠释了欧洲宫廷及贵族艺术的演变过程，探索16—20世纪精美艺术品技艺工艺的发展。（图1）

吉尔伯特夫妇的藏品精彩丰富，华丽璀璨，历来以精湛技术、绚丽华美和稀有性备受全球关注。此次展出的吉尔伯特夫妇绝世典藏，精品荟萃，包含有金银制品、鼻烟盒、珐琅彩肖像画、微型马赛克等艺术品。

金银器艺术品是吉尔伯特夫妇的特色收藏，也是本次展览中的一大亮点。这些璀璨闪耀的艺术品因其美轮美奂的观赏性和匠人超凡的工艺一直受到世人青睐和追捧，历史上常用作统治者或贵族间的礼物进行馈赠，是财富、权力和崇高地位的代名词，被赋予外交、经济和政治等意义。吉尔伯特夫妇收藏有众多16世纪至20世纪的金银器艺术品，此次来华的展品中既有纪念用的皇家冷餐餐具和奖杯，也有餐桌上最为奢华的饮具。

图1 展厅序厅场景

透过这些珍贵艺术品,向公众分享其背后蕴含的历史故事及贵族的饮食习惯。(图2、图3)

"微观之作"展览中展出有吉尔伯特夫妇珍藏的数十件名贵鼻烟盒。鼻烟盒最初是私人配饰,在18世纪20年代后被作为重要的外交礼品,装饰珍贵材料体现了使用者的地位和财富。西方鼻烟盒与中国鼻烟壶具有相同的功能,均是用来盛装鼻烟的器皿。其小巧便于携带并且密封严,可以防止烟草水分蒸发,保持烟草的新鲜,在当时只有上流阶层才有经济实力消费昂贵的烟草。鼻烟盒多金银材质并装饰珍珠贝母、玛瑙、钻石等珠宝,因此鼻烟盒成为贵族身份的象征。本次将用展览语言向参观者讲述鼻烟盒制作材料及工艺的创新与发展。早期的鼻烟盒多以天然材质制成,装饰珍珠贝母、动物角及玳瑁壳等。之后又出现了金器、珐琅、玉石等材质,并且金匠们在技术和设计领域相互竞争,不断创新提升,尝试漆料、玻璃绘画、水粉、瓷器等新材料用于装饰。这其中有髹漆装饰的日本鼻烟盒、德国梅森瓷厂生产的瓷胎画珐琅信封式鼻烟盒等新工艺潮流。(图4)

展览中的一系列微型肖像画极具特色。微型肖像画一直是欧洲皇室的传统,珐琅彩袖珍肖像出现在17世纪30年代,它们既可作为礼物送给朋友和恋人,也被君主作为政治忠诚的象征送给大臣。珐琅彩袖珍肖像被用于外交场合始于法国国王路易十四,其将自己的形象制作成珐琅彩肖像赠送给各国使节和大臣,随之其他欧洲国家也开始盛行。与此同时,大量享有特权的英格兰顾客也为自己和家人订制,引起了私人订制的热潮。展览中一件英格兰国王乔治四世专门订制的精美珠宝,上面装饰的即是其情人伊丽莎白的玻璃面

图2　展厅场景

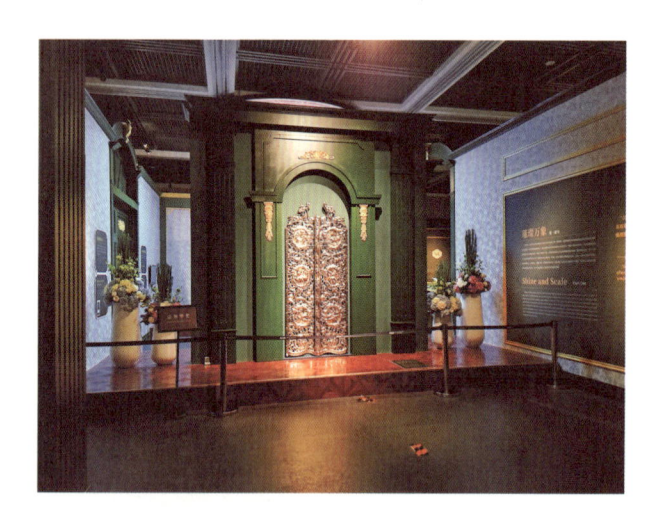

图3　圣母诞生教堂之门场景

图4　鼻烟盒展厅场景

袖珍珐琅肖像画。

马赛克艺术也是此次的展览重点，将展出多件精美的玉石和微型马赛克展品。亚瑟·吉尔伯特曾称自己为收藏微型马赛克的狂热分子，他创造了"微型马赛克"这个词，以此来区别传统的玻璃马赛克。吉尔伯特的马赛克收藏是世界上最大三个微型马赛克收藏机构之一，与赫米蒂奇博物馆和梵蒂冈博物馆并驾齐驱。玉石和微型马赛克在欧洲和俄罗斯皇室宫廷中历来很受欢迎，其是采用彩色石头雕刻成复杂的碎片，或者用几毫米薄的拉丝玻璃切割成微小形状，镶嵌在桌子、盒子、珠宝上或装裱成画，技艺奇绝，巧夺天工。此次展览中就有多组吉尔伯特不同时期收藏的代表性微型马赛克作品，其精微和复杂程度令人震撼。(图5)

## 三、汇聚历史风云人物：重要展品撷例

"微观之作"展览的部分展品原为一些重要历史人物所有，如拿破仑一世、英国维多利亚女王、俄国沙皇叶卡捷琳娜二世、普鲁士国王腓特烈二世等。通过展览我们不仅看到一件件璀璨夺目的艺术品，而且也让我们了解藏品的历史背景和非凡来源。

### （一）腓特烈大帝鼻烟盒

此件鼻烟盒是本次展览中最引人入胜的精彩展品之一。普鲁士国王腓特烈二世热爱艺术，本人也是一位才华横溢的音乐家、作曲家和语言学家，同时也因挚爱鼻烟盒而闻名天下。该件展品用腓特烈二世珍藏的绿玉髓雕刻而成，这块绿玉髓是在腓特烈二世征服的第一块领土西里西亚开采。盒身装饰花朵造型的金子，并将钻石镶嵌在彩色金箔上，让钻石呈现出五彩斑斓的色泽。(图6) 更为重要的是，这件鼻烟盒是腓特烈二世存世的26件藏品之一，也是吉尔伯特夫妇的5件腓特烈二世鼻烟盒之一，其稀有性显得更加珍贵。

### （二）拉法耶特瓶

此金瓶是法国政府为致敬拉法耶特侯爵不朽的事业生涯而订制。拉法耶特侯爵是一位法国贵族，其参加了美国独立战争并经历过法国大革命，被称为"两个大陆的英雄"。此瓶设计采用经典希腊元素以彰显拉法耶特侯爵的英勇形象，瓶身

图5 展厅场景3

图6 腓特烈大帝鼻烟盒

两侧饰有其半身胸像、象征艺术和工业的徽章标识；四面浅浮雕为四个反映其不同时期英勇形象的军事场景，以及四尊代表自由、平等、力量和智慧的女神雕像。这件作品直到1834年拉法耶特侯爵去世后才完成，因此在1835年法国政府将此瓶赠送给其子乔治·华盛顿·拉法耶特。（图7）

### （三）谢列梅捷夫金杯

此金杯上完整地刻有俄罗斯贵族谢列梅捷夫伯爵的盾形纹章，并且描绘了1758年授予他的波兰白鹰十字勋章。整个杯子由黄金制成，具有俄国皇室最中意的欧式风格。在17世纪和18世纪，俄国皇室为发展欧洲宫廷文化，邀请众多外国手工艺人到俄国，此件展品的工匠约翰·亨里克·霍珀也在此时来到俄国。根据历史学家推测，这件金杯可能是为纪念1760年谢列梅捷夫被任命为最高级别俄国陆军副官而专门订制，并由俄国沙皇伊丽莎白亲自赠予。（图8）

### （四）詹姆斯·考克斯钟

展览中有一座名为"嵌宝石钟琴"的精美钟表，此钟整体材质和工艺为铜镀金，并采用玛瑙、珍珠、宝石及玻璃装饰。（图9）该钟由英国著名钟表制造商詹姆斯·考克斯制造，他被公认为18世纪世界钟表市场最具代表性和影响力的人物之一，拥有考克斯署名的自动机械钟表畅销于世。随着海外贸易的出现，詹姆斯·考克斯设计的奏鸣机械运转系统的音乐钟也传到了中国清代宫廷，北京故宫今天仍保留数十件他的作品。纽约大都会艺术博物馆、卢浮宫博物馆、圣彼得堡埃尔米塔什博物馆等世界著名博物馆也都收藏有詹姆斯·考克斯的部分钟表。

展览中还有其他一系列极具特色的重要展品，具有代表性的有以下几种。

图7　拉法耶特瓶　　图8　谢列梅捷夫金杯　　图9　嵌宝石钟琴

(1) 疫苗接种先驱的见证

此次展览中有两件与人痘接种相关人物的展品，是为颂扬医学接种领域的杰出人物托马斯·迪姆斯代尔和其儿子纳撒尼尔·迪姆斯代尔而特制的鼻烟盒及袖珍肖像。1768 年 7 月，托马斯·迪姆斯代尔和纳撒尼尔成功为沙皇叶卡捷琳娜二世及其儿子保罗大公接种疫苗，因此被授予鼻烟盒作为奖励。（图10、图11）在托马斯·迪姆斯代尔逝世那年，英国著名的珐琅画家亨利·伯恩委托订制，以赞颂托马斯·迪姆斯代尔一生的辉煌成就。在全球新冠疫情肆虐、各国人民协力共同抗击病毒的当下，这组精心选择的展品也更具有一番特殊意义。

(2) 文艺复兴时期的瑰宝

本次展览精选吉尔伯特夫妇收藏的一部分文艺复兴时期的顶级瑰宝，以贵族享有的酒器最为突出。这些酒器以金银为基础材质，并采用来自世界各地的奇珍异宝进行装饰，如鹰形杯、海螺杯的装饰材料椰壳、抛光海螺壳均来自东南亚地区。展品还有仿制中国瓷器制作的锡釉陶器单耳杯以及以轮船为造型的船形杯。这些具有外来和航海元素的展品折射出文艺复兴时期带来的知识信息革命促使航海事业不断前进发展，同时地理大发现带来的海外财富和异域文化也在冲击着欧洲传统社会。（图12）

(3) 普林尼的鸽子

16 世纪末到 18 世纪，佛罗伦萨在玉石马赛克市场占主导地位，19 世纪，罗马因盛产微型马赛克而名声大噪，为迎合欧洲客户的需求，作品主题有意大利景观、古罗马场景、动植物以及出土的考古文物。在展品中有一些受历史遗迹和出土文物影响而创作的作品，如普林尼的白鸽装饰面板及糖果盒。1737 年考古学家在古罗马皇帝哈德良的别墅遗址发现了 1500 多年前利用马赛克手法刻画的一组鸽子，这些鸽子正在从金碗中饮水，古罗马作家老普林尼在其著作《自然史》中曾描述过此类作品，因此这些鸽子又被称为"普林尼的鸽子"。罗马艺术家受这件出土文物的启发，

图10　纳撒尼尔·迪姆斯代尔鼻烟盒

图11　托马斯·迪姆斯代尔袖珍肖像

将不同版本和格式的鸽子图案用到微型马赛克中，这些鸽子也成为微型马赛克艺术的标志性主题，吉尔伯特夫妇收藏有此类主题的一系列藏品。（图13、图14）

（4）美丽的意大利天空

吉尔伯特夫妇的微型马赛克藏品跨越不同的国度及时代。俄国的贵族及皇室也是被罗马微型马赛克吸引的最早群体之一。俄国沙皇尼古拉斯一世曾委托米开朗琪罗·巴贝里订制桌面，桌面描绘了沙皇尼古拉斯一世在1845年意大利之旅中的访问地点，艺术家将其命名为"美丽的意大利天空"。本次展览的展品是沙皇尼古拉斯一世创造的那件艺术品的另一个版本，由基尔莫里伯爵弗朗西斯·李约瑟伯爵委托订制。圆形微型马赛克桌面直径近1米，其中心是4个小天使，他们代表着古希腊绘画、音乐、雕塑及建筑4大艺术，周围环绕着8个意大利城市的景观：米兰多莫大教堂、威尼斯圣马可广场、佛罗伦萨领主广场、梵蒂冈圣彼得广场、罗马斗兽场、那不勒斯里维埃拉海滨、西西里巴勒莫大教堂以及热那亚港口。（图15）此件展品在1851年伦敦万国博览会上展出，并被授予最高殊荣。

图12 文艺复兴时期的瑰宝

图14 "普林尼的鸽子"糖果盒

图13 "普林尼的鸽子"装饰板面

图15 "美丽的意大利天空"马赛克桌面

## 四、展品里的"中国风"元素

从 11 世纪开始,在马可·波罗、圣鄂多立克等到过中国的冒险家、传教士的助推下,"中国风"传入欧洲。经过几个世纪的发展,中国元素渗透到欧洲人生活的各个方面,如生活用品、家居装饰、建筑景观等,从王室贵族到商贾乡绅都热追中国风。在本次展览中,有一部分西方艺术品与东方中国有着紧密的联系。

### (一)中国风晚礼服

该件晚礼服是由罗莎琳德·吉尔伯特有限公司在 1948 年设计制作,由紧身胸衣和黑色直裙组成,其中上身胸衣采用中国织锦制成,在衣服上装饰宝塔、亭子、柳树、轿子等中国场景。(图16)此件展品将中国的织锦及传统场景集中呈现,传达出中国元素也引领着当时欧洲的时尚风潮。

### (二)银质茶具

茶叶起源自中国,从 16 世纪开始茶叶作为奢侈的药用饮品传到欧洲,随后英国人逐渐形成饮茶风气。与此同时,配套的茶具也深受欧洲人的喜爱,并制造出独具欧洲特色的银质茶具。展品中饮茶用的银茶壶及盛放茶叶的刻花银制茶叶套盒体现出中国茶叶对西方社会的影响。(图17、图18)

图 17 茶叶罐正面

图 16 中国风晚礼服

图 18 茶叶罐背面

### (三)仿制中国瓷器

瓷器在中国古代输出品中占据极其重要的地位,在世界各国的相互交流中起着纽带和桥梁的作用。早在9世纪的唐代晚期,中国陶瓷已经开始作为商品输出到国外,16世纪中国与欧洲第一次直航贸易,18世纪德国梅森瓷厂建立并成功产出欧洲真正意义的瓷器。展品中模仿中国瓷器制成的锡釉陶器单耳杯和日本伊万里瓷防震巧克力杯及托盘均有中国瓷器的影子,再现了中国瓷器对世界的影响。(图19、图20)

### (四)多层银饰盘

中国的建筑和园林景观也在影响着欧洲社会,其中中式宝塔这种具有东方风情和异国情调的建筑形式令欧洲人大为倾倒,宝塔风格常见于英国花园中。展品中中国宝塔式的多层银饰盘表现了这一特征,以洛可可式的缠枝花卉及贝壳交织组合,具有典型托马斯·皮茨设计风格,东西交融,妙趣生辉。(图21)

以上这些具有中国元素的展品映射出古代中国经由海上丝绸之路对外开展贸易与文化交流的缩影,生动表达了当时欧洲人对东方古国的向往和憧憬。

## 五、展览意义

吉尔伯特夫妇的收藏,是他们对美的事物的由衷热爱,对专业设计和精湛技术的热烈追求以及将藏品无私对公众开放分享的情怀,因此其藏品显得与众不同。透过此次展览的精美文物,可以领略欧洲众多历史风云人物,了解文艺复兴和地理大发现对装饰艺术的重要影响,揭示出宫廷艺术家和设计者之间的全球性联系。

郑州博物馆作为一所综合展示历史文化和现代文明的城市博物馆,是郑州对外文化交流的重要窗口。此次牵手世界顶级博物馆,联袂推出"微观之作:英国V&A博物馆馆藏吉尔伯特精品展",让中原参观者近距离欣赏流光溢彩的欧洲艺术品,并体会其背后的历史渊源和工艺发展历程,从而拉近郑州与世界的距离,促进文明交流与互动,塑造郑州现代化、国际化的活力都市形象。

图19 锡釉陶器单耳杯

图20 防震巧克力杯及托盘

图21 多层银饰盘

# 解读河南博物院"出彩中原——河南红色文化陈列"

## ——兼论院藏红色出版物的价值及利用*

沈天鹰　袁鹏博　李　莎
河南博物院

> **摘要：**"出彩中原——河南红色文化陈列"是河南博物院恢复全面开放后推出的又一项常设陈列。该展览以时间为线索，由"打破旧世界""建设新家园"和"走进新时代"三部分构成，通过丰富的文物文献及历史照片资料，形象生动全面展现了近现代河南波澜壮阔的历史画卷，突出表现了在中国共产党的领导下，河南人民救亡图存、建设河南的伟大历程和改革开放以来取得的光辉成就。本文从展览推出的背景与时机、结构与设计、序厅浮雕创意、部分组块与重点展品示例等方面，解读了该展览的策展思路，并对展览中院藏的红色出版物的价值及利用进行了必要论述。
>
> **关键词：**陈列展览；革命文物；红色出版物

2021年4月17日，河南博物院在恢复全面开放之后又推出一项常设陈列"出彩中原——河南红色文化陈列"（图1）。该展览以时间为线索，分为"打破旧世界""建设新家园"（图2）和"走进新时代"（图3）三大部分，展览面积约1000平方米，通过约231件（套）文物文献、600多幅历史照片，结合视频多媒体、电子沙盘、场景复原（图4）等多种形式，全面展现了近现代河南波澜壮阔的历史画卷，特别是对河南党组织早期活动、鄂豫皖革命根据地、竹沟抗战、挺进中原、社会主义国家建设探索和改革开放等重大历史进程、历史事件和历史人物的全景呈现，着重诠释了大别山精神、红旗渠精神和焦裕禄精神的实质内涵，突出表现了在中国共产党的领导下，河南人民救亡图存、建设

---

*本文系河南博物院2021年度资助课题"河南博物院藏红色出版物整理与利用"研究成果之一。

图1 "出彩中原"展览序厅

图2 "建设新家园"展览部分

图3 "走进新时代"展览部分

图4 刘邓大军强渡汝河场景

河南的伟大历程和改革开放取得的光辉成就。

## 一、展览推出的背景与时机

河南博物院院藏近现代文物丰富，立足于河南革命、建设历史，积极进行传统历史文化、红色革命文化宣传教育，曾相继举办了"中原百年风云""中原丰碑"等大型近现代革命史陈列。这些展览运用大量的文物文献、照片史料及多元表现形式，深刻反映了中国共产党领导的民族伟大复兴实践之路，展现了新时代中国特色社会主义内涵。本次展览是对中华民族优秀品格和时代精神的弘扬，也是河南博物院作为重要公共文化平台完善公共文化服务的不断实践。

### （一）构建基本陈列体系

2015年7月，河南博物院主展馆因先后进行抗震加固维修工程和陈列提升项目而封闭施工。至2020年9月工程相继基本结束，主展馆的一至三层展厅进入试运行阶段，举办了河南古代通史陈列"泱泱华夏　择中建都"（史前时期至宋金元时期）共10个展厅，以及"明清河南专题展""国宝专题展"两项专题展。2020年12月下旬，河南博物院正式恢复全面开放，分别新增了主展馆一层的"中原古代石刻艺术专题展"和四层的"丹淅吉金——中原楚国青铜艺术专题展""巧工遗珍——院藏明清珍宝专题展"，以上均为常设展览。"出彩中原——河南红色文化陈列"的正式开放，标志着河南博物院以历史时代为大轴线，通史陈列与专题陈列相结合的常设展览体系逐次构建完成。本陈列体系以文物展品为基石，以时间为线索，基本涵盖了从古至今的各个历史时期河南的社会文化演进历程，充分彰显了河南博物院省级历史类综合博物馆的根本宗旨。

**（二）服务党史学习教育**

2018年7月，中共中央办公厅、国务院办公厅印发的《关于实施革命文物保护利用工程（2018—2022年）的意见》中，明确要求各地区各部门以习近平新时代中国特色社会主义思想为指导，围绕包括中国共产党成立100周年等重要时间节点和重大事件，以开展爱国主义教育、培育社会主义核心价值观为根本，以弘扬革命精神、继承革命文化为核心，统筹推进革命文物保护利用传承，着力加强革命文物保护修复和展示传播，着力深化革命文物价值挖掘和利用创新，着力提升革命文物公共服务水平和社会教育效果，为实现"两个一百年"奋斗目标和中华民族伟大复兴中国梦做出重要贡献。尤其2021年中共中央决定在全党开展中共党史学习教育，激励全党不忘初心、牢记使命，在新时代不断加强党的建设，把学习贯彻党的创新理论作为思想武装的重中之重，并同学习党史、新中国史、改革开放史、社会主义发展史结合起来。正值建党百年和全党开展党史学习教育活动的重要时间窗口，"出彩中原——河南红色文化陈列"适时推出不仅是立足河南博物院藏革命文物保护利用而完成的常设陈列最后一块拼图，更体现出国家级博物馆立足核心业务，以实际行动呼应时代热点、服务社会大局的政治担当。

## 二、结构与设计

2001—2015年，河南博物院就曾以馆藏近现代文物为基础，在主展馆东临展厅推出大型近现代革命史专题陈列"中原丰碑"，并列为当时的常设展览之一。"中原丰碑"展厅面积约1000平方米，展线的时代跨度为1840年至1949年。相比之下，与"出彩中原——河南红色文化陈列"展厅面积相当，但展线的时代跨度为1919年至2020年，这给展览结构和展陈设计提出了崭新的要求。具体结构及相关展示要素如下表1。

在实施和推进陈列设计中，为保证预期的展示效果，从组织展品到梳理线索，从框定结构到形式表达，需要依次准确理解和把握本项展事中的四个差异化的特点。

**（一）实物展品观感的差异化**

"展览"是指"在特定空间内，由具备艺术、历史、科学与技术性质的物件所构成的展示，其通常按照一定主题、序列和艺术形式加以组合，是进行直观教育和信息传播的展品群体"[1]。评价展品群体的价值可以选择多个维度，但仅从直观视觉而言，不同的展览选题存在着很大差异，尤其普遍存在近现代革命文物与古代文物的直观比较。近现代革命文物一般出自平民阶层，多系贫苦者工作生活学习斗争中所用之物（图5），尤其是纸质类印刷出版物在展品文物中占有很大比例。这与通过稀有的材质、独特的造型、精美的工艺等外在审美观感来吸引观众的古代文物相比，两者价值取向完全不同，全然不能以视觉审美的关注点来认知和解读。

**（二）不同部分之间展陈线索的差异化**

本次展览在单元结构上，以中国近现代历史分期与河南实际相结合。展陈线索上，未完全套用历史分期而是借鉴分期年表，结合河南或对河南产生重大影响的具体历史事件作为单元切分点。

表1 "出彩中原——河南红色文化陈列"具体结构

| 序号 | 部分 | 单元 | 组块 | 展陈线索 |
|---|---|---|---|---|
| 第一部分 | 打破旧世界 | 长夜破晓 | 辛亥革命 | 时间 |
| | | | 五四运动 | |
| | | | 二七大罢工 | |
| | | | 响应北伐 | |
| | | 星火燎原 | 农民运动 | |
| | | | 鄂豫皖苏区 | |
| | | | 红二十五军长征 | |
| | | 中原抗战 | 竹沟中原局 | |
| | | | 彭雪枫抗战 | |
| | | 挺进中原 | 中原突围 | |
| | | | 跃进大别山 | |
| | | | 解放洛汴 | |
| | | | 淮海战役 | |
| 第二部分 | 建设新家园 | 奋进中原 | 土地改革 | 时间结合主题 |
| | | | 抗美援朝 | |
| | | | 治理黄淮 | |
| | | | 开凿红旗渠 | |
| | | | 焦裕禄精神 | |
| | | 春满中原 | 改革开放 | |
| | | | 水利工程 | |
| | | | 中原商战 | |
| | | | 城建变迁 | |
| | | | 脱贫攻坚 | |
| | | | 高铁枢纽 | |
| 第三部分 | 走进新时代 | | 持续推进"四个着力",打好"四张牌" | 主题结合时间 |
| | | | 大力推进乡村振兴,打好精准脱贫攻坚战 | |
| | | | 绿水青山就是金山银山 | |
| | | | 守住耕地红线,扛稳粮食安全 | |
| | | | 深度融入"一带一路" | |
| | | | 河南五大世界文化遗产 | |
| | | | 坚定不移推进全面从严治党 | |
| 专栏 | | | 习近平总书记视察河南 | |

回顾河南近代百年历史进程，因社会主要矛盾的差异致使各发展阶段呈现完全不同的社会景象，总体上是由前段相对激烈的战乱动荡形态，逐渐递进到后段相对平稳的和平建设形态，加之近代史越往后期表现出越强烈的现实主题属性，使得展览各部分乃至单元之间的展陈线索，必然从偏重时间性逐渐过渡为偏重主题性。

### （三）文物展品分布的差异化

除大量古代文物，河南博物院院藏的近现代史文物也有相当的规模。在近现代前段的动荡中，历史事件的戏剧化效果和历史人物的强烈个性表现形式更为鲜明，与重大事件、重要人物相关的实物见证更加受到亲历者或其后人的关注和珍视，尤其征集遴选藏品的重要时期标尺以中华人民共和国成立作为分水岭，造成了文物展品上表现为前多后少的不均衡特点。由于文物分配的原因，以及观众对改革开放以后的熟识程度，故本文重点解读的是第一部分（1911—1949年）及第二部分（1950—2012年）的局部。

### （四）形式设计风格的差异化

展览设计中内容决定形式，形式服务内容。作为内容信息的重要载体，实物展品的多寡有无、材质尺寸等因素和数据，对展柜、照明等的运用、展厅平面流线设计和立面版式展示效果都起着决定性的作用。同一展览中因文物展品的差异化分配势必导致其形式设计和诠释方式的差异化呈现。（图6、图7）

## 三、序厅及主题浮雕创意

序厅，作为一个展览的前奏，承载的空间功

图5　近现代革命文物

图6　展厅场景1

图7　展厅场景2

能性定义是"过渡空间"。这个"过渡"不仅指从入口到展览之间空间意义上的过渡，也是参观者从外部环境进入展览氛围中的心理意义上的过渡。"出彩中原——河南红色文化陈列"序厅是相对规矩方正的空间，挑高大约3.5米。这种空间内对于红色题材展览容易营造出主题突出、庄严、厚重的氛围和适合瞻仰、思考的空间。基于展览主题和空间形式的考量，序厅正面设计制作了古铜色主题浮雕墙，策展团队决定采用元素提取加抽象概括方式，对展纲内容转化提炼后进行整体意象创作。

这种设计主要基于如下考虑：一方面作为全省革命史综合展而非个人纪念陈列，比如焦裕禄、彭雪枫等重要人物，其形象艺术不宜多次出现，而主题墙强调艺术作品庄重恢宏的整体感，意象创作将化解可能出现在展线上的个体艺术形象的冲突；另一方面是操作层面上的考虑，通常写意创作比写实工笔所用的设计创作工作周期较短，大尺度作品更是如此，选择此设计创作路径有助于缓解工期压力。

具体创作上，主题浮雕墙以时间为线索，由远而近，从右至左，依次展开。远景为绵延的大别山脉，它是河南党史的代表符号之一。山峦由远而近，峭壁上蜿蜒的红旗渠是战天斗地的痕迹，山脚下宽广的大地上一幅幅景象逐次展开，郁郁葱葱的泡桐林是焦裕禄精神的象征，阡陌纵横的农田是中原粮仓的写照，繁华的现代都市建筑是当代建设的硕果，中原福塔和"大玉米"向天矗立，迎风展开的党旗与苍穹一体，指引着新时代发展的方向，层叠递进之中构成了中原大地的意象。上方鎏金展标点明展览主题同时也包含着照亮中原大地之意。整个画面凝聚了河南对党史最重要的三大精神贡献——大别山精神、红旗渠精神、焦裕禄精神，以及中原更加出彩的绚丽场景和走向伟大复兴的深刻寓意。（图8）

## 四、部分组块与重点展品示例

讲述河南近现代革命史的伟大历程和感人事迹，一方面须着眼于中国近现代史的社会总进程，以之为脉络；另一方面则以地域历史为背景，通过文物展品、史料文献，结合多种展示方式，讲述河南孕育的革命精神、发生的重大革命史事、涌现的重要英雄人物，从而将宏大叙事与细节呈现有机地结合起来，通过小切口展现大主题。实现陈列线索清晰流畅，陈列框架完整协调，陈列内容充实合理，生动鲜活地讲好河南革命故事。在策展中充分体现以"小物件"折射"大历史"的思路，通过组块与重点展品的设计构筑完整的单元主题，贯彻见人见物见精神的策展理念。比如"长夜破晓"单元（图9），确立了辛亥革命、五四运动、二七大罢工、响应北伐等组块，重点文物展品则对应清末铁炮、《新青年》、京汉铁路总工会下达罢工命令的三头汽笛、贺龙和周逸群签发的国民革命军独立第十五师布告等。

"出彩中原——河南红色文化陈列"的实物展品总计231件（套）：一级品38件（套）、二级品28件（套）、三级品80件（套）、一般文物52

图8 "出彩中原"展览主题浮雕墙

图9 "长夜破晓"单元（局部）

图10 刘邢疃村党支部党员名单及账册

件（套）、复制品33件（套）。展品包括以往媒体详细报道介绍的，如杨介人给母亲的家书、吉鸿昌就义时的血衣等知名文物，更多的是为凸显河南近现代革命史特色，重点挖掘的一系列故事性文物，围绕它们设置相应的展览组块进行充分展示，使之成为公众观展的新亮点。示例如下：

（一）"农民运动"组块与"刘邢疃村党支部党员名单及账册"

为解决"五卅"运动以后革命总的战略方针问题，1926年2月，中共中央召开了北京特别会议，明确了党在当时政治上主要的职责是从各方面准备的北伐战争，加紧开展在北伐必经之路湖南、湖北、河南等地的群众工作，特别是要注意发动和组织农民群众。以李大钊为首的北方区委专门加强了对河南农民运动的指导，委派了一批党团员深入河南各地农村，广泛建立农民协会组织，并迅速取得重大成绩。1930年初，农运斗争深入，河南内黄县温邢疃、刘邢疃等村的农民协会遭到反动地主、民团武装的疯狂反扑和突然袭击，多名农会领导人不幸被捕。农会当即展开营救活动，两天内组织了两次武装劫囚，不料反动民团有所准备，在激烈的战斗中损失了数名农会会员。为避免无谓的牺牲和确保被捕同志的人身安全，农会改武装斗争为谈判方式，联络了开明乡绅进行调解。[2] 为筹措调解费用，农会中的中共党员纷纷交纳特别党费，最终营救出了全体被捕同志。"刘邢疃村党支部党员名单及账册"横30厘米，纵15厘米，毛边纸，棉线装订，手写墨书，泛黄的页面上记录下农会党员们的姓名和交费金额，它成为见证河南农民运动高潮的珍贵实物资料。（图10）

（二）"鄂豫皖苏区"组块与"经济公社流通券壹串文"布币

1930年冬至1932年上半年，中央苏区、鄂豫皖等革命根据地，在根据地人民的大力支援下，工农红军先后粉碎了敌人三次大规模"围剿"，取得了军事上重大胜利。同时，根据地还千方百计克服敌人的重重封锁，在恢复经济方面取得了必要的成功，保障了红军的物资给养。在"鄂豫皖苏区"组块的重点展品中，有一件鄂豫皖苏维埃政权发行的布币与众不同。它横5.5厘米，纵12厘米，白棉布质地，蓝油墨刻写，正楷体石印，浸透桐油制成，全体泛油黄色。票面上方横印着"经济公社流通券""全国通用"字样，下面文字全为竖行排列：中间为"凭票发铜元钱一串文整"，右边为"字第8933号，各苏区经济公社兑"，左边落款"一九三三年"。这是鄂豫皖苏区经济公社在极端艰苦的条件下印发的"流通券"。之所以用棉布印制货币，是因为游击队在野外行军打仗，风里来雨里去，纸币被雨水浸湿后，往往变得破烂不堪，无法继续使用。所以，用白布印刷图文后，再刷上桐油制成油布币，经久耐用，群众也称之为"油布票"[3]。这种"油布币"发行时间短暂，发行总量有限，存世量稀少。一枚小小的"油布币"不仅是我党我军坚持不懈开展革命军事斗争和经济斗争的珍贵实物资料，更折射出"二十八年红旗不倒"的大别山区，在我党领导下开展长期革命斗争孕育、形成的大别山精神。（图11）

**（三）"红二十五军长征"组块与"红二十五军长征途中使用过的水桶"**

红二十五军是长征队伍中唯一一支没有减员反而发展壮大的队伍，其原因何在？在"红二十五军长征"组块中有一件看似普通却极具说服力的文物展品——"红二十五军长征途中使用过的水桶"，圆形，高40厘米，口径34厘米，由多块竹板拼合，以三圈铁箍加固而成，上安装一铁条提手。这个水桶见证了发生在红二十五军长

图11 油布币

征途经河南桐柏县时的一段军民往事。1934年11月16日，红二十五军约2900人，由河南罗山何家冲出发，向平汉铁路以西转移，开始长征。23日，部队行军至桐柏县，在歇马岭一带暂时驻扎下来。炊事班在岭下的可沟村做饭，并派一名红军战士向当地农户董老七借用这个水桶，用来向驻守岭上的部队配送饭食，不料当送到歇马岭半山腰时，邻近山间突然响起了枪声，敌军就要追上来了。红军战士在这紧急的情况下，仍牢记不拿群众一针一线的军纪，在枪炮声中把水桶完整无缺地归还给了物主董老七，军纪严明的红军给董老七一家留下了无法忘却的记忆。红军远去了，这个水桶和它的故事在董老七家一直流传下来，直到1976年由董家后人捐献给文物部门。[4]从这个水桶的故事中，应当可以找到红二十五军在长征中发展壮大的某些原因。（图12）

### (四)"跃进大别山"组块与"刘邓大军强渡黄河时使用过的葫芦舟"

1947年6月3日,毛泽东和中共中央军委电令刘伯承、邓小平率领的晋冀鲁豫野战军主力,积极准备于6月底向南突破黄河,挺进中原。在强渡黄河战斗中,小小的葫芦发挥了巨大作用。葫芦是北方常见的植物,黄河中下游人民就地取材,将四五个葫芦绑在一起当作葫芦舟,人既可趴在上面划水过河,也可将其绑在背上游泳泅渡。葫芦舟取材便捷,制作简单,成了黄河两岸穷苦百姓所使用的渡河工具。大军过河正值汛期,单个葫芦被投入水中后,可供观察水情之用。30日夜,刘邓主力在部分河段渡口先派出"葫芦兵",给几千个葫芦戴上钢盔,捆上装满红水的猪尿泡和猪肠子,再坠上小石块后,投入河中。夜色苍茫的河面上,出现了一个个起伏不定泅渡的"战士"。敌人果然中计,对着"葫芦兵"一通疯狂射击,枪炮大作之后,河水中翻起了红"血水"和肠子,敌军以为泅渡大军伤亡惨重。"葫芦兵"妙计不仅使敌军产生严重误判,还暴露了火力。刘邓大军避实击虚,乘机强渡,一夜之间四个纵队12万余人,一举突破黄河天险,为千里跃进大别山迈出胜利的第一步,揭开了解放战争战略进攻的序幕。[5](图13)

图12 红二十五军长征途中使用过的水桶

图13 刘邓大军强渡黄河时使用过的葫芦舟

### (五)"解放洛汴"组块与"孙卫和侦察敌情时用的记录本"等相关展品

1948年6月22日,解放军经过数日激战,攻克当时的河南省省会开封。在敌我两军正面交锋之前,开封城中正进行着一场隐蔽战线的斗争。孙卫和侦察敌情时用的记录本,横11厘米,纵8.2厘米,长方形,线装订。外用蓝色粗布包皮,封面贴一片白纸,上写"蒋匪调查,一九四七年十月",内用蓝色钢笔书写,记录着开封守军的敌情。相关的展品还包括孙卫和侦察敌情时穿的大褂、佩戴的墨镜等物。孙卫和,河南荥阳人,1938年在抗大学习期间加入了中国共产党。解放战争时期,他担任解放军豫皖苏军区情报处处长。开封战役前夕,孙卫和化装潜入敌人重兵驻守的开封,执行侦察任务。

他在开封城内的双井街7号建立了秘密情报站，有时以经商为掩护，接待和掩护地下党员，购买和输送解放区紧缺的医药、电料、弹药等；有时身着长衣戴上墨镜，化装成算命先生，侦察和搜集敌军情报。展品中有一本《千家诗注释》，孙卫和曾用牛奶将绝密情报隐蔽地书写于内页的背面。指挥解放开封的陈士榘司令员得到敌兵力部署和工事构筑的情报后，评价道："正赶上需要，非常难得。"这一组重要实物展品形象诠释了在解放开封的过程中，我党开展隐蔽战线斗争的生动史事。[6]（图14—图17）

与考古出土的古代文物相比，近现代文物属于现存传世品，其在征集过程中，因当事人或其后代的具体描述，使得文物故事链更加完整生动，为在展览中设置特色组块提供了重要的文物支撑，尤其体现在展品中占有相当比重的红色出版物。

## 五、院藏"红色出版物"的价值及利用

"出彩中原——河南红色文化陈列"展出了河南博物院院藏的231件（套）文物，包括珍贵文物146件（套）。在以实体文物为基石的陈列展览中，文物的价值不仅体现在作为阐释展览主题的重要载体，更是参观者从建立展览直观形象到认知展览内容属性的主要观察对象。与河南博物院古代史常设陈列文物"神秘"或"高大上"的直接观感不同，"出彩中原——河南红色文化陈列"中的文物不以艺术价值和科学价值见长，似与普通旧物无二：一类是当时常见的社会用品，如生活器具、证章奖状、简易武器等各类器物；另一类是中华人民共和国成立

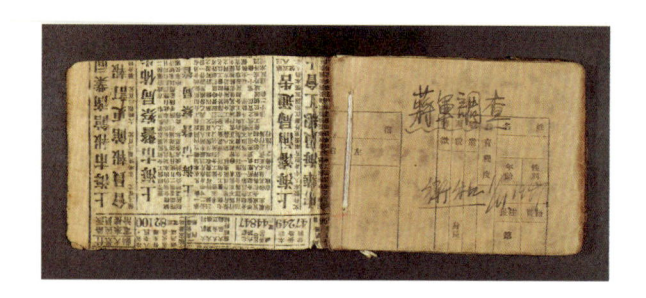

图14 孙卫和侦察敌情时用的记录本

图15 革命文物——长衣

图16 革命文物——墨镜

图17 革命文物——《千家诗注释》

之前我党我军及其各级机构、组织、团体主办，或在其领导下创办、出版的刊物、公告、书籍等"红色出版物"，共计63件（套）。（图18）在文物展品中占据很大比重的红色出版物，有着鲜明的政治属性、显著的时代特征和重要的历史价值。从某种意义上讲，对红色出版物价值的充分挖掘以及在此基础上的生动展示和合理利用，将直接影响到近现代革命史展览主题的阐释和整体展示效果。那么，红色出版物与器物类文物相比较，在价值及利用方面应当如何理解呢？

**（一）文献属性与文物属性**

文献，《现代汉语词典》定义为有历史价值或参考价值的图书资料。具体地说，文献是将知识、信息用文字、符号、图像、音频等记录在一定的物质载体上的结合体。文献具有三个基本属性，即文献的知识性、记录性和物质性。它具有存贮知识、传递和交流信息的功能，红色出版物即是一种文献。

在中华人民共和国成立之前的中共党史上，中国共产党中央及其各级机构、组织、团体主办，或在其领导下创办和出版了多种进步期刊图书，比如中共创建初期马克思主义传播者、中共早期组织以及外围组织直接领导或间接创办的《新青年》《湘江评论》等红色进步期刊，中国共产党成立后创办的《向导》《前锋》等机关刊物，以及"出彩中原——河南红色文化陈列"中展出的1923年版《京汉工人流血记》等书，共同记录了党的活动情况，是弥足珍贵的党史资料。以党报党刊为核心的红色出版物，在民主革命时期不仅是党动员群众、组织群众，实现党的中心任务的重要工具和战胜敌人的有力武器，而且真实记录了伟大的中国共产党成立后所走过的波澜壮阔的光辉历程，是中国共产党领导人民革命斗争历史的真实写照，是一部记载详尽、图文并茂、充满历史细节和革命激情的生动教科书，是不可替代的重要革命历史文献。

红色出版物在具备文献属性的同时，还具备了文物的属性。2018年，国家文物局印发《关于报送革命文物名录的通知》，将革命文物规定为：主要是指见证近代以来中国人民抵御外来侵略、维护国家主权、捍卫民族独立和争取人民自由的英勇斗争，见证中国共产党领导中国人民进行新民主主义革命和社会主义革命的光荣历史，并经认定登记的实物遗存。对社会主义建设和改革开放时期彰显革命精神、继承革命文化的实物遗存，也纳入革命文物范畴。[7]

"出彩中原——河南红色文化陈列"策展及组织文物展品时，正逢河南省文物局根据国家文物局通知要求，开展全省革命文物名录遴选工作之际。除不可移动文物外，全省各博物馆、纪念馆呈报了馆藏的备选革命文物清单。2021年1月15日，河南省文物局正式公布全省第一批革命文物名录，其中，可移动革命文物4405件（套），包

图18 红色出版物

括河南博物院藏3380件（套）。本次革命文物名录的遴选与公布，为进一步梳理和挖掘河南博物院院藏革命文物及其价值营造了更开放的环境和更便利的条件。河南省正式公布的第一批革命文物名录中，红色出版物及纸质类革命文物数量已超过器物类革命文物的总和，在全省可移动革命文物中占总量的二分之一，在河南博物院革命文物中占总量的三分之二，是可移动革命文物之中的最大一类。

（二）隐性信息、显性信息与背景信息

由于文献属性和文物属性的差异，意味着两者因载体类别导致的信息特征截然不同。文献属性的信息物质多采用纸张类载体，表层信息单一，外观、材质、表达都极为相似，传播信息依靠的是记录在纸张上的语词符号，而平面上的文字符号几乎是信息的全部，它们甚至可以被影印、抄录、翻译而脱离原本的载体。这些符号不是直观生动的显性信息，它需要阅读和辨识，并通过理解或转化才能被接收，文献属性对应着其隐性信息。比如，1948年6月24日华东野战军政治部印制的《我军解放河南省会开封》捷报（图19），是关于报道开封解放的重要文献，全文共323字。开封战役意义重大，不仅是一次军事大捷，更是一次影响深远的政策大捷。人民解放军在关内第一次攻克国民党军据守的省会城市，进一步改变了中原地区的局势，动摇了国民党军据守大城市的信心，为之后攻占大中城市和制定城市政策提供了经验。然而，从文献中"发起强大攻势""全歼守敌三万余人"等的文字表述，难以直观感觉到战斗的激烈和胜利的喜悦。

如果文献信息的载体可以理解为二维平面，

图19 解放开封的报道

那么文物信息的物质载体则归属三维实物，外在信息丰富多彩且千差万别，甚至载体本身就表达着文物信息的重要内容，文物属性在信息的特征上一般为显性信息，除文物自身的材质、尺度、颜色、工艺、造型、纹饰等信息，还包括使用过程中遗留下的各类痕迹或附着物等，由视觉观察直接获取的物化信息，极方便吸引参观者并引发思考，所以文物属性所对应的显性信息，使文物展品拥有天然的传播能力。河南博物院曾在河南军分区征集到解放战争时期我党翻印的一本珍贵图书《党的建设概要》，其特殊之处在于书的封面和封底进行了伪装，被替换成"初中学生文库"。这本红色出版物的主人是程留宾烈士。解放战争时期，程留宾受党组织委派在鄢陵县从事敌后工作，秘密搜集情报，筹办军需，这本特殊的《党的建设概要》是身处敌后的程留宾对有可能暴露身份的革命图书进行必要伪装的结果。1947年11月，程留宾在撤离的战斗中不幸中弹牺牲。中华人民共和国成立后，程留宾的家人捐献出烈士的一批遗物，就包括这本《党的建设概要》。[8]（图20、图21）

从上述事例中可以看出，在隐性信息和显性信息之外，红色出版物的背景信息同样不容忽视，因为其中往往蕴含着巨大的历史价值。尤其是征集或受捐红色出版物时记录下的历史大背景之外的专属信息。这类背景信息既是抽象的，因为信息的来源仅存在于当事人的口述，但又是具体的，因为背景信息无不与每一件个体形成照应关系，互为见证。所以，红色出版物在征集入藏时尤其注重搜集相关的原始资料和流传过程，后续在文物清理保护环节，详细记录下文物的状态并使之保存完整，必要时可借助科学技术手段寻觅再现受损或隐藏的文物信息。

**（三）价值阐释及利用**

河南博物院院藏数千件（套）红色出版物，作为历史的见证，本身是物质的，承载的信息是客观的，而所起的作用及其价值的评判却是由精神层面决定的。按照《文物藏品定级标准》（文化部2001年第19号令）的规定，基于历史、艺术、科学三个维度，对文物的价值重要性进行综合评判，历史价值无疑是红色出版物的价值基石与核心。那么在面向社会公众进行红色出版物历史价值阐释及展示利用时，可以从以下三个方面进行有针对性的思考与整合。

一是隐性信息的转化。文献属性是红色出版物最普遍的属性和重要学术支撑，所以对其历史

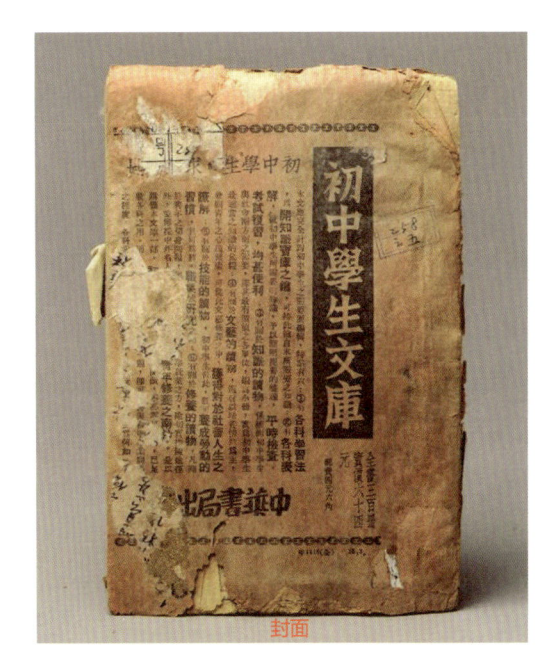

图20 《党的建设概要》封面

图21 《党的建设概要》封底

价值的认知一般是由专业人员阅读印刷的文字等内容作为切入点，通过对固有的、普遍的隐性信息解读、比对和释义，形成判断文物价值和鉴定

文物等级基础论据。但因符号化的表述及书写字体、断句格式等的时代变迁，为社会公众的辨识造成困难，难以从直接阅读中形成价值判断，所以在展示利用中对隐性信息的转化至关重要。例如，红十五军团政治部1935年11月编印的《红旗报》，以简谱配歌词形式首次刊登了《红军三大纪律八项注意歌》，它的曲调取材于鄂豫皖根据地流行的民歌《土地革命成功了》，参观者通过简谱乐理的听觉转化，感受到歌曲的词曲旋律，达成价值的普适性。[9]

二是显性信息的强化。因产生、使用或流传中遗存的主题鲜明、内涵丰富、情节生动的显性信息相对稀少而珍贵，这类显性信息具有"百闻不如一见"的真实性，最有说服力和感染力，是文物成为历史见证的物质基础。比如，在阐释程留宾烈士遗物《党的建设概要》一书时，经过伪装的封面封底反映的历史信息，较书本身的文字内容更具价值和意义，理应成为解读重点和展示亮点。

三是背景信息的活化。

红色出版物产生于历史环境之中，带有显著的时代特征，它独具的历史价值只有置于历史人物、历史事件、历史进程等背景信息中才能凸显出来。对于主题宗旨明确的展陈而言，策展人应根据展陈主题和内容，打造出基调相符、风格匹配的展厅氛围，同时主要采用辅助展品，如借助艺术品、多媒体和装置等，实现背景信息中重要现象的可视化表达。"出彩中原——河南红色文化陈列"的"二七大罢工"展块，有一件极其重要的红色出版物——一级文物《京汉工人流血记》，作者罗章龙系京汉铁路工人大罢工的主要领导人之一，出版时间仅距"二七大罢工"失败后一个月，全书约10万字，历史价值不言而喻。为生动展示文物及展块的背景，展览采用了大型场景、人物雕塑结合半景画的形式，通过铁路工人瘦弱的身形、破旧着装以及沉重的货箱、罢工口号标语等多种设计，多维度传达出大罢工的历史信息，在活化历史事件的同时凸显出文物的重要价值。[10]（图22—图24）

综上，红色出版物无疑属于革命文物中特殊

图22 《京汉工人流血记》封面

图23 《京汉工人流血记》封底

图24 "二七大罢工"展版

的一类,它们具备鲜明的政治属性和显著的时代特征,以独特的形式记录下重要的党史信息和历史价值。通过举办革命史主题展览,讲好革命文物故事、中国共产党故事、新时代中国特色社会主义故事,从党的奋斗历史中汲取前进力量,是发挥和彰显革命文物时代意义之所在。

(摄影:苏一飞)

---

[1] 王宏钧. 中国博物馆学基础[M]. 上海:上海古籍出版社, 2006.

[2] 许占华. "温邢固事件"始末[C]//濮阳县文史资料(第三辑). 濮阳:濮阳县文史资料研究委员会, 1987.

[3] 李向阳. "油布币"产生的历史条件及其历史作用[C]// 湖北钱币专刊(总第三期). 武汉:湖北省钱币学会, 2004.

[4] 蔡全法. 鱼水深情:记馍篓和水桶两件革命文物[J]. 中原文物, 1977(1).

[5] 董保存. 三千葫芦兵过黄河[N]. 解放军报, 2017-07-21.

[6] 王兰兰. 重复开封解放历史现场:寻常巷陌中的中共地下情报站[N]. 开封日报, 2018-05-17.

[7] 欧阳淞. 《红藏》:为党史研究添砖加瓦[N]. 湖南日报, 2014-12-02.

[8] 陈晨. 投身革命身先死,莲城热土埋忠魂[N]. 许昌晨报, 2016-06-30.

[9] 熊瑛. 《三大纪律八项注意》与鄂豫皖革命根据地的渊源[J]. 黄冈职业技术学院学报, 2016(6).

[10] 黄栋法. 罗章龙与《京汉铁路工人流血记》[J]. 百年潮, 2002(8).

# 四方福佑

## ——浅谈四神纹铜镜的发展过程及艺术特点

**王小文**
中国国家博物馆

**摘要**：四神纹是中国古代传统纹饰之一，曾经大量出现在各种古代遗存中，其中四神纹铜镜是延续时间比较长且发展过程比较有特色的一种，自西汉出现一直到唐代中晚期都有大量实物流传至今。本文从考古发掘出土的各代四神纹铜镜出发，简述这一类纹饰在镜背之上的发展规律。

**关键词**：四神；四神纹；四神纹铜镜

## 一、何为四神

"四神"的概念从商代开始萌芽，也被称为"四灵""四维""四宫"等。早在先秦时期，它们就已经成为一系列制度和风俗的基础，是宇宙结构的代表、指导军队布阵的准则，也是制作旗物图饰的依据。[1] 四神在不同历史时期的形象不尽相同，最早明确提出"四灵"的古代文献是《礼记·礼运》："何谓四灵？麟、凤、龟、龙，谓之四灵。"[2] 此时"四灵"的职能是动物神，并且指向不固定。

到了西汉时期，随着黄老思想等道家理论体系的流行，"四神"的形象和职能逐渐定型，东方青龙、西方白虎、南方朱雀、北方玄武成为古代神话体系中守护四方的神灵，成了与阴阳五行密切相关的理论体系，对中国古代文化思想产生了深远影响。东汉末年成书的《三辅黄图》卷三载："苍龙、白虎、朱雀、元（玄）武，天之四灵，以正四方，王者制宫殿阙阁取法焉。"[3] 从实物遗存上看，这四方神灵不仅仅是建造宫殿的法则，它们的形象还渗透进古人社会生活的各个方面，大量出现在汉魏到隋唐时期的铜器、画像砖、瓦当、陶仓、漆器、铜镜等日常用品及随葬品之上。

## 二、最早的四神形象与四神纹铜镜

雏形化的四神形象出现比较早，西周晚期到春秋早期的上村岭虢国墓地1612号墓出土一面鸟兽纹铜镜（图1、图2），出土时位于棺内墓主人骨架的西侧。此镜圆形，直径6.7厘米，镜背中心为两股平行的弓形钮，镜钮周围有两虎、鸟、兽四个纹饰，考古报告中称为"虎、鹿、鸟纹"[4]，后来有学者认为四兽中的鹿应该是麒麟，[5]因此这枚铜镜纹饰应是"虎、凤、麟"的组合，可以看作汉代四神纹铜镜的起源。目前考古发现最早、最完整的四神形象出现在西安国棉五厂M6号西汉墓中出土的一件铜染炉上，中国国家博物馆藏有一件形制极为相似的传世品

（图3）铜染炉是西汉墓葬中比较常见的随葬品，其功用为饮食器，一般由承盘或足、炉、染杯三部分组合而成。在我国古代，调味品称为染，使用时一般将酱、盐等作料放入染杯中用炉加热，再将煮熟的肉放入染杯中蘸食，可以说是火锅的雏形。此染炉四周用高浮雕的手法分别饰青龙、白虎、朱雀、玄武四神。在众多有"四神"形象的古代器物当中，四神纹铜镜可以说是比较有特色且流行时间比较长的一类，它也可以称为四灵镜，指的是镜背纹饰中有四神形象的铜镜。西汉中期随着四神形象的定型开始出现，因其蕴含保佑四方以及助人升仙的吉祥寓意，在当时社会的各个阶层都十分流行。在此后近800多年的时间里一直被作为铜镜纹饰题材中重要的组成部分，不同的时代出现不同的组合关系，形成了完整的四神纹铜镜发展体系。直到唐代中期，富丽堂皇的花鸟纹、海兽葡萄纹等成为主流，四神纹才逐

图1 鸟兽纹铜镜

图2 鸟兽纹铜镜拓片

图3 铜染炉

渐退出历史舞台。唐代以后的铜镜纹饰中鲜有四神纹出现。

## 三、四神纹铜镜在不同发展阶段的艺术特点

### （一）两汉时期

汉代是中国古代铜镜发展的第二个高峰期，随着国家的强盛，手工业生产的规模和水平都有很大的发展和提高。在那个厚葬之风盛行的时代，日常生活中的铜镜是最为普遍的随葬品之一，考古发现中出现数量巨大、种类繁多的铜镜。四神纹在西汉中期以前很少作为主纹出现，主要是和其他类纹饰构成异彩纷呈的各种组合，当时主要流行四乳四神纹铜镜、多乳四神禽兽纹镜，纹饰布局主要是对前代的延伸。西汉晚期到王莽时期出现很多创新，以四神为中心，形象各异的禽鸟、瑞兽成为铜镜的主题纹饰，主要流行四神规矩纹镜。到了东汉则更加世俗化，开始流行四神画像镜，四神常伴随东王公、西王母的形象出现。

早在战国末期，铜镜上开始出现铭文，但并不十分流行，在镜背之上加铸以宣传为目的的镜铭是两汉时期的重大突破，或华丽或朴素的镜铭，融会于小小的空间之中，虽篇幅不长，但可以让我们直接体会到古人内心深处的各种理想、追求。西汉时官、私铸镜业普遍发展，官方少府下设主管制作御用物品的官员，《汉书·百官公卿表》载："尚方令一人，六百石。"官方所铸铜镜铭文中加铸"尚方"二字，有别于民间铸镜作坊之产品。在当时，民间百姓使用铜镜也已经相当普遍，促使其发展成一般化商品，为提高自身产品的知名度，很多民间作坊效仿官方"尚方"铭，在铜镜上加铸朗朗上口并且蕴含不同祝福含义的镜铭或工匠的纪氏铭，使之成为商品上标明生产厂家和广告用语的最早产品，是中国商业广告的雏形。这些镜铭中很多是关于四神的，如洛阳西郊7052号东汉早期墓中出土一面四神博局纹铜镜，在镜缘内饰一周阳文篆书铭文："福憙进今日以萌，食玉英兮饮澧泉；架蜚龙兮乘浮云，白虎引兮上泰山；凤凰舞兮见神仙，保长命兮寿万年，周复始兮八子十二孙。"[6] 除了传统的吉语类镜铭，王莽时期开始出现十二辰铭与四神纹的组合，此时的十二辰只是以镜铭的形式出现，它与四神形成了时间与空间上的巧妙结合，并且为隋到初唐时期的四神十二生肖铜镜的流行奠定了基础，这是四神纹镜中非常重要的一类。中国国家博物馆藏有一面典型的王莽新朝时期的"新有善铜"四神博局纹铜镜，内区铭文为："子、丑、寅、卯、辰、巳、午、未、申、酉、戌、亥。"外区铭文为："新有善铜出丹阳，湅治银锡清而明。尚方御镜大毋伤，巧工刻之成文章。左龙右虎辟不羊（祥），朱

鸟玄武顺阴阳。子孙备具居中央，长保二亲乐富昌，寿敝金石如侯王兮。"（图4）这些与四神相关的镜铭直言出四神有接引人们升仙、保佑人们福寿安康等功能；这面铜镜的镜背纹饰亦采用当时十分流行的博局纹，在镜钮四周分别配置：青龙捧日配凤鸟、朱雀配羽人骑鹿、白虎捧月配瑞兽、玄武配回首独角长尾瑞兽。因此，许多两汉时期的四神纹铜镜是具备纹饰形象及镜铭内容双重含义的。

在琳琅满目的汉代四神纹铜镜中，最为流行的也是对后世影响极为深远的当数四神规矩纹铜镜，也称四神博局纹铜镜，上文中"新有善铜"四神博局纹铜镜即是此类。博局纹又称规矩纹，最典型的表现形式就是"T、L、V"纹的组合，一般认为源于战国以来六博戏中的博局。此类铜镜钮座周围的方格和博局纹将镜背划分为几个区域，其间搭配四神、瑞兽及云气纹。中国国家博物馆藏此类铜镜比较多，其中最著名的一件非"中国大宁"四神规矩纹鎏金铜镜莫属，其铭文中含有一句"中国大宁，子孙益昌"，表达出当时人们祈盼国家康宁、世代昌盛的美好愿望，故而也被称为"中国大宁"神镜。（图5）

"中国大宁"四神规矩纹鎏金铜镜，直径18.6厘米，缘厚0.6厘米，于1952年在湖南长沙北郊伍家岭211号墓出土。铭文："圣人之作镜兮，取气于五行。生于道康兮，咸有文章。光象日月，其质清刚。以视玉容兮，辟去不羊（祥）。中国大宁，子孙益昌。黄常（裳）元吉，有纪刚（纲）。"

该镜采用典型的博局纹装饰，柿蒂纹钮座外围以双线方框，框外四角各置一枚乳钉，并用双线弦纹圈连接。方框外四面正中为"T"纹，与其外侧的"L"纹相对，方框四角外与"V"纹相对，由此形成博局纹四方八极的经典布局。框外四方置青龙、白虎、朱雀、玄武四神，空白处饰其他

图4　四神博局纹铜镜

图5　四神规矩纹鎏金铜镜

瑞兽和云气纹，其中有些瑞兽头部跨越围栏，延伸到内区，纹饰构思奇巧。

这面"中国大宁"神镜不仅仅纹饰华丽、铭文寓意深刻，在铸造工艺上也十分考究，在铸造完成之后，在该镜镜背上又进行了鎏金这一特殊工艺，使之更加灿烂炫目，不论是在两千年前的汉代还是当下，都可称为名副其实的国宝。

## （二）三国两晋南北朝时期

这一时期社会动荡，战争连绵，民不聊生，总的来看处在中国古代铜镜的中衰时期，没有太多的创新，基本上是对东汉时期流行种类的延续。比较多见的是神兽镜类，主要形式有重列式和环绕式，其共同特征都是青龙、白虎、朱雀、玄武与各种其他神兽组成主题纹饰。从神兽的布局看，四神四兽是这个时期神兽镜的主要形式。过去被一些学者称为八神六兽、六神六兽、四神六兽、七神四兽、七神八兽、五神八兽等不同名目的神兽镜，实际上其主体也是四神四兽，只是在四大神、四大兽中间再配以若干小兽和侍神而已。[7]由此可见，四神的形象随着时间推移逐渐突出，这一方面得益于其自身含义。四神的职能是守护四方安定，接引人们成道升仙，这恰恰是生活在动荡社会中的人们最可望而不可即的，古人只能寄希望于镜背的方寸之间，随身携带直至最后带进墓葬。另一方面四神位于四方的配列与镜钮之上、下、左、右位置关系的相得益彰，非常便于运用和设计，因此四神纹逐渐成为环绕镜钮的主题纹饰。

四神瑞兽纹铜镜，六朝，直径21.5厘米，缘厚1厘米。圆形，圆钮及钮座，外围三周凸弦纹与三周双线弦纹之间，均匀饰青龙、白虎、朱雀、玄武四神，其间填饰瑞兽纹及云气纹。此镜当中的四神形象较两汉时期的尺寸更大，与周围纹饰形成主纹与辅助纹饰的关系。隋到初唐时典型的十二生肖纹还没有配合出现，镜缘的三角纹也不如后代突出。因此，这是一面六朝时期体现了四神纹过渡时期特征的铜镜。（图6，图7）

图6 四神瑞兽纹铜镜

图7 四神瑞兽纹铜镜拓片

## （三）隋至初唐时期

581年，隋朝建立，直到589年灭陈，才终于结束了长达三百多年南北分裂的局面。随后的大唐王朝更是将中国古代的政治、经济、文化推向高潮。随着手工业的兴盛，铜镜铸造业得到高度发展，不论是制作工艺还是铜镜种类都有了新的突破，此时的四神纹更加写实，虽保持着博局纹的格局，但是典型的"T、L、V"纹开始简化或变形。

此外，还出现了四神十二生肖这种新的组合形式，流行时间主要是在隋至初唐。目前已知最早将十二地支搭配十二种动物的记载是在湖北云梦睡虎地十一号秦墓出土的竹简上，其搭配与现在定型的十二生肖不尽相同，此后出现的组合关系也比较随意，直到隋代才发展为固定的与十二地支对应的十二生肖图像。

四神十二生肖镜指的是镜背以四神及十二生肖的形象为主纹的铜镜，单独出现四神或十二生肖图案的铜镜也归为这一类。这类题材还在隋、初唐的墓志边饰以陶俑组合中得到广泛应用。不同于前代的十二辰铭，取而代之的是日常生活中常见的动物或传说中的灵兽：鼠（子）、牛（丑）、虎（寅）、兔（卯）、龙（辰）、蛇（巳）、马（午）、羊（未）、猴（申）、鸡（酉）、狗（戌）、猪（亥）。这是铜镜纹饰从神话走向世俗的体现，这种组合得到当时人们的高度认可。《太平广记·王度》篇中记述了这样一则照妖宝镜的故事：隋汾阴侯临终前赠予王度古镜一枚，曰："持此则百邪远人。"度受而宝之，镜横径8寸，鼻作麒麟蹲伏之象，绕鼻列四方，龟龙凤虎，依方陈布，四方外又设八卦，卦外置十二辰位而具畜焉。辰畜之外，又置二十四字，周绕轮廓，文体似隶，点画无缺"。可见这种铜镜除实用功能仍兼有辟邪保平安的护身符作用，当时的人们广泛采用这种题材是有深刻的祈求吉祥的含义的。这段描述除了八卦纹外，和流传至今的四神十二生肖镜基本一致。

镜缘处铭文带也是这一时期铜镜的特征，以隋代至唐武德时期比较多见，多是祈福或者辟邪之语；贞观后偶有之，唐高宗时期，镜背纹饰题材变得更为丰富多样，外区铭文带逐渐消失，代之以卷草、忍冬及缠枝花等纹饰，铜镜形制也更加灵活，出现了菱花型、葵花型等。

四神纹铜镜，隋至唐初，直径18厘米，边厚0.4厘米。铭文："仙山并照，智水齐名。花朝艳采，月夜流明。龙盘五瑞，鸾舞双情。传闻仁寿，始验销兵。"（图8）圆形，圆钮，伏兽纹钮座，外围双线方栏，窄平缘。斜立双重锯齿纹圈将镜背纹饰分为内外两区。内区方栏外四角对应"V"纹，内饰以兽首。"V"纹将内区纹饰划分为四区，分饰四神，均曲颈，尾部及四肢伸张，显得灵活生

图8　四神纹铜镜

动。外区为楷书32字铭文带和勾连云纹带。这种布局是对前代博局纹的延续和简化。湖南长沙市郊隋墓出土一面四神纹铜镜,[8]纹饰布局与馆藏这面铜镜几乎一致。

四神十二生肖铜镜,隋至唐初,直径21.4厘米,边厚0.7厘米。铭文:"照明仁德,益寿延年。至理真壹,鉴保长全。窥妆益态,瓣儿增妍。开花散影,净月造圆。"圆形,圆钮,伏兽纹钮座,外围双线方栏,窄平缘。斜立双重锯齿纹圈将纹饰分为内外两区。内区方栏外四角对应V形纹,内饰三叠叶纹。V纹将内区纹饰划分为四区,分别饰青龙、白虎、朱雀、玄武四神,周围饰少量云气纹。外区由内至外依次为楷书32字铭文带、十二生肖间列花、叶纹带和锯齿纹带。其中十二生肖间列花、叶纹带是由稍稍凸起的连珠纹框将圆镜外围分成十二个下凹的框,连珠纹框内依次饰花、叶纹,下凹框内分饰十二生肖环绕成圈。此镜将四神和十二生肖的形态刻画得入木三分,四神的四肢与尾部舒展伸张,体型丰腴柔健,均作腾云驾雾状,而十二生肖则生活化特点突出,惟妙惟肖,充满生气。(图9)

**(四)唐中晚期**

盛唐时期的铜镜纹饰繁缛华丽,花鸟纹、龙凤纹、海兽葡萄纹等成为主流,唐玄宗之后纹饰布局逐渐舒朗,道教元素融入得越来越多。中晚唐时期出现了四神与八卦纹饰相结合的八卦四神纹铜镜,比较典型的是"黑石号"出水的八卦四神纹铜镜。

"黑石号"沉船以出水大量瓷器著称,另有30余面唐代铜镜,其中1面四神八卦镜尤为精美,且镜铭涵盖丰富的历史信息。镜为圆形,伏龟钮,由内向外分饰三周,第一周为四神纹,第二周为八卦纹,第三周为楷书铭文带:"唐乾元元年(759年)戊戌十一月廿九日于扬州扬子江心百炼造成。"[9]此时的镜缘铭文已经不是祈求吉祥或是驱灾辟邪的语句,取而代之的是制造时间、地点等。由镜铭可知,这面铜镜铸造于"安史之乱"爆发后的第三年,正处在大唐由盛到衰的转折点,四神纹与八卦纹的组合同当时社会流行道教密切相关。浙江瑞安晚唐墓也曾出土一面八卦四神纹铜镜,[10]这两面铜镜中的主纹是八卦纹,四神已退居钮座的四周,并且个体较小,只起到辅助装饰的作用。唐人小说《敬元颖》中讲述了一则曲折生动的"井中宝镜"的故事,故事中描述镜铭为:"……左有日而右有月,龟龙虎雀,并依方安焉。"1973年8月,在浙江上虞征集到了与之对应的实物资料,此镜背中心一瓦形钮,围绕镜钮分饰以小圆圈表示的日、月,以圆点代表金、木、水、火、土五星,加在一起称为"七曜"。外围饰以四神,朱雀、玄武两侧各立一仙人,玄武上方饰以北斗七星,外围三周楷书铭文带,内容为天干、地支及八卦纹等。[11]

中国国家博物馆藏有一件十二生肖八卦纹葵式铜镜,唐中期,直径15.2厘米,边厚0.6厘米。(图10)与"黑石号"出水铜镜相较,十二生肖纹代替了四神纹,其余布局基本一致。从十二生肖和八卦纹的布局来看,应是唐代中期的作品。八出葵花形,伏龟形钮,荷叶纹钮座,宽平缘。主纹八卦环钮排列,其外十二生肖环绕成圈,或爬行或奔跑。所谓八卦,乃指《周易》中的八种基本图形,即乾(☰)、坤(☷)、震(☳)、巽(☴)、坎(☵)、离(☲)、艮(☶)、兑(☱),

图9 四神十二生肖铜镜

图10 十二生肖八卦纹葵式铜镜

象征着自然界天、地、雷、风、水、火、山、泽八种自然现象。此镜纹饰简练，留白较多，风格清新雅致。

## 四、小结

中国古代铜镜从距今四千余年的齐家文化出现，直到清代中期逐渐被玻璃镜取代，它不仅仅是古人日常生活中的照具，还扮演着情感寄托物的角色，那些或简或繁的镜背纹饰之中承载了历史、文化、风俗、古人情感等诸多元素，使之成为耐人寻味的古代艺术品。四神纹寓意守护四方安定，接引人们得道成仙，作为镜背纹饰中的重要组成部分，西汉时开始出现，新莽、东汉时最为流行，唐代末年逐渐被十二生肖纹、海兽葡萄纹、花鸟纹等更加繁缛华丽的纹饰所取代，最终退出历史舞台。从最初的组合纹饰到主题纹饰再到辅助纹饰，体现了古人对四神含义理解的变化过程。

[1][5] 王小盾. 中国早期思想与符号研究[M]. 上海：上海人民出版社，2008.
[2] 郑玄. 十三经注疏·礼记正义[M]. 北京：中华书局，1957.
[3] 毕沅校注. 三辅黄图[M]. 北京：中华书局，1985.
[4] 中国科学院考古研究所. 上村岭虢国墓地[M]. 北京：科学出版社，1959.
[6] 中国科学院考古研究所洛阳发掘队. 洛阳西郊汉墓发掘报告[J]. 考古学报，1963（2）.
[7] 孔祥星，刘一曼. 中国古代铜镜[M]. 北京：文物出版社，1984.
[8] 高至喜. 长沙两晋南朝隋墓发掘报告[J]. 考古学报，1959（3）.
[9] 梅丛笑. 以铜为鉴：中国古代铜镜艺术[M]. 北京：中国书店，2012.
[10] 王士伦编著，王牧修订. 浙江出土铜镜（修订本）[M]. 北京：文物出版社，2006.
[11] 任世龙. 浙江上虞县发现唐代天象镜[J]. 考古，1976（4）.

# 明周藩永宁荣穆王墓志考略

李 聪

河南博物院

**摘要**：明周藩永宁荣穆王墓志为开封出土的明周藩郡王墓志，其较详细记载了永宁荣穆王的祖先及子孙后代，不仅验证了明代宗室封爵、命名、葬制等相关文献记载，也补充了永宁王府家族谱系，同时为开封地方志的研究提供了重要资料，具有一定的补史、证史作用及价值。

**关键词**：永宁荣穆王；墓志铭；世系；葬制

开封市博物馆藏明周藩永宁荣穆王墓志及志盖一合，青石质，均保存完好。于尉氏庄头镇采集所得。墓志为正方形，志石长74厘米，宽74厘米，厚12厘米；志盖长74厘米，宽74厘米，厚12厘米。志石与志盖四周均饰精美的双龙戏珠纹和云纹。志盖为篆书，3行共12字，"大明周府永宁荣穆王圹志文"。（图1）志石为楷书，竖22行，满行23字，共计307字。（图2）录文如下：

大明周府永宁荣穆王圹志文／王讳安㳭，乃庄和王之子，母妃刘氏。弘治十三年十一月初／七日／封为永宁王，妃林氏，早薨。王有男六，长曰睦㮛，次曰睦㭍，三／曰睦㮔，四曰睦㯫，六曰睦㮂，俱受封镇国将军，

图1 永宁荣穆王墓志盖

以及丧葬情况。笔者希望对墓志进行简略分析，以了解永宁荣穆王家族情况。

## 一、墓主人生平及世系

墓主人朱安㳒，生于成化六年（1470年），于弘治十三年（1500年）封永宁王，薨于嘉靖元年（1522年），享年五十三岁，谥荣穆。其为明代宗室成员，明太祖朱元璋五世孙，周定王朱橚四世孙，永宁庄和王之子，母妃刘氏。

志文详细记载了墓主人子嗣成员情况，包括六子、六女、十四孙男女。笔者结合文献记载，整理其世系如下：

| 庄和王朱同鈋<br>（妃刘氏） | 荣穆王朱安㳒<br>（妃刘氏） | 恭定王睦𣏌（妃戴氏） | 孙男女十四人 |
|---|---|---|---|
|  |  |  | 睦㯆（夫人赵氏）|
|  |  |  | 睦柃（夫人张氏）|
|  |  |  | 睦欋（夫人杨氏）|
|  |  |  | 五子（幼殇）|
|  |  |  | 睦㭂 |
|  |  |  | 长女（早殇）|
|  |  |  | 武宁县主（仪宾赵宠尚）|
|  |  |  | 三女（幼殇）|
|  |  |  | 四女（幼殇）|
|  |  |  | 五女县主 |
|  |  |  | 六女（幼殇）|

洪武十一年（1378年）封朱橚为周王，建藩开封。亲王之下封郡王，周定王朱橚共十四子，除宪王袭封，后因宪王早薨无子，简王进封，其余分别封汝南王、顺阳王、新安王、永宁王、汝阳王、镇平王、宜阳王、遂平王、封丘王、罗山王、内乡王、胙城王。[1] 关于永宁王一支，《明史·诸王世表一》又载："永宁靖僖王有光，定庶六子，永乐初封，成化二年薨。安惠王子塲，靖僖王庶一子，成化三年袭封，十二年薨。庄和王同鈋，安惠庶一子，成化十四年以镇国将军袭

图2　永宁荣穆王墓志石

第五子幼／殇。长男袭承／王爵，配夫人戴氏，将绍受妃；次男早逝，夫人赵氏守节；三／男配夫人张氏；四男配夫人杨氏；六男方着冠，未择配。王／有女六，长早殇；次封武宁县主，婿仪宾赵宠尚；五封／县主，未婚；三、四、六女俱幼殇。孙男女一十四人，俱受／诰封。王多子多孙，矩其生成化庚寅岁六月初十，享年五十／有三，乃于嘉靖元年三月二十四日以疾薨。／上闻讣，辍朝一日，遣官。／赐祭／命有司治丧葬如制：／例谥荣穆，在京文武官致祭焉，葬于汴城南朱仙镇之原。／於戯，／王以宗室之亲为／周藩辅茂应，／封爵贵富兼隆，兹焉令终，夫复何憾，爰□其窆，纳诸幽圹，用／垂不朽云。／大明嘉靖二年冬十二月之吉撰。

由志文可知，墓主人为明代周藩永宁荣穆王朱安㳒，墓志详细记载了荣穆王生平、家庭成员

封，弘治九年薨。荣穆王安㳺，庄和嫡一子，弘治十三年袭封，嘉靖元年薨。恭定王睦㮮，荣穆庶一子，嘉靖二年以镇国将军袭封，三年薨。端顺王勤熰，恭定王庶一子，嘉靖五年以镇国将军袭封，十六年薨。敏懿王朝㙺，端顺庶一子，嘉靖二十年袭封，四十五年薨。温简王在镗，敏懿嫡一子，隆庆五年袭封，万历二十六年薨。无子除。"[2] 自靖僖王朱有光始，至温简王朱在镗终，共八世，历时近二百年。志文记载与文献记载墓主人生辰、袭封、族系一致，关于其子嗣成员墓志记载补充了史书内容。

## 二、墓志所反映的宗室命名制度

明代对诸王子孙命名有严格的制度规定，《明史·诸王世表一》载："洪武中，太祖以子孙蕃众，命名虑有重复，乃于东宫、亲王世系，各拟二十字，字为一世。子孙初生，宗人府依世次立双名，以上一字为据，其下一字则取五行偏旁者，以火、土、金、水、木为序，惟靖江王不拘。……周府曰：有子同安睦，勤朝在肃恭；绍伦敷惠润，昭格广登庸。"[3] 志文所记主要为第四世"安"字辈的墓主人与第五世"睦"字辈的墓主人子嗣。另墓主人朱安㳺的名字取偏旁"水"，"睦"字辈取偏旁"木"，可知墓志与文献记载的周王一系命名规定相吻合，其命名严格按照宗室命名制度。

## 三、墓志所反映的葬仪

《明史·礼十三》载："郡王丧，辍朝一日。行人司遣掌行丧葬礼，余多与亲王同，无皇太后、皇后祭。"[4] 志文记："上闻讣，辍朝一日，遣官，赐祭，命有司治丧葬如制。"可知朱安㳺的葬礼严格遵照当时郡王一级的辍朝仪、赐祭等丧葬制度进行。另《明史·礼十四》载："亲王例用一字；郡王二字，文武大臣同……洪武初，又应得谥者，礼部请旨，令礼部行翰林院拟奏。弘治十五年定制，凡亲王薨，行抚、按，郡王病故，行本府亲王及承奉长史，核勘以奏，乃议谥。"[5] 可知亲王死后赐谥为一字，郡王赐谥为两字，志文记录郡王朱安㳺赐谥为"荣穆"二字，墓志与文献记载相照。

## 四、关于永宁王府址

明朝初期，为进一步加强中央集权，在全国的重要城市分封藩王，洪武十一年封朱橚为周王，建藩开封。周藩在开封的二百多年间，宗支繁衍，开封城内郡王府及各种将军、中尉、仪宾府遍布城内各主要地段，有"天下藩封数汴中"之称。藩府林立也极大地促进了开封城市经济的恢复与发展，人口也显著增长，成为当时区域政治、文化、经济中心，同时也为我们留下了丰厚的文化遗产。

《明一统志·开封府上》载："藩封周王府（在府城内正北，洪武十一年即宋故宫遗址建）、祥符王府、封丘王府（俱在府城南薰门内街东）、永宁王府（在府城内灵应街西）……"[6] 又《如梦录》载："至六府角（六角府，即今城隍庙前街南口，正对半截街，即其他），往西，染房、永宁王府（今第一监狱造纸厂），即今按察司署，国朝顺治元年，就府基建大道宫。乾隆时，复改按察司署，移大道宫于南。再西，有皮局，（今仍旧名）。"[7] 这是文献中关于永宁王府位置的记载。2017年7月至2018年8月，河南省文物考古研究院和开封市文物考古研究所联合发掘了永宁王府遗址，该遗址位于河南省开封市鼓楼区省府西街路北、城隍庙街中段路西。经勘探，整个王府遗址平面呈长方形，边缘有宽约1.6米的夯土包砖墙围绕，南北通长约200米、东西宽约115米。整座王府遗址建筑布局包括东、中、西三处院落，中院为主院，东院及西院为跨院。遗址内出土各类器物1600余件（套），主要为生活用品、建筑构件、供器等。其中南大门台阶前出土的匾额是确定遗址性质的关键遗物，楷书匾文"昭代贤宗"四字，上款题"赐进士第知阳武县事甄淑为"一行十二字，下款题"永宁王府掌理府事肃溿立，万历壬子岁仲冬吉旦"两行二十字。该遗址中轴线院落建筑群布局明晰，建筑规模大、等级高，是目前国内已发掘的保存状况最好、遗物最丰富的明代郡王府遗址。[8]文献记载的位置与考古发掘遗址基本一致，整个遗址最终因为黄河灌城而毁，所以保存较为完整，遗址格局清晰，该遗址发掘完成之后，最终做回填保护。

## 五、结语

墓志记载与《明史》中相关记载高度一致，印证了《明史》记载的可信性。另外，《明史·列传第四诸王》载："今据所记载，自太祖时追封祔庙十五王以及列朝所封者，著于篇。而郡王以下有行义事实可采者，世系亦得附见焉。"[9]这里墓主人朱安㳘为郡王，文献中可见，但其子嗣情况却不得见，墓志内则详细记载了其六男六女的信息，为我们丰富永宁王家族谱系提供了重要信息，也对历史记载作了补充。同时为开封地方志的研究补充了重要资料，具有一定的补史、证史作用及价值。

---

[1][2][3][4][5][9]张廷玉等. 明史（卷一百）[M]. 北京：中华书局，1974.

[6]李贤. 明一统志[M]. 钦定四库全书.

[7]孔宪易校注. 如梦录[M]. 郑州：中州古籍出版社，1984.

[8]王三营. 河南开封发掘明代永宁王府遗址[N]. 中国文物报，2019-08-23.

# 河南博物院院藏地方文献资源述略

崔晓琳
河南博物院

**摘要**：河南博物院历经近百年建院史，院藏地方文献丰富而独特。本文通过对院藏文献资源进行梳理，以几种特色馆藏为研究对象，阐述其鲜明的地方特色，分析其未来发展趋势，试探如何发挥其功能和作用，确保其价值，特别是社会价值得到充分实现，发挥出历史文化资源的重要社会功能，使其成为博物院可持续发展的重要推动力。

**关键词**：河南博物院；地方志；玻璃底片；碑刻墓志；民国文献

地方文献作为该地区发展轨迹的客观缩影与文化底蕴的智慧结晶，是了解和研究某一特定地区政治、经济、科学、文化等各方面历史和现状的主要情报来源，[1] 展现出了一个地域的历史、发展历程以及未来发展趋势。博物馆作为公共文化服务机构，致力于典藏、研究各类具有特色的历史文化遗产。特色鲜明的地方馆藏文献资源是博物馆资源建设的基础和优势，也是其服务能力提升的资源基石。河南博物院近百年建院史拥有丰富的文献资源，这些文献资源与河南及河南博物馆的历史、文化等各方面密不可分，具有地方区域性、原始记录性和历史文物性价值。

## 一、河南博物院藏地方文献资源概述

河南博物院藏的地方文献具有丰富的文献形式和全面的载体类型，包括中外文图书、中文古籍、期刊、报纸、学术论文、地方志、金石拓片、名人手稿、照片底片等。本文主要以民国文献为主展开，内容包括民国时期出版的刊物、研究著述、手稿原件、碑帖拓片、玻璃底片、地方志等。

河南博物院收藏文献载体的形式多种多样，如甲骨、皮革、帛、金石、纸张等。新技术高速发展的信息时代，除大量的印刷型文献，还出现了多种形式的文献类型，有微缩型文献、视听型文献、电子型文献等。

## 二、河南博物院藏地方文献资源分类

### （一）玻璃底片

在卷帙浩繁的文献中，照片与文字相得益彰，构成一个不可或缺的整体。一段文字可以记录历史长河中某个事件,而一张照片则能辅之以形象的佐证,使其维护历史真实面貌,弥补文字的不足。

河南博物院珍藏着1300余张极为珍贵的历史影像文献——玻璃底片,这批玻璃底片是河南博物院创建初期留存下的,记录了成立之初的河南博物馆馆址、馆貌、展览状况、工作人员及博物馆工作等方面的图像资料。有世人震惊的新郑大墓出土器物、辉县甲乙墓等发掘现场及发掘人员影像资料,有河南省全日公开对外展览之始的中外民族塑像展的珍贵影像,有众多馆藏文物的影像,有洛阳龙门等表现自然文化遗产的影像,也有众多河南风景名胜的纪念照、年轻人结婚时与大家庭的合影照片,等等。记录了一个丰富多彩的博物馆,它们在河南博物院的发展历程中,在中原文化的发展经历中起到的作用是独特的、不朽的。

老照片作为文献的重要组成部分,虽然出现历史较其他文献为短,但在表现形式上却拥有无法替代的直观性和真实性。摄影术发明不久即传入中国,为我国的近现代历史作了很好的记录。由于照片的科学性、纪实性已经成为历史的证据,河南博物院珍藏的这批玻璃底片如今已成为孤品,它们所蕴含的历史文献信息及其自身独特的介质,显得尤为珍贵。这批玻璃底片记载、记录和反映了民国时期河南博物馆在各项工作中直接形成的并具有保存价值的信息,是进行文物考古、发掘、保护、修复、研究的依据和必要条件。

### (二)民国出版刊物

民国时期的河南博物馆在学术研究领域和刊物出版方面取得了丰硕成果,涌现出众多前辈学者,出版的刊物、文物图录和研究著述不仅数量众多,而且专业水准高,赢得了国内外高度赞誉。这些刊物和著述内容丰富,学术价值高,为河南文博事业的发展奠定了坚实的基础。据粗略统计,1931年至1938年,河南博物馆出版文物图录和研究著述达100多册、卷。[2]

民国18年(1929年)10月,前民族博物院院长何日章奉省政府令往安阳发掘殷墟得卜辞甲骨、铜器、陶器、玉石、牙角、贝壳等各类文物8000余件,其中有字甲骨3656件,为便于研究流传起见,挑选器物之优者及有字甲骨,聘请关百益、许敬参等专家学者编辑殷墟甲骨及器物文集,陆续出版了《殷墟器物存真》(1-3集)、《殷墟器物文字》(1-8集)、《殷墟文字存真考释》(1、2集)、《殷墟器物徵存初稿》等书,成为研究殷墟考古极其珍贵的史料。

民国时期河南博物馆在"发扬固有文化、提倡学术研究、增长民众知识、促进社会文明"的宗旨下,学术成果空前丰硕。除了关于殷墟研究的相关论著,比较重要的有关于新郑出土春秋战国古物研究的《新郑古器图考》《郑冢古器图考》《新郑古铜器图录》等、关于龙门石窟研究的《伊阙石刻志》《伊阙石刻图表》《伊阙石刻图解》《伊阙魏刻百品释证》《伊阙造像题名》《龙门二十品释证》《伊阙石刻志叙录》《伊阙石刻著录表》《伊阙唐刻百品》《伊阙古迹图序》《伊阙古墨撷英》《初拓伊阙造像文字百品》等、关于馆藏石刻整理研究的《馆藏石刻整理报告》《馆藏建筑石刻图录》《馆藏墓志图录》《馆藏造像实用石刻图录》等、关于汉画像石研究的《南阳汉画像集》《南阳汉画像汇存》《南阳草店汉画像集》等、关于自然科学研究的《开封鸟类图志》等一大批考古学及其他科学的研究论著。研究人员依托河南深厚的文化底蕴，充分利用河南丰富的考古资源，搜集掌握了大量原始资料。这些高质量的专业论著，为河南文博事业的发展奠定了坚实的基础。

《河南博物馆自然科学汇报》创刊于1933年7月，是河南博物馆主办的中英文版自然科学类的学术刊物，其英文名称为BULLETIN OF THE HONAN MUSEUM（Natural History），自1933年至1935年卷号不变，每年出1号，共出3号。第1卷第1号《开封鱼类志（一）》由时任河南博物馆动物部主任傅桐生（新中国成立后中国鸟类学会第一届副理事长）和时任北平静生生物调查所动物标本室主任的张春霖合著，之后相继出版《百泉鱼类志》和《河南爬虫类（一）》。

1936年创办的《河南博物馆馆刊》是一部研究馆史的珍贵文献，为后人留存了大量文博考古史料。刊物内容涵盖馆藏文物研究、考古学研究、博物馆学研究、自然科学研究及历史、地理、科学技术等方面的研究，自1936年7月创刊至1938年3月，因抗战爆发被迫停刊一共出版15期，是河南近代文博事业发展历程的见证。

这些优秀的专著和刊物都极富河南地方文化特色，是十分珍贵的思想文化遗产和重要的地方文献。

（三）地方志

河南历史文化悠久，历代纂修的地方志种类繁多，因朝代更迭、战乱洗劫、自然灾害等原因，也造成大量散佚。《河南历代文志集成》（以下简称《集成》）是1949年以来河南省实施的最大规模的旧志整理出版工程，以《集成》所收录方志为基础，考录明、清、民国三个时期共31种未收志书，加上已经收录的530种，认为现存河南旧志共561种。[3]河南博物院目前现藏有河南地方志591种2300余册，其中旧志100余种。

张万钧的《河南方志概述》记载"《河南通志》之纂修，现今可考者，先后进行过八次"[4]，第6次清雍正十二年（1734年）田文镜、王士俊主修，孙灏等主纂的《河南通志》，全志80卷，分四十三目。河南博物院藏光绪二十八年（1902年）补刊本；第7次乾隆三十二年（1767年）阿思哈、嵩高修纂《续河南通志》，全志共80卷，分十目，是对雍正《河南通志》的续修，志书上限为雍正八年，是为断代志。河南博物院现存光绪二十八年补刊本；民国3年教育司补刊本24册。

现存《彰德府志》（包括续志）共7部，其中2部是明志、5部是清志。河南博物院藏乾隆五十二年卢菘修、江大键撰的《彰德府志》32卷，是本地区最后一部府志，同时也是收罗最丰的一部府志。以内容丰富和人物考证翔实见长。本志纂修认真，改正不少讹误，是其成功之处。此外另有乾隆三年赵广贵的《续汤阴县志》，同治六年（1867年）《内黄县志》，乾隆三十一年邱峨、吕宣增纂《新安县志》等善本及包括《荥阳县志》《登封县志》《舞阳县志》《开封县志》《祥符县志》《新修祥符县志》《尉氏县志》《陈留县志》《洛阳县志》《新安县志》《孟津县志》等百余种，内容详尽，极具史料价值。

河南历代方志以传承、弘扬中华民族优秀传统文化为宗旨，实现对地方志这一中华民族历史文献载体的保护和传播，使其更好地服务于学术研究和大众文化需求，做到古为今用，对于推动文博事业的发展、提高文博学术研究的水平都大有益处。

**（四）近现代名人手稿**

手稿，是作者以文字、符号或图案书写的稿本。这些留有作者创作痕迹的手稿，能够充分展现作家的创作过程，是各类作品的原始记录。一般都具有文献价值、文化价值、艺术价值和收藏价值。

河南博物院收藏有多件河南近现代名人手稿，其中数量最多、影响最大的是河南近代著名学者关百益的手稿。关百益（1882—1956）时任河南博物馆馆长，近代考古学先驱，师从罗振玉，学识渊博，有着深厚的人文素养，对金石、考古、甲骨以及龙门石窟都有深入研究，著述宏富，毕生致力于考古、金石、甲骨学和博物馆、方志学的研究。

河南博物院收藏有关百益手稿25种，分别是《考古学》《明清史》《中央名著》《集咏丛抄》《甲骨类第九》《封泥类第八》《三老赵椽碑》《晋王右军书〈道德经〉并考》《中国史部目录学》《文房益智录》《古学讨源序》《河南石志》《题成纫溪寿辰札》《访古日记初稿》《北魏草书范序》《三国图案后序》《跋蒋辉吾藏吴清郑工碑墨迹》《跋抄武露谷钱谱》《汉袁安碑考》《巩县石窟寺石刻著录表》《北魏行书范序》《订补咸说斋古泉拓本序》《重建清真寺记碑》《挑筋教序》《繁塔石墨撷英》。

名人手稿是作者本人思想结晶的外化和存在方式，也是其性格与学养的表征。关百益先生这些手稿为我们提供了关于考古学、目录学、金石学、碑帖、汉魏书法艺术等诸多方面珍贵的史料，其考订的若干史实和某些专题，对于后人的研究具有启示、指导和推动的作用。

**（五）碑刻墓志**

河南作为中华文明的发源地，历史上众多的朝代都建都于此，也出土了大量墓志碑刻。作为史料载体的碑刻墓志，河南现存碑刻以数量众多、序列完整、内容丰富、书法精湛而著称。

河南博物院所藏碑刻墓志，特别是墓志是藏品的大宗，不仅让我们看到从东汉到明清的中国文字发展历程，也为我们提供了古代各阶层的人物传记。所存碑志来源于三类：一为民国时期旧藏，如汉魏石经残石。河南博物院院藏《熹平石经》与《正始石经》为中华人民共和国成立之前旧藏，字存不多，但清晰可辨，尤为珍贵的是《正始石经》有两种文字排列方式，其中品字式排列方式较为罕见。二为考古发掘随墓主陪葬的文物一同移交而来，如北齐《范粹墓志》和隋《张盛墓志》。河南经科学发掘的北朝墓葬数量极少，北齐的《范粹墓志》是通过正式考古发掘得到的，有完整的发掘记录，对于深入全面地研究这一时期的墓志制度具有重要的意义。三为1997年河南博物院成立后，在河南省政府支持下，从省内各地调拨而来，如《崔祐莆墓志》、宋《王拱辰墓志》、元《张思忠神道碑》等。河南博物院所藏唐代墓志大部分保存较好，《崔祐莆墓志》是院藏唯一的一合保存完好、字迹清晰的唐代宰相级别的墓志。[5]

碑刻墓志在中国历史上有近两千年的历史，其特殊的文献载体形式使其具有重要的学术地位，具有时代性强、地域性强及保存持久的特点，在历史学、经学、文学、文字学、书法艺术等众多科学领域都具有重要价值。

## 三、地方文献资源的未来发展趋势

信息时代利用先进的数字技术，深入发掘馆藏文献的历史价值与文化价值，并通过多种媒体手段提高信息资源的利用率，实现博物馆馆藏文献资源社会化，以推动优秀文化资源的传承与创新应成为博物馆文献资源未来的发展趋势。如何实现，需要我们的不断努力和探索，现略作如下探讨。

首先，逐步实现文献资源的数字化采集，规范化存储与管理，形成和建立特色文化资源库，建立自己的网站，开通微信、微博，借助新媒体进行文化传播与互动。建立基于特色馆藏的文献资源数据库，有效推动优秀传统文化的传承与创新。

其次，通过多元合作渠道整合馆藏文献资源，实现区域性、馆际的共建共享。在互联网时代下建立跨界的学术研究平台，开展学术研讨活动，进行有针对性的学术研究，有利于深入挖掘馆藏文献资源的内涵价值。通过馆际互借、交换等方式来满足不同受众群体的实际需求，提高资源利用效率，实现资源共享。"在网络环境中，合作、互补、共享与发展是相互关联的。在共享中才能达到整合中华文化资源并使之再现辉煌的目的。"[6]

最后，利用数字化技术与手段，进行多渠道宣传，促进博物馆文献资源的开发利用。以数字化时代为背景，充分利用各种现代信息技术和手段，最大限度地把馆藏文献资源转化成各种形式（电子数据、光盘等）的数字信息加以保存和保护，并借助数字技术与手段拓展利用空间。如采用虚拟陈列、多媒体展示等加大文化传播的力度，利用数字投影、三维扫描、增强现实（AR）、虚拟现实（VR）等新兴的技术形式，辅之以专业的解读方式与呈现方式，让博物馆里的文献藏品充分地"活"起来，与公众进行互动。策划一些沉浸式体验展让观众现场体验文化的魅力，使博物馆知识得以普及，文化传播效果得到提升。

## 四、结论

河南博物院院藏文献资源不仅丰富，而且极富地方特色，这些地方文献资源所蕴藏的文献信息具有重要的史料价值，是研究河南地域文化发展的重要基础和依据。博物馆依托得天独厚的优势，拥有丰富而珍贵的文献资源，这些文献资源忠实地记载着历史，承载着中华文明，是民族文脉的延续，是宝贵的精神财富。河南厚重的历史文化资源丰富而多彩，做好河南地方特色文献资源的收集整理、研究、保护和利用工作，深入发掘地方文献资源的文化价值、历史价值、学术价值，对于河南地方文化建设具有积极的意义。

---

[1] 付强. 吉林省区域创新特色数据库研究[J]. 时代金融, 2018（9）.

[2] 河南博物院. 荟萃中原文物 尽展华夏风采：纪念河南博物院创建70周年[J]. 中原文物, 1997（4）.

[3] 朱丽晖. 河南旧志整理及存佚考述：以《河南历代文志集成》为中心[J]. 中国地方志, 2020（1）.

[4] 张万钧. 河南地方志浅论[J]. 史学月刊, 1980（3）.

[5] 谭淑琴. 琬琰流芳：河南博物院藏碑志集粹[M]. 郑州：中州古籍出版社, 2015.

[6] 刘家真. 我国图书馆、档案馆与博物馆资源整合初探[J]. 中国图书馆报, 2003（3）.

# 从老区革命文物整治开发谈保护和发展的关系

张 华
驻马店市文物考古研究所

**摘要**：大别山革命老区散落着将军故居、战役纪念地、无名烈士陵园等红色革命遗址，其蕴含的红色精神内涵时刻激励着我们砥砺前行，是我们赓续革命传统的重要文化资源。然而，在革命文物的利用和开发过程中，其保存状况却令人堪忧。切实解决好保护和开发之间的矛盾，需要相关职能部门转变规划理念，加强周边环境治理，使革命旧址本体及其历史环境融合协调，维护历史人文风貌。

**关键词**：革命文物；利用；保护

红色革命老区——大别山散落着数量众多的革命旧址、将军故居、战役纪念地、无名烈士陵园，在现今社会，如何将这些红色文化弘扬和延续，是革命文物保护和发展中重要的课题。

在保护好革命文物的前提下，合理利用文物来推动老区红色文化的发展，使二者相互促进，做到革命文物保护和开发利用的完美结合，对于如何利用好老区红色文化具有重要的现实意义。[1]

## 一、老区革命文物保存现状

革命老区的活动地主要分布在偏远的山区，这些地区发展相对缓慢，最大限度地保留了红色革命文物的原始面貌。遗留下的红色文物是弘扬优良传统重要的文化资源，是不可再生的历史文化遗产。每一处革命文物蕴含的红色文化精神内涵时刻激励着我们不忘初心、砥砺前行。我们只有好好地保护好这些革命文物，传承发扬其蕴含的红色文化精神内涵，其价值和作用才能得以充分发挥。但是，由于各种客观原因，革命文物保存现状日益严重，[2]体现在以下几个方面：

一是随着人民生活水平的不断提高，有些革命文物在新型农村基本建设中被随意拆除翻建。散落在田野乡村的革命旧址、旧居，由于年久失修而坍塌废弃。一些还在使用的建筑，由于年久失修，岌岌可危，出于安全考虑，在翻建住房时，往往是将其推倒重建，从而造成毁灭性损毁。

二是革命文物中的产权归属混乱，缺乏协调统一的管理。存在一些旧址、旧居的产权有的归属公民个人，有的产权归属集体，有的归属政府行政事业单位。这些建筑类革命文物基本根据使用者的要求，随意改造使用，导致外部风貌、内部结构的破坏。文物保护部门在规划和维护中很难进行统一有效的保护和管理。

三是革命文物保护经费使用不均衡。资金倾斜于价值较高的重点文物保护单位，因此这些文物能得到较好的保护，那些一般文物保护单位或价值较低的革命文物则因资金紧张而缺乏有效的保护，要么被规划改建得面目全非，要么自生自灭或整体惨遭拆除而被彻底损毁。

四是人们保护革命文物的意识比较薄弱。一些地方由于片面地追求政绩而忽略了文物保护工作，在革命文物修缮、改造过程中，没有按照《中华人民共和国文物保护法》的要求进行法定程序的申报，致使革命文物遭受不同程度的破坏。

五是只重视纪念馆等革命文物本身的修缮和建设，不重视其周边控制性保护区的环境整治。[3]

造成上述现象的原因是多方面的：一是有些革命旧址、旧居虽然列入革命文物名录，但是因历史原因，产权归属于私人所有。居住在老民房的住户生活贫困，文物保护意识淡漠，单方面认为房子是自己的可以任意处置。为了满足居住使用要求，有的住户在屋内肆意改扩建、随意开门破窗，严重破坏了革命文物原有的历史风貌。二是专项保护经费来源途径单一、资金欠缺。由于革命旧址、旧居的保护和管理需要投入大量的专项资金，而专项资金使用要求十分严格，一些当地政府对革命文物保护不够重视，致使专项保护资金不足甚至没有。例如产权归属个人的革命旧居，当地的文物保护部门也曾考虑过购买产权加以保护，但由于专项保护经费短缺、房主要价较高，最终不了了之。[4] 三是革命文物缺乏统一合理的整体规划。由于各地的红色革命文物资源开发利用程度不一，缺乏统一规划，致使后期配套设施跟不上。而一些革命遗址、旧居、旧址，因受用地环境的限制，在文物保护规划改扩建的维护中难以保证用地需求，有的甚至对重点保护范围和建设控制地带的用地难以保障。

结合当前现状，革命建筑文物的环境布局主要存在的问题有：一是单体革命文物孤立存在，基础设施落后，交通不方便，开发利用难度很大；二是文物建筑本体周围环境较差，分区布局散乱，缺乏科学统一规划，一些私搭乱建的违章建筑随处可见；三是管理不善，在文物保护范围内，随处可见当地群众乱堆的柴草和牲畜散养的现象，有的烈士纪念碑和陵园内杂草丛生；四是革命文物开发利用简单粗放，盲目跟风，导致开发的革命文物景点风格千篇一律，与当地人文风貌或时代特征严重不符，质量参差不齐，粗制滥造，没有很好地沿袭当地建筑的人文风格；五是肆意改变文物用途，盲目开发利用，出现了擅自改建成娱乐山庄、随意增添新建筑等现象，导致人文景观和历史风貌遭到严重破坏。

综上所述，在对革命文物进行整治开发时，要坚持革命旧址本体及其历史环境的整体保护，切实维护历史人文风貌，突出地方特色，制定切实可行的保护规划，才能使革命文物得到合理开发利用，使其成为传承红色基因、铭记革命历史、加强爱国主义教育和社会主义核心价值观教育的最好教材和前沿宣传阵地。

## 二、保护规划理念和保护规划布局

### （一）保护规划理念

对于革命文物的保护，必须树立全面保护、整体规划的理念。文物保护部门对革命文物的保护，要按照"保护为主、抢救第一、合理利用、加强管理"的原则，将革命旧址保护利用与当地城市空间发展规划相结合进行总体规划，与文旅发展整体相结合进行专门规划，最大限度做好革命旧址保护修缮和周边环境综合整治。因此，相关部门要树立全面保护、整体规划的理念，必须做到以下几点：

一是深入了解单体革命文物的文化内涵，将单体革命文物建筑保护纳入整体规划中来。加大对革命史和革命旧址历史资料的深入挖掘和整理，准确运用空间布局，把握时间节点，深挖文化内涵，展现人文特色，将革命纪念地、旧址建筑、历史风貌融入革命历史事件之中，进行统筹安排。

二是准确评估分析革命文物建筑的风貌，先烈故居、革命旧址、革命纪念地、战役原址、烈士墓、会议旧址等应与当地人文自然风貌融为一体，反映出各个时期革命活动的特点和革命时期艰苦朴素的优良传统。尽量保留能与革命文物建筑风貌保持一致的民居和自然风貌，规划过程中应充分保证革命文物本体和周边环境的和谐共生以及整体风貌的协调完整。

三是在革命文物保护规划编制的过程中，采取扩建配套功能区域和适度绿化区的方法，充分考虑革命文物展示功能的延伸，拓展扩建区域，把文物本体的展示向外辐射，减轻文物本体承载的压力，创造有利的空间，使革命文物得到保护。这样既保护了文物本体，又拓展了活动空间，配套区域功能又可以充分发挥，起到了有效保护、合理利用的目的。[5]

### （二）保护规划布局

职能部门要相互协作，城市规划部门、民政部门、文物管理部门在编制城市发展规划、革命文物保护规划时，应充分考虑革命历史事件与当地自然村镇的形态特征，应尽可能保持革命文物与人文风貌的原有格局。根据小环境，采用自由曲径式网路布局，人性化配套设施建设，彻底改善生活用水、污水排放水网，规划重点防火区域，完善防火设备，保障防火通道畅通，合理设计生活垃圾分类集中收集规划，对与革命文物建筑风格不协调的建筑物、构筑物应及时动迁或拆除，真实恢复革命文物的时代环境，再现革命文物原有的古朴风貌。

## 三、革命文物的保护与环境治理

革命文物保护，重在深挖红色革命文化内涵，展现红色文化特色。其保护主题具有多样性，既有古代建筑，又有近现代建筑，与人们生活密切相关。要尽量做到保留革命文物的历史原貌，就必须对与革命文物本体建筑严重不协调的周边环境进行治理。因此，当前我们要以鄂豫皖三省大别山区革命文物保护利用工作为契机，探索出一条加强革命文物环境保护治理的新路子。[6]

革命旧址环境整治的目标是保护文物安全，保持历史景观，突出文化价值，保障合理利用。[7]加强革命文物周边环境治理，需要遵循以下几个原则：一是革命文物旧址的整体环境应突出庄严肃穆的氛围，在旧址景观环境内不允许另建新的主题景观；二是出于公众服务及安全保障目所建设的消防、安全防护等公共设施，不得对旧址本体造成损害，其外观色彩应与革命旧址及周边环境协调；三是清理与革命文物建筑风格不协调的各类建筑，以及影响历史氛围的不相容业态，保护革命文物的历史环境，还原革命文物原有的古朴风貌；四是适当地运用绿化项目，有助于再现历史景观或烘托环境氛围，但要避免使用现代式园林手法。

## 四、红色文化资源保护利用的运作机制

驻马店杨靖宇将军故居、确山临时治安委员会旧址、中共中央中原局旧址、竹沟革命根据地、烈士陵园、遂平新四军五师师部旧址、中共鄂豫边省委机关所在地焦竹园等革命圣地将规划、布局、景观、建筑风格和装饰艺术融为一体，充分展示了当时革命活动遗留下的红色文化资源。当地政府敏锐地认识到红色文物资源带动当地经济发展的重要性，率先着手统筹规划，统筹整合人文、自然资源，对革命文物整体进行有序合理的综合开发利用。利用周边青山秀水，将红色资源融入其中，打造成为远近闻名的红色旅游圣地。由此可见，红色文化资源的保护与开发利用之间并不矛盾，关键是如何转变思想和僵化的意识，更不应该把保护革命文物当成阻碍经济发展的绊脚石。事实证明，保护是为了更好地发展。[8]

革命文物的保护是一个庞大的系统工程，涉及面广，投入资金量大，如果单靠政府的财政拨款是远远不够的，必须形成多元投入机制，走开发性发展的良性发展道路。通过合理规划，引导当地民众积极参与革命文物的保护开发，鼓励公民、法人或者其他组织以捐赠、资助、认护（或认养）、提供技术服务或者提出建议等方式，参与革命旧址、旧居的保护利用。[9]具体需从以下几方面着手。

一方面，由政府协调各职能部门，出台行之有效的管理办法。第一，加大文物保护宣传力度，增强民众的文物保护意识。地方政府定期向社会公布革命文物保护点，形成社会监督的风尚。第二，加强管理，对革命文物保护单位实施安全责任公示制度，由文物部门登记备案，纳入文物保护体系，建立"四有"档案，并采取相应的保护措施。第三，对能体现重大革命事件、保存状况完好且具有较高价值的红色资源，根据其价值，整理申报为各级文物保护单位，从而纳入《中华

人民共和国文物保护法》的保护范畴，申请专项资金加以保护。第四，城市规划部门、民政部门、文物保护部门等制定城市规划、发展规划、文物保护规划，政府落实专项保护维修资金，分批对散落在偏远地区的单体革命文物进行全面保护维修，拆除添建部分，改建部分予以恢复原貌。

另一方面，创新举措，认真扎实地对革命文物资源进行有效的管理，按照"合理、适度、可持续"的原则，走出一条政府主导、市场配合、社会参与的保护利用新路子。[10]第一，要转变僵化观念，支持革命文物合理参与开发红色文旅，将其融入当地绚丽的自然景观之中，通过爱国主义教育基地、红色军事夏令营等多种形式相结合的产业融合发展模式，推广具有红色文化特色的经典旅游景点、文创产品，使其成为当地经济发展的支柱产业。第二，拓宽革命文物保护资金筹措渠道，建立多元投资体制。鼓励社会力量参与革命旧址保护利用工作，打破原来对政府投入的单一依赖模式，吸收社会资金以市场经营的方式对革命旧址、旧居进行保护、开发和利用。第三，采取个人使用的房屋自我更新、政府融资或出资的方式。使用者在日常使用时，不得随意改变革命文物的原貌，日常维修按照规定的程序报批，由国家有关部门指定的修缮单位进行维修保养，既减轻当地人民群众的负担，又尽可能地维持建筑的传统历史风貌。

总之，协调好老区革命文物保护与整治开发的关系，做好继承和发扬，使革命文物保护与发展相互促进，在新的历史条件下赋予新的生命力，革命文物保护事业才可获得可持续发展。

---

[1] 徐本莲. 革命老区革命文物保护与红色旅游的和谐相融[J]. 理论建设，2008（1）.

[2] 傅小清. 红色基因：开启中国梦之门的精神之源[J]. 改革与开放，2017（1）.

[3][5][7][9] 革命旧址保护利用导则（2019）[EB/OL]. https://www.ncha.gor.cn/art/2020/9/15/art_2407_128.html，2020-9-15.

[4] 张晓玲. 确实需要加大红色文化遗址保护经费的投入[J]. 中国老区建设，2019（4）.

[6] 陈代玉. 皖西大别山区革命文物保护与利用情况调查[J]. 中国文化遗产，2021（1）.

[8] 渠长根，闻洁璐. 红色文化资源研究综述[J]. 浙江理工大学学报（社会科学版），2019（2）.

[10] 朱廷水. 革命旧址保护利用方面存在的突出问题及对策研究：以福建省龙岩市革命旧址为例[J]. 南方文物，2018（3）.

# 论"一带一路"沿线国家和地区博物馆交流合作的内涵

范洁帆　徐　玲　王骋远
郑州大学历史学院

**摘要**："一带一路"倡议的提出，为沿线国家和地区通过博物馆进行文化交流提供了政策支持。在此背景下，博物馆的交流合作显现出多层级单位配合协作、交流内容与形式多元化、高度凝聚力的显著特征，并在文明互鉴、文创经济发展、中华文明传播等方面具有显著意义。

**关键词**："一带一路"；博物馆；国际交流合作

自中国倡议共建"一带一路"伊始，沿线国家和地区纷纷积极响应，至2022年2月，已同中国签署"一带一路"合作协议的国家和地区多达147个，各国在政治、经济、文化、科学技术等诸多方面实现了互往互利。在此背景下，博物馆在国际平台正逐步实现从参与到共建的话语转变。近年学界逐步意识到"一带一路"为博物馆发展带来的巨大变化，相关研究持续升温，研究视角大多汇聚在与丝绸之路相关的博物馆展览设计分析[1]、文创产品的开发上[2]，较少涉及此背景下博物馆交流合作的内涵。因此，审视沿线国家和地区博物馆交流合作的背景、特征与意义，有利于采取主动措施，拓展沿线国家和地区之间新的文化交流空间，提升沿线国家政治文化认同感，进而塑造中国国家新形象，实现以博物馆助推"一带一路"倡议落实的愿景。

## 一、时代背景

2013年，习近平在哈萨克斯坦及印度尼西亚访问演讲时，分别提出建设"丝绸之路经济带"和"21世纪海上丝绸之路"（简称"一带一路"）的合作协议，受到国际社会的广泛关注。该倡议以古丝绸之路为文化内核，旨在通过沿线国家和地区交流、合作、共享，实现打造"人类命运共同体"的美好愿望。国之交在于民相亲，民相亲在于心相通。习近平进一步指出"一带一路"倡议来自中国，但是要惠及世界人民。因此在加强经济合作的同时，还要将"一带一路"建成文明之路，促进沿线各国相互理解、尊重与信任。

2015年中国国家发展与改革委员会、外交部、商务部联合发布了《推动共建丝绸之路经济带和21世纪海上丝绸之路的愿景与行动》，将民心相通、文化交流列入倡议的重点：民心相通是"一带一路"建设的社会根基。传承和弘扬丝绸之路友好合作精神，广泛开展文化交流、学术往来、人才交流合作、媒体合作、青年和妇女交往、志愿者服务等，为深化双、多边合作奠定坚实的民意基础。[3]博物馆作为历史文化遗产集聚之地，大量具有鲜明民族特征的文化遗产储藏在"一带一路"沿线国家和地区的博物馆中，博物馆又成为保存、展示民族聚合力的特殊场域，承载着沿线国家和地区人民共同的历史记忆，成为沿线国家和地区文明互鉴故事的特殊见证者。由此，博物馆之间的交流互动，不但可以促进不同国家民族文化的相互认识，同时可以加强沿线国家和地区对政治、经济事务判断准则的理解度与信任力，为"一带一路"沿线国家和地区的民心相通提供思想文化支撑。

2020年9月，习近平在中央政治局第二十三次集体学习时强调，建设中国特色、中国风格、中国气派的考古学，更好认识源远流长、博大精深的中华文明。"一带一路"沿线国家和地区通过交流合作形成的以"和平合作、开放包容、互学互鉴、互利共赢"为核心的丝路精神也需要不同文明的互学互鉴。因此利用丰厚的历史文化遗产向沿线国家和地区讲好中国故事，为"一带一路"倡议提供支撑，不但是文博行业对总书记讲话的积极响应，也是文博人应有的时代担当。

## 二、"一带一路"倡议下博物馆交流合作的特征

"一带一路"倡议带动沿线国家和地区博物馆文化交流合作，使其成为"一带一路"重要的文化通道。沿线国家和地区博物馆之间的文化联动，承担着共同保护和传承人类多元文化的时代重任。中国近6000所各种类型的博物馆扮演着外事活动中"国家客厅"的重要角色，成为"一带一路"沿线国家和地区文化交流与合作的重要组织者和倡导者，博物馆角色的转变打开了新的事业格局，表现为三个显著的发展特征。

其一为多层级单位的配合协作。"一带一路"由国家倡导，各省市政府、博物馆相关单位积极响应，共同保障这一倡议的落实。因此，总体来看，围绕"一带一路"一系列的政策、方案、规划、意见相继出台，从顶层设计到地方省市政府的规划，再到博物馆行业的合作，多层级单位的配合协作使得该倡议下博物馆交流合作的总体布局越来越清晰、完善。以河南省为例，河南省是华夏文明的重要起源地，是黄河文化的核心区域，文化资源丰富。习近平在河南主持召开黄河流域生态保护和高质量发展座谈会时指出，要"讲好黄河故事，延续历史文脉，坚定文化自信"[4]。国家"一带一路"倡议提出后，河南省政府高度重视，积极参与。2021年12月印发的《河南省"十四五"文化旅游融合发展规划》[5]特别强调实施文旅文创融合战略，推动中原文化、黄河文

化现代化和国际化表达的重要性。2020年河南全省博物馆已达348所，现有藏品类型多样，地域特征明显，尤其是建在古代丝绸之路起点城市的洛阳博物馆，更是收藏着数量众多的承载着古代丝绸之路历史记忆的珍贵文物，这些均是对外弘扬黄河文化、塑造河南良好国际形象的重要载体。近年河南省不断依托博物馆开展与"一带一路"沿线国家和地区的交流合作。例如，2017年洛阳市与乌兹别克斯坦共和国布哈拉市签署了缔结友好城市备忘录；2019年洛阳博物馆与乌兹别克斯坦国家历史博物馆签署了友好合作备忘录，同年洛阳博物馆"梦回布哈拉——唐定远将军安菩夫妇墓出土文物特展"在乌兹别克斯坦首都塔什干国家历史博物馆开幕。[6]该展虽为两市之间的互动，却为两国人民之间的了解起到推动作用，从宏观层面更有利于推进洛阳市乃至河南省将文化、产能等优势进行融合与转化，实行全方位的开放，从而带动地方经济发展与繁荣。（图1）

其二是交流内容与形式趋于多元化。"一带一路"倡议将古代丝绸之路的价值进行了当代体现，承载着各国实现互联互通、繁荣与共的美好愿望，博物馆成为沿线国家和地区文化交流合作的主阵地，通过丰富多样的交流内容与形式，不断提升博物馆影响力，达到共享、对话的目的。

博物馆国际展览常作为重要的文化活动呈现在国际舞台上，不仅能通过实物展品展现主办国的文化内涵，还可显示出主办国的创造力和多样性。2019年中国国家博物馆倡议组织"一带一路"沿线国家和地区举办"大美亚细亚——亚洲文明展"，是中国首次举办的亚洲大家庭共同参与、通力合作的集大成亚洲文明专题展览，为各国相互交流、展示沟通搭建重要平台。2021年9月18日，"一带一路"沿线国家和地区收藏机构藏品展在北京开幕，一批包括摩洛哥、巴基斯坦、突尼斯、埃及、马尔代夫在内的"一带一路"沿线65个国家和地区收藏机构的代表性藏品公开展出。

除国际展览，近年中国还与"一带一路"沿线国家以及相关国际组织合作建立了遗产地保护和博物馆联盟等合作机制，赴肯尼亚、沙特阿拉伯、印度、孟加拉国、乌兹别克斯坦等国开展联合考古调查，积极落实文明互鉴、共同发展的"一带一路"倡议。如西北大学中亚考古队从2011年至今在乌兹别克斯坦、塔吉克斯坦、吉尔吉斯斯坦进行考古发掘，并在乌兹别克斯坦国家历史博物馆将考古成果进行展示，通过实证材料向世界阐释丝绸之路的内涵。可见丰富的交流内容以及多形式的合作机制可以提高沿线国家和地区文化遗产国际公约的履约水平，构建稳定、多维的政府间文物交流合作网络，构建"一带一路"文化遗产双边、多边交流机制和合作

**图1 "梦回布哈拉——唐定远将军安菩夫妇墓出土文物特展"展厅照片**

平台。

其三是"一带一路"倡议下博物馆交流合作的特征还表现为博物馆之间的高度凝聚力。多个博物馆共同参与，通过交流合作将不同博物馆的国际业务进行关联，正符合全球化时代对博物馆提出的协调、共享的要求。丝绸之路博物馆联盟的成立正是这一特征的体现。该联盟成立于2017年，旨在通过沿线国家和地区博物馆的交流合作，实现民心相通的目的，发展至今已有成员共166家，分布于亚洲、欧洲、非洲等地。[7]（图2）

这些成员间高度的凝聚力使得彼此交流合作更加通畅，更利于运用各自丰富的收藏及特色服务激活公众对于丝绸之路的认知，形成不同文明对话的空间。全球新型冠状病毒肺炎疫情蔓延之下，国际间往来存在诸多不便之处，但在丝绸之路博物馆联盟的倡导下，联盟成员积极运用馆藏文物讲述文化故事，通过务实合作让文化传播与当代需求紧密结合。如2020年9月举办的"全球博物馆珍藏展示在线接力"活动，由中国国家博物馆、俄罗斯国家历史博物馆、哈萨克斯坦国家博物馆、列支敦士登国家博物馆等联盟成员，以及大英博物馆等16家国家级博物馆接力上线，以"手拉手：我们与你同在"为主题，阐释本馆珍藏特色，让全球观众能够足不出户在线上感受文化赋予的力量。国内外20余家平台参与直播，触达中外粉丝约4亿人，微博话题阅读量逾1.9亿。[8]

"一带一路"为博物馆事业发展带来挑战，也为其迎来机遇。当下，博物馆成为中外文化交流合作的主阵地，服务于"一带一路"建设，以"一带一路"沿线国家和地区博物馆珍贵的藏品为媒介，通过多层级单位的配合协作，以多元的交流

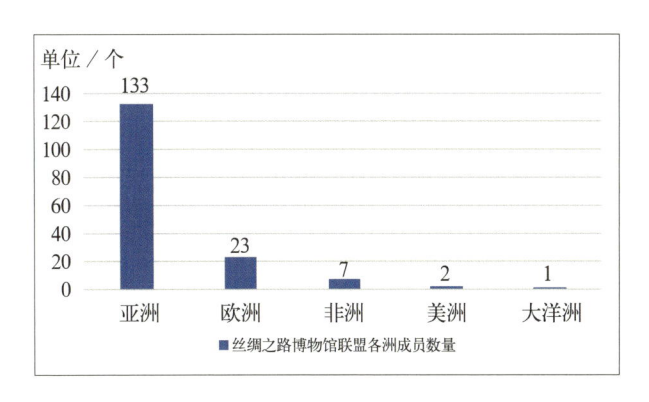

图2 丝绸之路博物馆联盟各洲成员数量（含科研机构）

合作内容和高度凝聚力，促使沿线国家和地区从文化中找到更多的认同与信任，促进更有效的合作，进而以文化认同带动地区和平稳定与经济发展，这无疑为博物馆参与"一带一路"建设提供了新思路。

## 三、"一带一路"沿线国家和地区博物馆交流合作的意义

交流合作的本质是在可持续发展中以互利共赢的方式完成信息的产生、传递、交换等过程，以达到共同的目的。因此与不同文化开展交流与对话，促进文明互鉴，才是顺应时代发展的要义所在。博物馆所具有的深厚文化内涵，如果没有与他馆的交流合作，则无法将本馆的知识进行更大范围的传递，容易造成闭塞、孤立的发展困境。曾任英国大英博物馆馆长的尼尔·麦克格雷格（Neil MacGregor）就宏观角度研究博物馆藏品的意义给出见解：在希腊和罗马文化的背景下，研究希腊和罗马时期的各件物品本身确实十分重要，但把这些物品与来自诸如中国等其他文化的

物品结合起来研究，就能发现在这些文化里也有十分清晰而复杂的文化习俗，从而让我们了解到除了我们所熟悉的希腊罗马文化，也存在着其他高度复杂的文化，一样值得我们去研究并尊重。[9]可见博物馆的交流合作之于公众及博物馆专业人员的重要性。因此"一带一路"倡议不仅为沿线国家和地区博物馆的交流合作提供了政策支持，而且这种交流合作也对"一带一路"的文化建设起到了推进作用。

从文明互鉴、民心相通层面上，沿线国家和地区博物馆的交流合作可以加强不同文明之间的对话，减少文明对抗与冲突，建设沿线国家和地区民心相通的精神标识，增进对沿线历史、宗教、风俗等社会生活的深度认知。自"一带一路"倡议提出至今，虽然与中国签订合作协议的沿线国家和地区逐年增多，但是因受到不同国家政治、思想、文化、习俗等方面差异的影响，深入合作常有阻力。国际间的关系虽常受到硬实力的影响，但也需要软实力进行维护。因此文化先行、增进互信，借以博物馆发挥文明互鉴的功用，更有利于实现民心相通的目的，消除因沟通不畅导致的偏见与曲解。

从文创经济发展层面看，沿线国家和地区博物馆的交流合作可以促进文化资源的创新性转化，使博物馆的文物资源得到有效利用，让沿线博物馆的丰富馆藏文物活起来，促进文化遗产价值最大限度的传播与共享，进而开展沿线博物馆馆藏资源文化创意产品的开发试点和经验推广。2016年中国文化和旅游部将文博产业列入专项发展计划，推进"互联网＋中华文明"及"文物带你看中国"项目，提高"一带一路"文化遗产与旅游、影视、出版、动漫、游戏、建筑、设计等产业结合度，促进文物资源、新技术和创意人才等产业要素的国际流通。[10]

支持沿线国家和地区利用"一带一路"沿线博物馆文物资源开发文化创意产品，鼓励各省市利用文创产品开发项目实现文化资源的转化，更好地促进沿线文化经济的融合发展。

从中华文明传播层面看，沿线国家和地区博物馆的交流合作可以促使中国打造一批具有中国内涵、国际表达、创意融合的博物馆对外展览，引进一批以古今中外交流为题的入境文物展览，通过对话的形式展现中华文明的魅力。此外，以博物馆为基地，鼓励和支持沿线国家和地区举办博物馆主题的国际文化交流论坛，以及在人才培训方面的合作，可以促进各方在考古研究、文物修复、文物展览、博物馆交流、世界遗产申报与管理等方面实现人员的同源共享，通过人员互相学习、沟通与理解，了解不同国家、不同文化的差异与共性，进而侧面传播中华文明的内涵，进一步扩大中华文化在沿线国家和地区的影响力。

总之，推进沿线国家和地区政治、经济、文化的协调发展，形成"一带一路"沿线国家互利共赢的伙伴关系，打造政治互信、经济融合、文化包容的"命运共同体"，是中国立足宏观视角所发出的时代号召。博物馆珍藏着"一带一路"沿线国家的共同记忆，是促进各国历史文化、思想文化交流的重要阵地，也是对外塑造国家形象，增强国家软实力的重要平台。随着各国文化交往的日益频繁，博物馆因其独特的文化具象化功用逐步成为国际文化交流不可忽视的特殊媒介。沿线国家和地区博物馆开展馆际合作，包括展览策划、人才培养、技术研发等方面的深入协作，有效打破了国家地理边界，实现了文化的交流与融合。

---

[1] 任琳. 交点与焦点："丝绸之路"系列特展的博物馆学观察［J］. 博物院，2017（6）；杨瑾. 试论博物馆"丝绸之路"主题展览的叙事性——以2017年度全国博物馆三项陈列展览奖为例［J］. 博物院，2018（6）；邓璐. "殊方共享——丝绸之路国家博物馆文物精品展"展陈设计及文化意义［J］. 中国国家博物馆馆刊，2019（8）.

[2] 赵爽. "一带一路"背景下博物馆艺术衍生品的品牌化研究——以"豫博文创"为例［D］. 郑州：华北水利水电大学，2021；姚晓芳. "一带一路"黄金段博物馆文创产品传播研究——以甘肃省博物馆文创产品为例［D］. 兰州：兰州财经大学，2021.

[3] 中华人民共和国中央人民政府. 经国务院授权 三部委联合发布推动共建"一带一路"的愿景与行动［EB/OL］. http://www.gov.cn/xinwen/2015-03/28/content_2839723.htm，2015-03-28.

[4] 习近平. 在黄河流域生态保护和高质量发展座谈会上的讲话［J］. 求是，2019（20）.

[5] 河南省人民政府. 关于印发河南省"十四五"文化旅游融合发展规划的通知［EB/OL］. https://www.henan.gov.cn/2022/01-13/2382423.html，2022-01-13.

[6] 洛阳博物馆微信公众号.

[7] 丝绸之路国际博物馆联盟［EB/OL］. http://www.musesilkroad.com/?c=home&a=index.

[8] 丝绸之路国际博物馆联盟. 联盟大事记［EB/OL］ http://www.musesilkroad.com/?c=news&a=view&id=19.

[9] 詹姆斯·库诺. 谁的文化？博物馆的承诺以及关于文物的论争［M］. 巢巍，等译. 北京：中国青年出版社，2014.

[10] 中华人民共和国文化和旅游部. 文化部关于印发《文化部"一带一路"文化发展行动计划（2016-2020年）》的通知［EB/OL］. http://zwgk.mct.gov.cn/zfxxgkml/ghjh/202012/t20201204_906371.html，2016-12-28.

# 试论博物馆在城市文化建设中的载体功能*

| 王元黎
| 新乡市博物馆

**摘要**：博物馆的收藏、展示等基本功能被广泛认可，但其在文化建设中的价值导向以及推动创新能力往往被忽视。精准定位博物馆在城市文化建设中的功能，形成博物馆的文化地标，使其成为公众不断学习的课堂和修身养性的场所，对加强城市文化建设，助力美好生活都具有积极意义。本文从博物馆文化引领、文化驱动力、文化潜能、驱动发展新动力、提高软实力等方面阐述博物馆的文化载体功能，并期待后续提升博物馆在促进文化发展与和谐宜居生活建设中发挥更大的作用。

**关键词**：博物馆；文化建设；城市建设；功能

党的十八大以来，国家更加重视博物馆的发展，"博物馆事业已上升为国家战略"[1]，成了文化建设的载体和区域建筑、精神文明与技术传承教育的基地，并逐渐参与到具有特色的创新驱动发展中。政策红利希望博物馆成为当地的地标建筑，给民众艺术享受和提高修养的同时，诱发更多文物和建筑背后的知识和技术探究，丰富民众的精神生活和提升民族自豪感，凝聚团结和谐的氛围，并赋予文化创新发展，塑造文明古国形象，推动中华文化不断发展。

当前，我国博物馆事业持续蓬勃发展，不断加强收藏与保管质量，挖掘陈列展览潜能，提升教学与研究的能力。博物馆在民众心中的存在感不断加强，成为了解城市发展和历史的重要景点，其社会功能和在文化建设中的作用逐渐凸显。本文旨在分析博物馆在城市文化建设中的作用，定位其功能与角色，提升民众文化自信，助力民众品质生活，提升地方软实力，推动文化强市建设。

---

*本文系新乡市软科学研究计划项目"博物馆在城市文化建设中的角色研究"（RKX2020030）研究成果之一。

## 一、博物馆在城市文化中的不可替代性

### （一）文化与城市文化

文化，有别于经济与政治的积淀，是人类社会发展中产生的精神活动产物及其记录，是凝结在物质之中又游离于物质之外的，能够被传承和传播的具有国家或民族的思维方式、价值观念、生活方式、行为规范、艺术作品、科学技术等精神产品的总概括。传统观念认为，文化作为一种社会现象，是在人类长期劳动过程中持续创造形成的历史现象，呈现人类社会发展历史的积淀。城市的出现和发展，是人类社会进化发展的必然结果，是人类繁衍和社会发展的高级阶段的产物。伴随着城市的不断发展，城市文化相伴而生。对于城市文化的内涵，不同国家、不同学科、不同学者有差异化阐释，但比较公认的说法，城市文化是在城市形成和完善过程中产生的新思维方式、价值观念、生活方式、行为规范、艺术审美、科学技术等精神产品的总和，是人类社会发展到高级阶段的意识形态。城市文化和文化的基本特征一样，包含物质和精神两个层面，是生活于城市中的人们在长期生产生活中创造的物质财富和精神财富的总和，涵盖了知识、信仰、艺术、道德、法律、风俗等丰富内容，具有复杂化、多元化的特点。

城市文化建设在城市建设中具有特殊意义，它是在生产建设、公共设施建设等基础物质建设完成后所实现的更高级的精神建设，是城市品牌逐渐形成和特色化的基础。对于现代城市来说，文化是城市的灵魂，在展示城市形象、彰显城市实力方面发挥着重要作用，是城市健康发展驱动力的源泉。城市与文化的关系，单霁翔先生总结为，城市是文化的"沉积、容器、载体、舞台"，而文化则是城市的"内核、灵魂、实力、形象"[2]，准确提炼出了城市文化的重要价值。

### （二）博物馆与城市文化

博物馆则是社会发展到较高级阶段，大到一个国家，小到一个民族、区域、城市，集中展示历史文化积淀和文明交融的场所，彰显文化艺术作品与劳作工具与建筑遗留的平台。现代博物馆伴随现代城市发展而不断扩大规模与收藏，充分体现城市文明发展和区域文化遗产，是城市文化的重要载体，发挥着文化抚慰心灵、激励意志、凝聚人心的积极作用，承载着一座城市独特的精神与魅力。作为城市文化景观和文化坐标的博物馆，凝聚了城市的文化神韵，已逐渐被公认为城市的形象标识和感知城市灵魂的窗口，对城市文化建设、城市影响力提升具有重要价值。博物馆的公共性和公益性更是赋予其向城市居民和来访者传播文化与知识的职责，同时引领和创新潜在思维。例如，博物馆丰富的馆藏文物、精致的陈列展览与丰富多样的文化活动，为市民提供了知识学习、娱乐休闲的空间；参与该过程的观众必将思考文化意义和技术知识，并在市民后续生活和工作中有所借鉴应用。博物馆活动对于培育城市文化氛围和积极健康的精神气质，具有十分重要的作用。因此，良好的博物馆建设和展览活动组织是对城市文化建设的有力促进，是城市文化蓬勃发展的重要内容。

繁盛多彩的文化生活体现了城市活力和吸引力。没有实现温饱的人类社会，人们为满足衣食

而奔波；实现全面脱贫的当今社会，城市"文化定位"正在悄然发生重大变革，以文化为轴心的城市发展战略成为城市发展的共同选择，城市文化的重要组成部分就是博物馆，且经济文化高速发展的大背景推动了博物馆免费开放，博物馆已经从"馆舍天地"转置于广阔的"大千世界"，被视为城市的"金色名片"、"文化客厅"和市民的"精神乐园"。

## 二、博物馆是城市文化建设的多重载体

### （一）打造文化地标的博物馆，提升城市影响力

"城市形象是城市物质水平、文化品质和市民素质的综合体现。"[3]城市形象是整体化的概念，不仅包括城市的建筑规划、道路交通、绿化美化、市容市貌等硬件设施，而且融入了经济水平、文化氛围、文明程度等软性因素。城市形象既可以是人们对城市的第一印象，也可以是深度感受与了解比较的感受。良好的城市形象是无形资产，代表了城市的软实力和发展潜力，展示城市文化的同时构成了城市综合实力的重要因素之一。居民对所生活城市形象的认同，有助于居民产生主人翁精神和自豪感，形成对城市的认同感和归属感，进而提升生活的幸福指数。

打造地标建筑，是城市形象和品牌塑造最常见的方式之一。"从20世纪70年代开始，将博物馆建筑打造为城市地标，成为西方国家以文化引领城市经济复兴的重要手段，至今在世界范围内依然流行。"[4]从全球范围来看，西方发达国家有许多通过博物馆建设推动城市建设和提高现代产业吸引力的成功案例，世界上很多大城市中的博物馆是当地标志性建筑，成为城市的文化名片，不仅成为了解城市历史与发展的窗口，更成为推动学习和创新文化建设的基地，实现了博物馆为城市增景观、添魅力、提形象的目标。

世界发达国家的经验表明，作为文化地标建筑的博物馆，既是经济萧条时期复兴发展的利器，也是快速发展阶段的加速器，更是盛世华章时期彰显城市魅力与综合实力的场所。近年来，我国经济和居民生活水平持续提升，各级政府加大对公共文化建设的投入，更加重视博物馆建设。"十三五"期间，我国平均每两天新增1家博物馆，截至2020年年底，全国备案博物馆5788家。[5]同时，各地纷纷扩建和改建博物馆，并列入当地重点工程项目，着力将博物馆打造成为城市文化地标。

中国工程院院士何镜堂认为，"一个好的当代博物馆建筑应当体现地域、文化与时代的和谐统一"[6]。博物馆是由建筑、环境和展品组合成的文化空间。从建筑实用性和博物馆自身功能来看，公共文化属性和文物的特殊性，决定了博物馆建筑不同于一般建筑意义上的居住空间或生产空间。博物馆建筑外部形象往往带有地域文明的特征，建筑内部高雅的环境氛围会增加公众的亲切感和舒适度，展厅中的精美文物和现代化展示方式，记录和讲述着城市的历史。博物馆不仅是城市文化中历史积淀的象征，更蕴含着丰富的文化内涵和人文情怀，具有文化坐标性质，在塑造城市形象和扩大城市影响力、提升城市知名度方面发挥着重要的作用。

博物馆在建筑设计之初就会注重结合地方习俗特点，突出地域文化特色。例如，世界著名华

裔建筑大师贝聿铭先生设计的卢浮宫金字塔入口，被誉为"卢浮宫院内飞来了一颗巨大的宝石"，赋予欧洲文化宝藏之一的卢浮宫鼎盛辉煌和现代科技质感，不仅使卢浮宫吸引了大批旅游者，而且广场成为最受民众欢迎的休闲中心。贝先生为祖籍地设计的苏州博物馆，更是把传统苏州园林之美与现代建筑科技相融合，不仅彰显经典文化气质，而且具有鲜明的地域色彩，堪称是艺术、历史、建筑三位一体的典范之作。苏州博物馆曾在2012年专门做了一项观众调查，结果显示当年120万名观众中71%的人是冲着该馆的建筑而来。[7]河南博物院建筑造型以位于登封的元代观星台遗址为原型，设计理念以雄浑博大的"中原之气"为核心，建筑玻璃幕墙选用有黄河、黄土元素的土黄色，突出体现了黄河文明孕育中原文化的特点。再譬如，宁波博物馆选用浙东地区独有的建筑技术"瓦爿墙"，外墙装饰使用了大量宁波旧城改造时从明清老建筑上拆下来的旧砖瓦，有些砖瓦上甚至还留有当时烧制的符号，被誉为宁波历史"砌进了博物馆"。总之，博物馆在建筑造型设计、材料使用上无不代表当地文化特色或本地独有的材质。

能够彰显地域特色的博物馆，比普通建筑更富有艺术气质和文化情怀，不言而喻地成为一个城市的形象标识，承担着不可或缺的艺术传承与普及教育的角色。"为一个馆，赴一座城"，在文旅融合的大背景下，自然增加了城市的知名度与吸引力，有助于地方经济发展。然而在建造博物馆过程中也有许多问题值得关注，应尽量避免投入大却得不偿失的情况发生。首先，许多地方政府为追求政绩或亮点，花重金聘请著名设计师，结果建筑彰显的最大特色是设计师特点而非城市文化特色；其次，作为地标性的博物馆建筑并非必须"高大上"，要避免刻意为"文化地标"而过度投资建造；再次，博物馆建造应该与周边自然和人居变化的环境相匹配，应重点打造适应当代发展之现状的城市历史文化符号；最后，博物馆主体建筑要与展陈的需求相适应。博物馆总体的层次与具体细节上应提高建筑的特色与辨识度，体现地域性，适应文明发展与传播，呈现地域文化的内涵。

## （二）发挥博物馆文化引领作用，驱动城市文化发展

城市精神是市民精神风貌和文明素养的综合体现，是广大市民普遍认同的理念、观念和追求的内动力，综合呈现一座城市道德信念和文化积淀。城市精神在城市发展过程中具有文化特点并形成意志品格，展示城市的形象和凝聚力，具有城市的鲜明特点，是避免"千城一面"的重要标识。在城市发展中，城市精神能够为把握发展方向和提高站位提供内动力。如果说城市建筑是城市的外在质感，那么城市精神就是城市的内在品格。"城市精神是城市文化的重要内核，是对城市文化积淀进行提升的结果"[8]，城市精神为城市经济建设提供强大的精神动力，是城市发展与崛起的强劲驱动力源泉。城市文化包含城市精神，城市精神对城市文化建设也具有积极的促进作用。以文物藏品为代表的博物馆优质文化资源，体现城市精神，为市民搭建思想文化交流的平台。博物馆推出的以陈列展览为主的文化服务活动，使公众能够学习知识、欣赏艺术、休闲娱乐，从而激发灵感、启迪智慧，为城市文化的多元、创新、融合做出贡献，极大地丰富城市文化内涵，培养

城市积极健康和开放包容的精神气质，促进和谐发展。

1. 博物馆展示、见证城市精神。博物馆是保存城市历史、记录城市现在、畅想城市未来的场所，是城市文化重要的承载者。博物馆收藏的文物展示了城市的历史、文化、艺术、风俗等诸多方面，是城市历史文脉的见证者，是描述一座城市的"百科全书"。城市精神是在城市发展过程中长期积累形成的，是一种历史、文化、社会的积淀和升华，连接城市的过去和现在，预示着城市的未来。博物馆自身的特点决定了其必然是展示城市精神、体现城市精神、见证城市精神的最佳载体。

2. 馆藏文物蕴含、凝聚城市精神。文物是人类物质文化和精神文化的遗存，是一座城市发展过程中留存下来的最真实的物证，见证城市走过的历史，展示城市昔日创造的灿烂文化与文明。从馆藏文物中寻找、发现能代表地方特色的文化元素，提炼其中所凝结蕴含的城市精神，能增进地域身份认同、社会认同，给城市精神带来活力，为文化建设提供动力。比如河南省平顶山市被称为"鹰城"，即源于该地的一件出土文物玉鹰。平顶山曾为周代应国都城，"应""鹰"二字同源，玉鹰也被定为平顶山的市徽，寓意平顶山像雄鹰一样，展翅翱翔，发展态势锐不可当。

3. 陈列展览传播、弘扬城市精神。在我国每个省、市或地区，基本都会有一个公立的综合性博物馆，承担着向社会大众展示本区域历史文化、文明历程的任务。展览是博物馆最重要的文化产品。这些博物馆的基本陈列，一般都是长期展出的地方社会历史类专题的通史陈列或断代史陈列。

这些陈列展览全面系统地展示了一个地区历史发展的主要过程和基本脉络，以及在发展过程中所形成的物质和非物质文化遗产。这些陈列展览集中表达了本地区的城市精神，是本土居民文化教育的绝佳教材，是外来客人了解本地文化的窗口。

**（三）挖掘博物馆文化潜能为城市发展注入新动力**

2015年颁布的我国博物馆行业第一个全国性法规《博物馆条例》，定义了博物馆的基本职能是"教育、研究、展示、收藏、保护"。从国内外近几年的实践探索来看，作为公共文化服务机构的博物馆，还拥有更巨大的文化潜力。

与我国相比，在博物馆事业发达的英国、美国等国家，博物馆与社会的联系更为紧密，参与解决社会问题的方式更为多样，作用发挥更为充分。2013年，英国博物馆协会进行了一项"博物馆改变生活"的主题活动案例研究，结果显示博物馆不但丰富了人们的文化生活，而且使社区充满活力，团结稳固，并且还有助于建立一个公平正义的社会。[9] 为市民提供心灵救援作为博物馆的一项特殊功能，在美国博物馆界已成为传统。当一些枪击案、爆炸案等社会恐怖暴力事件发生时，美国的一些博物馆会及时为民众提供精神安抚，并通过举办缅怀、纪念、哀悼活动，让受到惊吓的民众得到平静，释放压力，安抚情绪。国际博物馆协会副主席安来顺表示："文化的慰藉和鼓舞让社会更坚韧，这也激发了博物馆新的文化潜能"；"当前博物馆业仍存在不确定性，但其文化潜能已得到广泛认可"。[10] 让博物馆在参与城市文化建设中担负更多角色，能为化解、缓和城市发展过程中产生的诸多矛盾发挥积极作用。上面所提及的美国博物馆对突发暴力事件中群众的精神慰藉就是很典型的例证之一。

先进和宽容的文化是社会各阶层、各行业重要的"润滑油"和"黏合剂"。一项新的研究将博物馆对于城市、社会的功能,与湿地之于地球、大自然的功能进行类比,认为博物馆调节城市文化生态的作用,相当于湿地作为"地球之肾"调节自然生态的作用,因此博物馆可被认为是城市的"文化湿地",其功能相当于"城市之肾"[11]。博物馆丰富的文物资源,是一座城市重要的知识宝库,是一座城市文化实力的重要源泉。博物馆本身作为多样文化、多种文明留存和展示的集中场所,强于包容和便于交流是其重要特征。博物馆能满足不同层次的文化学习需求,也能使公众在体会文明的融合与包容时获得思想意识的升华与提高。博物馆通过展示特定区域的多种文明,为不同地域和时空的文化提供交流对话的平台,使旁观者能在同一时间、同一地点体会不同文明的相互理解与尊重、包容与认同,从而更加积极、有效地吸纳不同文化中先进合理的成分,获得促进自己不断进步的更加优秀的文化认识,为本地域文化的发展提供源源不断的新内容。

激发新的文化潜能,博物馆应多视角研究挖掘文物的历史、艺术、科学价值,提炼并弘扬其蕴含的文化精髓和时代价值。通过陈列展览、文化讲座、教育活动、图书出版、学术交流等传统途径有效地向社会大众传播文化信息,借助以智慧博物馆为代表的数字化技术和以抖音、微信为代表的移动互联网社交软件等现代科技手段,实现文化信息的立体传播分享,改善公众的参与互动体验。内容的创新丰富和传播手段的现代多样,可以使博物馆在城市生活中的角色更加突出,并提高市民素质,升华城市气质,为城市健康发展注入新的动力。

激发博物馆新的文化潜能,为城市健康发展提供动力,博物馆要主动出击,关注时代热点,关心社会问题,关爱弱势群体,普施人文关怀。一项研究认为,现代博物馆除了是文化教育中心,还是社区活动中心,是可以进行治疗和思考的场所,具有疗愈的潜力。[12]事实上,许多博物馆都在这方面进行了有益探索。2016年河北博物院在"平等包容"的理念下,以融合教育为特色,将孤独症儿童家庭引入博物馆教育环境,开发了孤独症儿童专项课程"守望成长,静待花开",共同探索博物馆特殊教育,收到了令人欣喜的效果。[13] 2020年突如其来的新冠肺炎疫情引发了公众普遍的焦虑、惶恐、不安,在居家隔离的情况下,公众对文化的需要比平时更为强烈,更需要得到文化的慰藉和鼓舞。疫情之下,博物馆应及时转变工作思路,调整工作方向,改变传统服务方式,开发"云展览"、"云游博物馆"、在线直播等线上文化产品及文化活动,保障公共文化服务供给,使民众在居家隔离期间也能获得丰富的文化产品和有力的精神支持,从而稳固民心、稳定社会。

**(四)博物馆高质量文化供给增强城市软实力**

文化是城市软实力的重要体现,文化资源是最具有吸引力、创造力的珍贵资源,这已经成为世界城市发展理论中的重要共识之一。当今世界发达国家的首都和重要城市中,都建有闻名世界的博物馆。作为最具竞争力的文化软实力的一部分,博物馆起到了彰显国家和城市悠久历史和灿烂文化的积极作用。

"博物馆是城市的文化支点。"[14] 长期以来，博物馆一直被看作国家名片、城市名片，发挥着"窗口"作用。2018年，"金色名片——改革开放40周年中国文物出入境展览回顾展"到美国、法国、意大利、日本等10余个国家展出，向众多国家的观众展示了改革开放40年中国的崭新面貌，欧美等众多发达国家的观众也接收到一张与他们往昔印象截然不同的中国名片。在国际城市交往中，作为文物收藏和展示场所的博物馆也一直被看作带有鲜明历史特征的"城市名片"。2019年，"三星堆：人与神的世界——四川古蜀文明特展"走进意大利罗马这座欧洲文明古城，将中国文物与意大利古代建筑自然融合，实现了东西方两大古老文明穿越时空的对话，向意大利观众展现了川蜀地区众多城市的灿烂历史。

在城市层面，无论是历史悠久的古城，还是当代新兴的工业化城市，其经济建设和社会发展都离不开文化支撑。城市的发展进程受到内部文化和外部文化的深刻影响，尤其是在城市发展的较高级阶段，文化更是成为不可或缺的重要因素。兴盛多元的文化，能为城市发展提供坚强的智力支持和社会道德支撑，给城市带来坚定正确的发展方向和开拓创新的蓬勃活力。

作为"城市客厅"的博物馆，要挖掘文物的时代价值，提高文物展示水平，设计组织精品陈列展览，通过展览讲好城市故事。同时还要提供形式多样的可使观众参与其中的文化互动活动，使博物馆真正成为多种文化活动的汇聚地和公众乐于参与的文化活动场所。

发挥好"城市名片"角色作用，博物馆要以文物为媒，加强文博机构合作，通过联合办展、相互交流展、举办学术会议等文化活动，促进城市间的文化交流互鉴，达到用文化凝聚人心的目的。浙江省湖州博物馆在深入挖掘当地文化、打造湖州城市文化名片的同时，积极走出去，以展览为媒和上海市开展合作，通过"在湖州看见美丽中国"城市推介组合牌，开启湖沪文化交流活动，达到了在更大的平台讲述湖州故事的目的。

现阶段我国社会的主要矛盾是人民日益增长的美好生活需要和不平衡不充分的发展之间的矛盾，这是党的十九大报告中我党对当前中国社会主要矛盾的准确表述。公众对美好生活的追求，既包括对物质生活方面的追求，也包括对社会交往和精神文化等多个方面的追求。作为市民"精神家园"的重要组成部分，博物馆要主动融入城市的经济社会文化发展大局，以高质量的文化供给为城市发展注入不可缺少的一份动力。博物馆要吸引更多的人民群众走进来，使参观博物馆成为他们生活学习和娱乐休闲的一种重要方式。通过积极参与人民群众的生活娱乐，博物馆能够在建设城市美好生活，提升城市软实力，推动城市健康发展中扮演重要的角色。

## 三、结语

文化建设是城市物质繁荣和精神健康的基石，推动城市人文底蕴和民众道德提升，有利于提升城市形象。城市文化"在城市发展进程中占据特殊重要的地位，产生出强大的辐射力，其影响力不仅局限于城市自身，且是波及整个社会，渗透到人类生活的方方面面"[15]。从全球范围看，凡是经济结构好、创新能力强的城市，都是文化兴盛的地方。以文化建设来塑造城市形象，展示城市精神，以文化氛围来提高市民的生活品质和体现生活的幸福感，借文化软实力推动城市的可持续发展，是当今城市发展的成功经验。

强化博物馆的文化内涵和人文情怀，既呈现历史与传统，又引领社会风尚，是城市文化建设的重要内容。重视博物馆的作用，增强博物馆的文化中心功能，让历史文明和现代文化实现交融发展，从而丰富城市文化生活内涵，促进城市的创新思维和可持续发展。让市民在博物馆休闲中增强文化生活的参与感和获得感，进而转化为他们不懈奋斗的动力，形成人人创新的动能，有助于城市快速和兴盛发展。

"博物馆以其深厚的人文积淀，以及无可比拟的文化内涵优势，赋予城市以精神气质和文化品位。"[16]博物馆承载了城市特色文物资源，展示了传统美学与文化以及技术水平，是城市文化竞争力的核心要素。要发挥博物馆文化引领作用，充分利用博物馆引领吸纳民众自觉求知。要让博物馆点亮城市文化自信，提升城市文化竞争力，为城市发展带来强劲驱动力。因此，博物馆在提升城市文化生态，缓和社会矛盾，提高民众修养和人文素质，提升城市创新动力，有效提升城市软实力中发挥着积极作用。博物馆多重角色的充分发挥和不断拓展，必将有力促进城市文化蓬勃发展与经济健康发展。

---

[1] 陈黎. 博物馆事业上升为中国国家战略[N]. 深圳晚报, 2016-11-11.

[2][3][8][15] 单霁翔. 从"功能城市"走向"文化城市"[M]. 天津：天津大学出版社, 2007.

[4] 孔达. 博物馆与城市形象——试论博物馆建设的标志性与功能性[J]. 博物院, 2020（6）.

[5] 徐秀丽, 李瑞. 2021年"5·18国际博物馆日"中国主会场活动开幕式在首都博物馆举行[N]. 中国文物报, 2021-05-21.

[6] 李瑞, 徐秀丽. 博物馆如何发挥作为文化中枢的作用，听听嘉宾怎么说[N]. 中国文物报, 2019-05-21.

[7] 陈瑞近. 博物馆与我们的美好生活[J]. 文博学刊, 2019（1）.

[9] 禾泽. 英国博物馆关爱边缘群体[N]. 中国文化报, 2015-04-13.

[10] 安来顺：让博物馆给社会带来文化驱动力[EB/OL]. http://d2b.whb.cn/2021-03-02/3 detail-715843.html, 2021-03-02.

[11] 李耀申, 李晨. 博物馆："文化湿地"与"城市之肾"[J]. 中国博物馆, 2018（3）.

[12] 王思怡. 新观众、新方法：试论博物馆的疗愈功能[J]. 中国博物馆, 2018（2）.

[13] 吴丹丹. 河北博物院孤独症儿童专项课程探索[N]. 中国文物报, 2021-03-16.

[14] 陈燮君. 守望精神家园：博物馆的"三大情怀"——纪念上海博物馆新馆开馆十周年[J]. 上海文博论丛, 2006（4）.

[16] 单霁翔. 博物馆的社会责任与城市文化[J]. 中原文物, 2011（1）.

# 我国博物馆领域专利技术应用研究
## ——基于十年专利授权数据的分析*

姚 明

中国现代文学馆

**摘要**：博物馆相关专利是博物馆领域技术成果的主要表现形式，其在技术创新、文化创意等方面的应用受到广泛关注。本研究基于中国知网专利数据库，检索了10年间国内博物馆相关的专利产出，对专利申请数量、类别、申请人与单位、技术构成等方面进行了分析，以揭示国内博物馆领域专利的研发状况、技术发展趋势和产学研合作情况。研究表明，博物馆专利总量不多、增长较快、质量有待提升；信息系统设计与装置设备是专利授权热点，专利申请人组成多样化，初步形成牵头企业；创新点紧密联系博物馆工作实践，前沿科技应用不足。在此基础上就政府部门、博物馆界、高校科研机构、相关企业等提出了提升的策略。

**关键词**：博物馆；博物馆学；专利；专利分析；文献调查；信息计量

2019年12月3日，人力资源和社会保障部、国家文物局召开新闻发布会，介绍了《关于深化文物博物专业人员职称制度改革的指导意见》[1]相关情况，在初级职称方面取消了"文博管理员"，根据文博工作的内容与方向设置了文物博物馆研究、文物保护、文物考古、文物利用四个专业类别，畅通了相关领域工作人员的职业发展通道，其中将文创工作视为文物利用方面[2]；在"文博专业人员职称评价基本标准"中，进一步将"解决技术问题、取得某些技术成果""参与解决关键性技术难题、取得有代表性的技术成果""成功解决关键性技术难题、取得重大影响力的技术成果"作为重要评价标准。[3]"专利"是"技术成果"的表现形式之一，目前以博物馆专利为主题的研究较少，对其进行研究有一定的必要性。

专利文献是有效的技术信息载体[4]，专利文

---

*本文系国家社会科学基金一般项目"文化强国背景下提升中国学术话语权的生成逻辑、评价体系与实现路径研究"（21BTQ103）的研究成果之一。

献是能较好反映技术发展状况的信息渠道[5]，所以常被看作衡量创新能力、技术水平的重要指标。[6]"博物馆专利"是为解决博物馆工作中的具体问题所提出的博物馆技术产品、方法或者改进创新技术方案。[7]本研究采用了专利文献调查和统计的定量研究方法，从微观的技术特征视角出发，以中国知网专利数据库中的"博物馆专利"为样本，分析博物馆专利发展特点，以期为我国博物馆技术产品自主创新和应用发展、博物馆学研究提供有益借鉴。

## 一、数据获取与处理

以中国知网中国专利数据库数据来源，"专利名称＝博物馆，公开日为2011.1.1—2020.12.31"，获得专利文献606条，得到表1、图1。

### （一）年度分布

由表1、图1可见，专利授权数量呈现持续增长趋势，主要经历三个阶段：第一阶段是2011年到2015年，从年授权10个到30多个，有升有降；第二阶段是2016年到2017年，专利授权数量增长至年60多个；第三阶段是2018年到2020年，数量再次激增达到100多个。从2016年开始，专利授权数量持续快速增长。

### （二）类别分布

我国现行的专利法律体系，包括法律法规层面，如《专利法》《专利法实施细则》《专利代理条例》《国防专利条例》等；行政法规层面，如国家知识产权局《专利行政执法办法》《专利实施强制许可办法》等；司法解释，如最高人民法院《关于对诉前停止侵犯专利权行为适用法律问题的若干规定》等。[8]《专利法》中说明的三种类型专利，

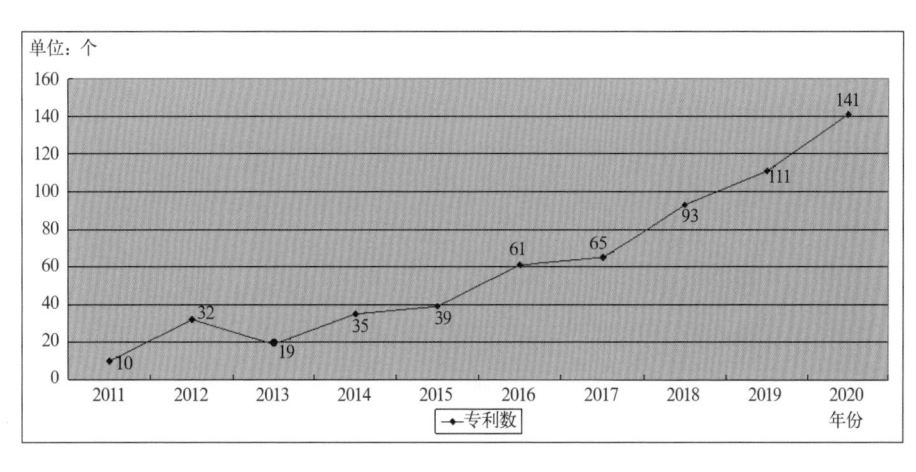

表1 博物馆专利授权数年度分布

| 年份 | 2011 | 2012 | 2013 | 2014 | 2015 | 2016 | 2017 | 2018 | 2019 | 2020 |
|---|---|---|---|---|---|---|---|---|---|---|
| 专利数 | 10 | 32 | 19 | 35 | 39 | 61 | 65 | 93 | 111 | 141 |
| 增长率 | 100% | 220% | −40.63% | 84.21% | 11.43% | 56.41% | 6.56% | 43.08% | 19.35% | 27.03% |

图1 博物馆专利授权数年度分布

即保护发明、实用新型和外观设计,统称为"专利"。发明为对产品、方法或者其改进所提出的新的技术方案;实用新型是指对产品的形状、构造或者其结合所提出的适于实用的新的技术方案;外观设计是指对产品的形状、图案或者其结合以及色彩与形状、图案的结合所做出的富有美感并适于工业应用的新设计[9],获得图2、图3。

由图2可见,三种形式专利与专利总数的增长趋势基本一致,其中近三年数据显示,实用新型专利数量较多,发明专利居其次,外观设计数量最少。

由图3可知,三种形式的专利的总体数量关系与近三年数据的数量关系一致,即实用新型＞保护发明＞外观设计,其中实用型专利数量最多,占据半壁江山,与在国内机构或个人的授权专利总量中发明专利、外观设计专利、实用新型专利的占比情况基本一致[10];实用新型申请门槛相对较低,非职务、小发明较多[11],甚至是发明与实用新型专利授权规范的冲突与漏洞,导致一些低质量专利合法产生。[12]

## (三)领域分类

国际专利分类(IPC)确定专利所属于的技术主题和领域,采用部、大类、小类、主(大)组、分(小)组5级分类,专利审查员就是根据专利文献所涉及的技术领域对该项专利匹配国际专利分类号,专利的IPC分类号可以一定程度上代表专利的技术领域范围[13],获得图4、图5。

由图4可见,"G物理"与"A农业"占比较高,达到20%以上;"F机械工程;照明;加热;武器;爆破"与"H电学"占比次之,达到10%以上;其余"B作业;运输""C化学;冶金""D纺织;造纸""E固定建筑物"占比均在10%以下,专利分布在现有分类体系下的所有部号之中。

对相关专利进一步划分至分(小)组范围,可以看到相关专利主要包括三大种类,第一是与陈列有关的装置,如"陈列台、吊架或货架""陈列用的橱柜""商店橱窗或陈列橱柜用的装置""可调节的或可折叠的陈列台";第二类为与光源有关的装置,如"组合视听的广告或显示""光源装置";第三类为相关软件,如"信息检索及其数

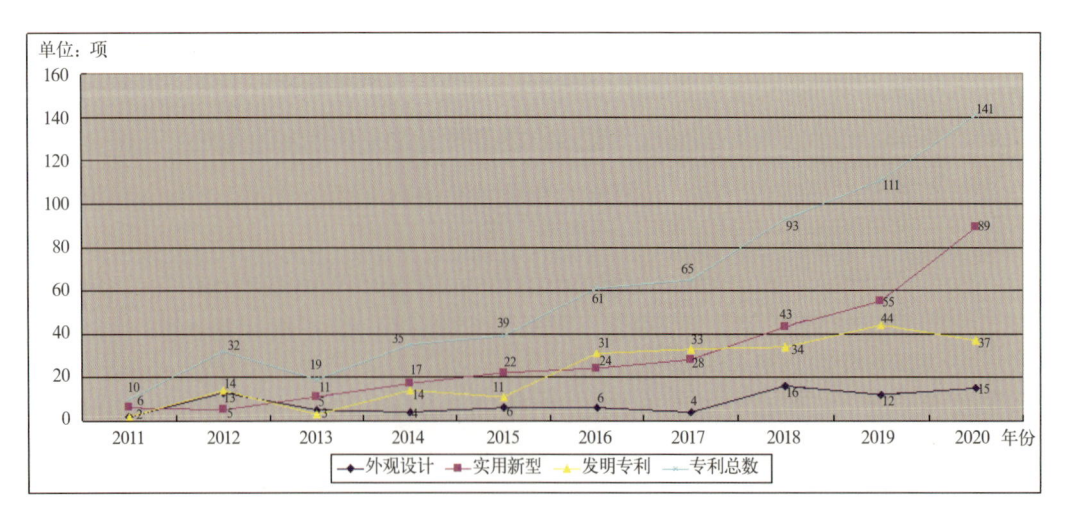

图2 三种类型专利授权数年度分布

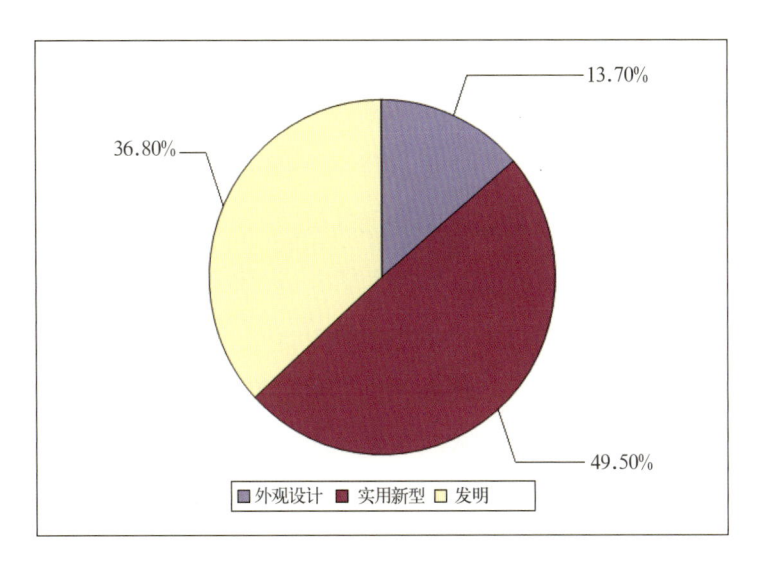

图3 三种类型专利构成分布

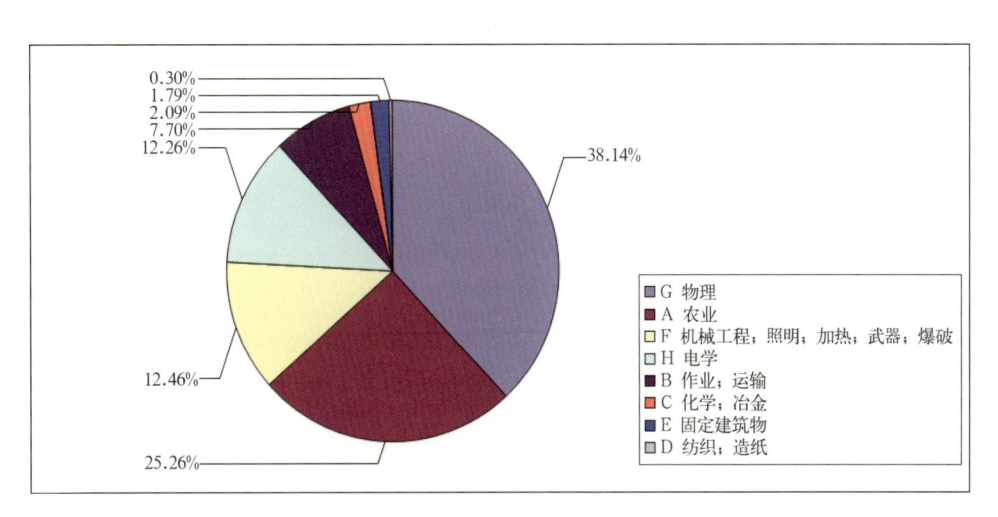

图4 专利的IPC分布

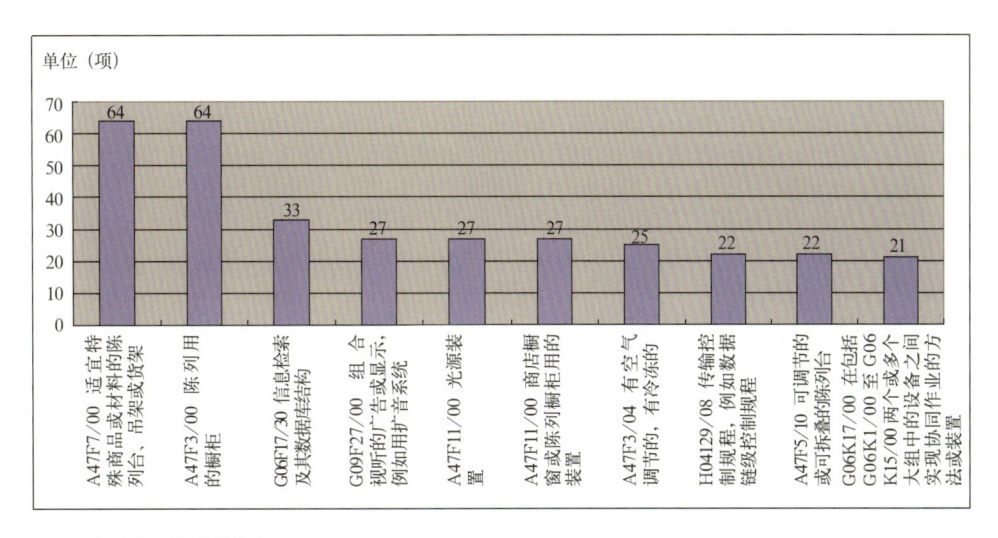

图5 专利小组分类号分布

据库结构""传输控制规程,例如数据链级控制规程"。

**(四)申请人及其单位**

**1. 申请人**

专利申请主体可以是单位或者个人,606项专利中有124项为个人申请,482项为个人加单位或者单位名义申请,获得表2、表3。

由表2、表3可见,得到授权较多的申请者中,以单位申请为主,个人申请为辅。其中个人申请者王文波以"电子展厅"为创新点申请了博物馆不同藏品种类的电子展示厅,如博物馆陶器电子展厅、博物馆古家具电子展厅等。单位申请者周晓丽以RFID技术为创新点申报了博物馆信息查询系统,如一种博物馆参观用RFID射频卡自动制作机、一种基于RFID标签的博物馆参观人员信息管理系统。黄万壮则设计了虚拟博物馆相关系统,如一种基于对博物馆进行数据化展示的电子平台、一种用于博物馆信息管理的服务平

表2 专利申请主体分布

| | 个人 | 机构 | 合计 |
| --- | --- | --- | --- |
| 专利数(项) | 124 | 482 | 606 |

表3 高频次专利申请人

| 序号 | 申请者及其团队 | 专利数 | 依托单位 |
| --- | --- | --- | --- |
| 1 | 王文波 | 17 | 王文波 |
| 2 | 周晓丽 | 10 | 西安扩力机电科技有限公司 |
| 3 | 罗昔联、顾兆林、常彬、田伟、温赫、孟祥兆、张群力 | 7 | 西安交通大学 |
| 4 | 黄万壮 | 7 | 合肥东上多媒体科技有限公司 |
| 5 | 周隽、王岩、姜浩 | 6 | 北京天图设计工程有限公司 |
| 6 | 赵晶 | 6 | 晶致非梵(天津)文化科技发展有限公司 |
| 7 | 林辉 | 6 | 合肥市徽马信息科技有限公司 |
| 8 | 曾鹏程 | 6 | 海麟文博(厦门)文物预防性保护技术有限公司 |
| 9 | 夏祥保、李亚飞 | 5 | 中铁二十局集团第三工程有限公司 |
| 10 | 吴景贤 | 5 | 苏州和云观博数字科技有限公司 |
| 11 | 孙龙、田巍 | 5 | 北京博众展示艺术有限公司 |
| 12 | 沈东军 | 5 | 通灵珠宝股份有限公司 |
| 13 | 蒋建华 | 5 | 天津中创天地科技发展有限公司 |

数据来自中国知网专利数据库

台。沈东军作为珠宝公司负责人则设计了博物馆主题系列的钻戒。

2. 申请人单位

通过对申请者单位进行统计得到表4、表5。

由表4可知,在申请单位的分布中,企业单位数量最多,高校数量较多,博物馆单位则占比较小,可见博物馆有关专利的研发主要由企业与高校承担,博物馆单位参与程度较低。

获得授权数量较多的单位中,企业单位比重较大,高校只有西安交通大学、浙江大学、合肥工业大学三所,西安交通大学主要针对遗址博物馆相关设计,浙江大学的专利主要针对展品保护设计。

## 二、博物馆专利发展特点

### (一)总量不多、增长较快、质量有待提升

纵观10年专利总量,相对于其他领域,数量

表4 申请人单位类型分布

|  | 企业单位 | 高校 | 博物馆 | 其他 | 合计 |
| --- | --- | --- | --- | --- | --- |
| 专利数(项) | 333 | 242 | 18 | 13 | 606 |

表5 高频次专利申请单位

| 序号 | 申报单位 | 专利数 | 单位属性 |
| --- | --- | --- | --- |
| 1 | 苏州和云观博数字科技有限公司 | 15 | 企业单位 |
| 2 | 西安扩力机电科技有限公司 | 10 | 企业单位 |
| 3 | 北京玻名堂玻璃有限公司 | 10 | 企业单位 |
| 4 | 中国航空规划设计研究总院有限公司 | 8 | 企业单位 |
| 5 | 中铁二十局集团第三工程有限公司 | 7 | 企业单位 |
| 6 | 西安交通大学 | 7 | 高校 |
| 7 | 上海复莱信息技术有限公司 | 7 | 企业单位 |
| 8 | 南京美卡数字科技有限公司 | 7 | 企业单位 |
| 9 | 合肥东上多媒体科技有限公司 | 7 | 企业单位 |
| 10 | 海麟文博(厦门)文物预防性保护技术有限公司 | 7 | 企业单位 |
| 11 | 西安天动数字科技有限公司 | 6 | 企业单位 |
| 12 | 晶致非梵(天津)文化科技发展有限公司 | 6 | 企业单位 |
| 13 | 合肥市徽马信息科技有限公司 | 6 | 企业单位 |
| 14 | 合肥工业大学智能制造技术研究院 | 6 | 高校 |
| 15 | 北京天图设计工程有限公司 | 6 | 企业单位 |
| 16 | 浙江大学 | 5 | 高校 |
| 17 | 天津中创天地科技发展有限公司 | 5 | 企业单位 |
| 18 | 北京博众展示艺术有限公司 | 5 | 企业单位 |

数据来自中国知网专利数据库

较少；相对于作为世界最大专利授权国的专利数量授权总量来说，更是微乎其微。但是近年来却呈现了较快的增长速度，从2015年到2020年5年间数量翻了4倍，呈现出强劲的增长势头。而具备技术先进性、新颖性的发明专利数量从2016年开始，数量基本持平，没有大幅度的增长或者下降，与实用新型专利相比占比持续下降，可见专利总体质量存在下滑趋势。

### （二）信息系统设计与装置设备是专利授权热点

博物馆自动化装置与非自动化装置成为现有专利申请的热点，在发明专利中主要是系统设计，如博物馆导览系统、全景拍摄装置、光照系统自适应调节、语音交互系统、电子标签、讲解导览机器人、安全监测系统。在实用新型中以装置设备为主，如陈列展柜、展示架、储藏柜、存放装置、展示台、可旋转书架等。

2015年后，一大批资金和技术力量雄厚的企业开始投入博物馆相关的知识产权研发，围绕自主产品关键技术形成专利群。西安交通大学围绕遗址博物馆参观与管理获得了7项专利授权；合肥东上多媒体科技有限公司着眼信息技术，围绕虚拟博物馆系统获得了7项专利授权；合肥市徽马信息科技有限公司围绕导览系统获得了6项专利授权；苏州和云观博数字科技有限公司围绕通信设备获得了15项专利授权；中铁二十局集团第三工程有限公司围绕博物馆施工用装卸装置获得了7项专利授权；西安扩力机电科技有限公司围绕RFID技术获得了10项专利授权；北京玻名堂玻璃有限公司围绕特殊玻璃材料展柜获得了10项专利授权；中国航空规划设计研究总院有限公司围绕文物防震获得了8项专利授权，初步形成了规模化的专利群。

### （三）专利申请人组成多样化，初步形成牵头企业

专利权利人组成呈现多样化多元化趋势，既有对发明创造感兴趣的个人，也有相应的企业单位，涉及建筑、设计、工程、珠宝等领域，专利涉及博物馆系统、装备、文创等诸多方面。高校单位，涉及博物馆相关要素，如一种博物馆AR文创装置、基于智能手机的三维博物馆交互系统及其交互方法、一种博物馆大型展柜微环境湿度级联控制方法等。博物馆单位，如上海中国航海博物馆、陕西历史博物馆等，科学院单位如中国科学院水生生物研究所，中专学校如杭州市中策职业学校。

初步形成了牵头单位，部分企业专利创新研发势头强劲。很多企业积极参加中国博物馆及相关产品与技术博览会（博博会），推介先进理念与技术产品，更加注重专利研发与知识产权保护问题。苏州和云观博数字科技有限公司、北京玻名堂玻璃有限公司、南京美卡数字科技有限公司等文化传媒公司，中国航空规划设计研究总院有限公司、中铁二十局集团第三工程有限公司等建筑设计公司，西安交通大学、浙江大学等高校，已经成为博物馆领域专利申请的牵头单位，不断推动有关专利的研发与推广应用。

### （四）创新点紧密联系博物馆工作实践，前沿科技应用不足

近年来博物馆领域关注的专利技术重点在博物馆环境与建筑、专用装置和辅具、电子档案信息处理、数字化信息管理系统、藏品实体保管装具智能化等方面，与博物馆基层业务结合十分紧

密，体现了博物馆单位作为博物馆事业主导方所掌握的资源优势。企业单位的专利设计都围绕博物馆基层业务展开，部分是博物馆与企业合作或者"业务外包"，部分则是企业研发专利向博物馆推介与推广。

前沿科技和博物馆应用融合处于初级阶段，就现有专利授权情况来看，实用新型较多，发明专利较少，发明专利多为"小发明"，与前沿科技的融合不足。虽然存在部分基于先进技术如物联网、无线射频、AR、3D等专利，但是总体上创新能力还需要进一步提升。

## 三、启示与建议

### （一）政府部门：建立专利保障体制与服务机制

博物馆领域的创新创造并不只是博物馆界"一家之言、一家之事"，需要企业单位的参与。要建立以主管部门为主导的知识产权品牌保障机制，结合有关法律法规如《著作权法》《商标法》《文物保护法》《文物保护法实施条例》和《博物馆条例》《博物馆藏品管理办法》等[14]制定有关专利知识产权相关的政策，将博物馆相关专利研发的支持政策纳入政府工作的有关规划，在政府采购、税收优惠方面加大对博物馆专利研发企业的支持与引导。

### （二）博物馆界：畅通职业发展通道，积极引导与开展培训

鼓励"万众创新"，落实职称政策，积极引导专业技术人员进行科技创新与专利研发，在体制机制改革中激发活力，甚至可以通过互联网接收汇集观众受众观点、反馈等，并作为创新灵感的来源[15]，实现创造性转化、创新性发展。博物馆事业被陆续纳入现代公共文化服务体系、文化遗产保护传承体系、现代文化产业体系、国民终身教育体系、国家科技创新体系[16]等现代国家治理体系范畴之中，在《关于深化文物博物专业人员职称制度改革的指导意见》中将"技术问题、取得某些技术成果"等作为职称评定基本标准，博物馆主管部门要进一步落实政策，畅通专业技术人员职业职称发展通道，鼓励有条件、有能力的专业技术人员进行理论与实践的融合，进行专利研发支撑，推进博物馆事业发展。

博物馆应纠正对专利等知识产权的"偏见"，着眼馆藏历史文化资源中的核心要素，将历史文化传承与创新结合，进行二次开发以获得知识产权[17]。开展博物馆从业人员专利意识和应用技术能力的常态化培养。在文物博物馆研究、文物保护、文物考古、文物利用四个专业类别中蕴含着广阔的潜在专利研发人员，他们是博物馆业务的一线工作者，蕴含着无穷的智慧，这一群体的启迪与开发将会释放出无穷的活力。博物馆事业要重视吸收有工程技术背景的人才加入，在博物馆学历教育和继续教育中，增加博物馆专技人员科技意识和专利知识储备，促进博物馆从业者对"新设备、新方法、新工艺、新技术"的学习、掌握、应用，提高博物馆人员从业技能，从而整体提升博物馆从业人员专业素质。

### （三）高校科研领域：加强"产学研"合作，打造高水平研发基地

"学术涉入"是保障博物馆事业发展的必要任务[18]，博物馆专利需要高校科研单位的引领与参与。高校要加强"产学研"合作，依靠高校

的理论与技术优势，加强打造以博物馆科技研发机构为核心的知识产权研发基地。医学领域的智慧医疗、运输领域的智能仓储、远程监控与自动识别、区块链技术等领域与博物馆信息化应用场景有很多交叉与借鉴的地方，高校科研机构应重视对这些领域的研究，跟踪掌握最新的物联网技术、云计算、大数据安全存储、信息深度挖掘、AI技术、AR技术、VR技术、区块链等最新专利技术动态，将其主动与博物馆业务进行匹配设计、研发、申报，将"仰望星空"与"脚踏实地"作为博物馆应用技术专利研发规划的主要方向，构建以专利技术为引领、驱动的博物馆应用技术创新体系。

**（四）相关企业：积极投入研发资源，推进产业发展**

围绕博物馆及其藏品的历史、文化等元素，进行新的组合和设计，以"观赏性、纪念性、实用性"为标准进行创意转化与产品开发，满足群众文化消费需求。同时将博物馆专利的研发、制造、推广纳入企业创新能力评价机制之中，扩大博物馆基础设施中应用技术专利产品的配置规模，引导技术创新型博物馆生产服务企业加大对新型博物馆应用技术专利产品的研发和推广力度。研发与生产要着眼长远，从战略发展的视角出发，在建立知识产权长效机制与长远规划中，将博物馆相关类目单独设立并且不断拓展与深化，加大投入力度，增加产品研发，打造品牌效应，形成产业集群。同时应重视博物馆专利产品的宣传、推广、展示，加强与博物馆用户单位的联系与技术支持，提供优质的技术、产品、品牌服务。

[1] 徐秀丽. 人力资源和社会保障部专业技术人员管理司、国家文物局人事司有关负责人就印发《关于深化文物博物专业人员职称制度改革的指导意见》答记者问[N]. 中国文物报, 2019-12-06.

[2] 姚明. 文学博物馆文创产品开发研究——以中国现代文学馆为例[J]. 中国纪念馆研究, 2020（2）.

[3] 人力资源和社会保障部 国家文物局关于深化文物博物专业人员职称制度改革的指导意见[N]. 中国文物报, 2019-12-06.

[4] 方曙, 张娴, 肖国华. 专利情报分析方法及应用研究[J]. 图书情报知识, 2007（4）.

[5] 陈洛奇. 文明跃进的驱动力——发明的精神·美国哈格利博物馆与图书馆藏19世纪美国专利模型展[J]. 装饰, 2018（4）.

[6] 周子杰. "创造的力量——美国19世纪专利模型展"开幕[J]. 中国国家博物馆刊, 2018（7）.

[7] 国家文物局公布《博物馆馆藏资源著作权、商标权和品牌授权操作指引》[J]. 遗产与保护研究, 2019（5）.

[8] 李明德. 论我国专利制度改革的三个维度[J]. 知识产权, 2019（8）.

[9] 尹志锋, 申媛, 刘梦瑶. 专利质量层级、专利管理能力与专利实施水平[J]. 中国科技论坛, 2020（10）.

[10] 高文杰. 中国专利结构与经济增长关系的实证研究: 1989-2007[J]. 天府新论, 2014（1）.

[11] 赵春山. 我国实用新型专利制度的现状与发展[J]. 知识产权, 1999（2）.

[12] 和育东, 甫玉龙. 专利授权规范的完善——以防止低质量发明与实用新型专利为目的[J]. 知识产权, 2017（5）.

[13] 王格格, 刘树林. 国际专利分类号间的知识流动与技术间知识溢出测度——基于中国发明授权专利数据[J]. 情报学报, 2020（11）.

[14] 孙昊亮. 博物馆知识产权法律问题探析[J]. 科技与法律, 2014（6）.

[15] 姚明. 美国"Citizen Archivist"项目研究：驱动因素、业务内容、启示借鉴[J]. 档案管理, 2021（1）.

[16] 姚明. "馆员"职称发展路径研究[J]. 山东图书馆学刊, 2021（1）.

[17] 徐棣枫, 谭缙. 传承与创新：博物馆文创产业的知识产权创造和保护[J]. 东南文化, 2020（6）.

[18] 徐玲. 近十余年博物馆知识产权研究[N]. 中国文物报, 2013-11-13.

# 后疫情时代博物馆"云教育"的探索与思考

刘 璐 徐博一 王 浩
河南博物院

**摘要**：在疫情日趋常态化的背景下，互联网信息技术将进一步快速发展，博物馆"云教育"将是今后较长一段时期博物馆教育思考的核心、工作的重心。本文从"催化助推""具体实践""发展思考"三个方面，就后疫情时代博物馆"云教育"如何开展进行论述。

**关键词**：疫情；催化助推；博物馆；"云教育"

"当今世界，信息技术创新日新月异，数字化、网络化、智能化深入发展，在推动经济社会发展、促进国家治理体系和治理能力现代化、满足人民日益增长的美好生活需要方面发挥着越来越重要的作用。"[1] 当下，推动实现博物馆"云教育"，深入挖掘文物知识、创新传播传承手段、讲好中国故事，有效克服疫情带来的不利影响，是贯彻落实习近平总书记关于"让文物活起来"的重要论述精神，探索新时代符合中国博物馆高质量发展的重要举措，亦是博物馆教育贯彻新理念、坚持高标准、建设新体系的主动选择。

## 一、新冠疫情对博物馆"云教育"的催化助推

笔者曾在2016年合撰的《"互联网＋博物馆教育"的探索与展望》一文中提出"'互联网＋'在很大程度上提高了博物馆教育工作的效率，丰富了博物馆教育工作的内容，拓展了博物馆教育工作的视野，提升了博物馆服务社会的品质，扩大了博物馆教育的影响"[2]，阐释了"'互联网＋'在博物馆教育工作中成为信息推送的基础平台、特色项目的展示平台、线上线下的互动平台、与社会媒体互动发展的融合平台、内外交流的联络平台"[3] 的平台价值。上述观点是当时对"互联网＋博物馆教育"的美好展望，亦是对可能实现博物馆"云教育"的初步设想。如今，互联网、云计算、5G、VR等新一代信息技术的快速发展和普及应用，不仅在经济、科技、文化、生活等领域带来深刻影响，还正潜移默化地为博物馆教育创新发展带来新契机、新变化。

"教育决定着人类的今天，也决定着人类的

未来"[4]。如何面对疫情开展教育成为全世界关注的热点话题。基于2021年3月初联合国教科文组织及中国教育部统计数据显示，"全球15亿左右的学生"[5]、中国2亿多的中小学生接受了一次史无前例、规模空前的"云教育"。"截至5月8日，全国1454所高校开展在线教学，103万教师在线开出了107万门课程，合计1226万门次。参加在线学习的大学生共计1775万人，合计23亿人次……截至5月11日，国家中小学网络云平台浏览人次数达到20.73亿，访问人次达到17.11亿。"[6]

"一个博物院就是一所大学校。"[7]疫情期间，各级各地博物馆积极拓展文物在线服务，形成以"云展览""云直播""云课堂"等为代表的博物馆线上"云"教育矩阵，不仅为公众提升了博物馆的观展体验，更在一定程度上加速了博物馆文化服务方式创新，让博物馆教育功能得到充分发挥。"据不完全统计，闭馆防疫期间，全国各地博物馆共推出2000余项在线展览，访问量突破50亿次。"[8]除搭建展览和教育平台，博物馆"通过微信、微博等社交媒体进行话题推送，制作播出博物馆类电视节目，依托新媒体平台展示，开发在线游戏等，极大丰富了人民群众居家防控期间的文化生活"[9]，博物馆"云教育"开辟了疫情期间文化交流、传播、分享的大格局、新模式，成为疫情下博物馆对传统教育方式创造性转型的重要标志，并将成为后疫情时代博物馆进行教育服务的新形态，是未来博物馆教育发展的新定位、新指向、新红海。可以说，此次疫情在一定程度上催化助推了博物馆传统教育方式改变，提升了博物馆教育传播品质。

## 二、新冠肺炎疫情以来博物馆"云教育"的具体探索

疫情期间，全国博物馆突破传统、主动作为，或联合发起或积极协办，通过整合博物馆数字资源、活化展示传播形式，将直播、课堂、展示、互动、文创带到"云"端，受到亿万网络群体的追捧。博物馆"云教育"融合发力，有效提升博物馆的线上文教、展教体验，推动博物馆教育服务、宣传推广方式实现创新，博物馆教育功能得到进一步发挥，总体上呈现出三大特色。

### （一）直播活动形成"云"效应

疫情期间，博物馆直播成了为公众提供发现博物馆、感知博物馆的新途径，博物馆的收藏、研究、展览、教育甚至娱乐功能在网络空间得到更大范围的集中展示。如由国家文物局指导、河南博物院发起、黄河流域博物馆联盟联合推出的"云探国宝"直播，3天9场，每天3小时，引发全国30个省份的150多家主流媒体聚焦报道，整体曝光量达到6814万次。据统计，国家文物局牵头启动的博物馆网上直播，"9小时内曝光6400万次，视频播放2800万次，网络话题突破2.5亿次"[10]，展现出博物馆传播教育新形态的巨大效应。此外，如中国博物馆协会与中国移动联合举办的"博物馆在移动"、中国文物报社与央视新闻合作推出的"云讲国宝"、中国文物信息咨询中心与喜马拉雅平台联合发起的"寻找国宝声音守护人"、故宫博物院推出的"重启的故宫，夏日的幽静"主题直播、敦煌研究院与新华社共同推出的一院六地大型直播等，都先后在各大网络平台

引发热烈反响，好评如潮。

### （二）教育品牌彰显"云"引力

博物馆现有教育品牌，成为疫情下引发社会关注、进行有效互动、丰富教育体验的"拳头资源""王牌组合"。如"故宫知识课堂"，这是故宫博物院历时17年打造的品牌教育项目。为延续这一教育项目的品牌影响力，持续为广大中小学生推出优质的博物馆课程，故宫博物院宣传教育部在疫情期间通过快手APP连续十天推出线上直播课程：每天上午、下午推出"精品主题课"和"建筑历史课"两场不同系列的直播课程，其间穿插两次互动和抽奖，在讲授知识的过程中满足了观众的互动参与需求，平均每场直播实时在线观看人数达到3万人次，总观看次数超过5000万人次，创造了以往任何线下课程不可想象的参与记录。此外，秦始皇帝陵博物院从2021年2月起，陆续推出"秦俑百问微讲堂""欢乐博物馆微教室"两档线上教育活动，围绕观众最感兴趣的问题和热点话题，由专业讲解员以音频的形式，进行互动解答、讲授秦俑、秦小篆等文博知识，在疫情期间为公众搭建耳目一新的沟通、学习平台。

### （三）线上课程打造"云"特色

品牌课程成为闭馆期间开展博物馆"云教育"的重要资源，为克服疫情给博物馆带来的冲击提供有力保障。如"从博物馆看到的大千世界"线上课堂，这是河南博物院历史教室在春节期间策划推出的互动课程，其中第一课《牙齿的故事》，从院藏的一枚南召猿人牙齿化石讲起，对牙齿化石发现的背后故事、如何鉴定牙齿化石及历史上世界各国治疗牙病进行讲述，引起公众对疫情期间牙齿健康的关注，一课三节、深入浅出，从文物到生活、从历史到当下，语言生动活泼，解析科学翔实，成为疫情期间博物馆教育知识性、趣味性、时效性传播的代表。此外，如上海龙华烈士纪念馆、新四军江南指挥部纪念馆为更好传承红色基因，分别推出"讲述'逆行者'故事""聆听红色故事"系列线上课，通过录像录音、图文并茂的形式讲述红色文化，使爱国主义教育在疫情防控期间不断档、不掉线。

### （四）行业聚焦引发"云"关注

通过知网搜索"疫情""博物馆"等关键词后发现，全年相关主题发文量达到407篇，涉及疫情期间的博物馆工作动态、实践总结，疫情后的博物馆发展等关联内容，足见行业内乃至全社会对此话题的关注度。笔者同时注意到，国际博物馆协会于2021年5月和9月先后进行两次跟踪调查[11]，据其统计数据显示，全世界8.5万座博物馆在疫情期间闭馆，占世界博物馆总数的近90%，其中近13%的博物馆可能永久关闭，67%的博物馆取消或减少了教育活动，博物馆传统的实物教育、情境教育面临极大冲击。9月跟踪调查显示，博物馆开辟社交媒体、直播活动或在线教育节目等渠道，不断丰富线上教育活动，调查分析显示全球博物馆所有类别的活动数量都至少增加了15%。值得注意的是，每一项教育活动都会开设新媒体渠道的博物馆的占比与4月相较显著增加，全球博物馆教育的工作思路和发展方向正在主动调整转变。对此，中国博物馆教育人以理念为引领、以交流促发展，主动担当、积极作为，分析后疫情时代博物馆教育面临的挑战与问题，探索博物馆"云教育"与传统教育的均衡发展。2020年11月，"中原五省博物馆教育培训"在山东博物馆举行，本次培训基于新冠肺炎疫情公共危机以来中国博物馆骤然兴起、影响深远的"云"传播浪潮的反思和展望，结合当年国际博物馆日和文化遗产日的主题，确定"云作为赋彩新时代"的培训交流主题，这是新冠肺炎疫情席卷全球以来，中国博物馆行业甚或是世界博物馆领域在培训与学术研讨活动中首次聚焦此类主题。其间，故宫博物院、河南博物院、河北博物院、湖北省博物馆、山东博物馆、山西博物院、安徽博物院、青岛市博物馆等博物馆代表围绕培训主题展开互动分享，与国家发展战略同向同行，不断追踪和立足于博物馆教育发展的理论前沿。

## 三、后疫情时代博物馆"云教育"可持续发展的思考

疫情期间，博物馆"云教育"是发挥博物馆自适应能力、群体联合发力、与社会需求积极融合的过程。总结疫情期间的实践与经验，后疫情时代博物馆教育的发展将是危机与机遇并存，在强调疫情防控的前提下，面对类似突发公共事件，如何破解现有协作及转型的难点、提升人才和技术的短板、弥合大多数博物馆数字化水平受限的不足、持续发挥博物馆教育的功能，是当前亟待思考的关键问题。

### （一）响应国家政策，适应技术变革

2020年10月，中共中央办公厅、国务院办公厅印发了《关于全面加强和改进新时代学校美育工作的意见》，教育部、国家文物局联合印发《关于利用博物馆资源开展中小学教育教学的意见》。党和国家对利用博物馆资源开展教育教学已经提出明确指导意见，促进博物馆资源融入教育体系。可以预见，后疫情时代的中国教育发展正呈现出"五育融合""双线融合""双师融合"的新发展趋势，作为国民教育体系的重要组成部分，博物馆教育理应顺势而上。同时，密切关注5G时代发展新动向，加大技术投入和人才培养，洞悉后疫情时代可能出现的博物馆"云教育"的激增需求，合理设置"线下教育"与"线上教育"权重，将行业政策、技术需求同自身实际紧密结合，在博物馆教育与新技术有机结合的快车道上不掉队、不迟到。

### （二）坚持教育为本，实现守正创新

以博物馆教育属性为先导，有机融合线上线下教育方式，通过"云"渠道，用方寸屏幕链接亿万公众，输出更多文物解读、展览导赏、文创展示等教育IP，搭建"二度创作"的云上平台，广泛动员全社会参与，将新技术、融媒体与博物馆知识生产充分结合。同时，要充分利用好博物馆现有的网站、微博、微信、小程序等自媒体及其他社交平台资源，将"云"技术、"云"服务作为探索馆校结合的教育合作新领域，采用虚拟参观、云端课程等方式实现在线浏览、教学，借助在线直播与观众进行有效互动，让观众获得全新的博物馆体验和专业化导赏，引导公众参与博物馆展览和品牌教育项目，巩固现有"云"端群体、引发更多"云"端话题，获得最大的网络点击量和社会关注度。

### （三）优化信息资源，做好主题引领

进一步加强传统教育资源的数字化采集和加工，拓展博物馆教育形式，借助信息化、网络化手段，打造各具特色、永不落幕的数字教育、文

化宣传"平台端""空间站"。以河南博物院独家策划、拍摄制作、推送展播的《中原藏珍》为例，自2019年1月启动以来，现已成为中原地区乃至全国文博领域奉献社会的系列历史文化类视频力作，仅是"学习强国"平台每期的有效阅读量就突破了60万人次。《中原藏珍》通过文物故事、立体展示、动画还原的视频形式，不仅推出2分钟短视频，还有10分钟以内《中原藏珍·讲述》系列长视频，每集视频分别在河南博物院新媒体各平台和"学习强国"全国一级平台及河南学习平台、大河网、河南人大网等重要网络平台媒体持续播出，通过专家深度讲述文物背后的故事，让文物活起来，进一步展现博物馆文化影响力。此外，河南博物院华夏古乐团利用科技赋能，打造"云端古乐厅"，通过微信、微博等新媒体平台嫁接，实现创新传播方式和技术新呈现。类似这样的优质资源，在形成新的社会看点和亮点的同时，更为博物馆"云教育"的深入、精准开展储备了新动能。

一场疫情，对全球社会经济、文化教育及公众生活、思维方式产生了深刻影响，给中国博物馆事业发展带来了未曾经历的冲击和挑战，对当前博物馆的信息化水平、现代化程度进行了一次严苛的"体检"。

疫情期间，博物馆人立足自身岗位进行"云教育"抗疫，升华了博物馆为社会及社会发展服务的宗旨，丰富了新时代博物馆教育的内涵，顺应了新时代公众的云端文化需求。目前，"国家已建立1.08亿件国有可移动文物信息数据库，公布346万件馆藏珍贵文物信息；开放5000多家博物馆网络地图，推介几千项精品文物展览；全国4000余家博物馆实现互联网覆盖，通过网站、手机APP、公众号等方式进行文化传播；《国家宝藏》《如果国宝会说话》等专题节目为文物展示传播提供了大量素材；各大网络媒体平台等社会力量通过与文博单位加大合作……"[12]在博物馆"云展览""云传播"已具相当规模的情况下，后疫情时代的博物馆如何依托数字网络和融媒技术，通过"云教育"全面推进和深化疫后博物馆教育变革，构建与中国新发展阶段相适应的博物馆教育模式更应成为博物馆人不断探索与实践的目标。

---

[1] 习近平. 致首届数字中国建设峰会的贺信 [Z]. 2018-04-22.

[2][3] 丁福利，刘璐."互联网＋博物馆教育"的探索与展望 [N]. 中国文物报，2016-11-22.

[4] 习近平. 致清华大学苏世民学者项目启动仪式的贺信 [Z]. 2013-4.

[5] 联合国教科文组织. 新冠肺炎疫情对教育的影响 [EB/OL]. https://zh.unesco.org/covid19/educationresponse.

[6] 教育部. 介绍疫情期间大中小学在线教育有关情况和下一步工作思考 [EB/OL]. http://www.moe.gov.cn/fbh/live/2020/51987/.

[7] 习近平. 赴陕西看望慰问广大干部群众时的讲话 [Z]. 2015.

[8] 刘玉珠."云展览"开启"互联网＋"时代博物馆服务新形态 [EB/OL]. 人民网，http://culture.people.com.cn/n1/2020/0527/c1013-31724888.html.

[9][10]《博物院》编辑部. 博物馆与公共事件——国家文物局副局长关强访谈录 [J]，博物院，2020（2）.

[11] 国际博物馆协会. 博物馆、博物馆专业人士和新型冠状肺炎报告 [EB/OL]. https://icom.museum/en/covid-19/.

[12] 刘玉珠. 大力发展博物馆"云展览"[J]. 中国政协，2020（12）.

# 文物博物馆管理体制的创新思路探索

马 侠
河南博物院

**摘要**：文物博物馆在中国特色社会主义文化事业发展中占据举足轻重的地位，积极推动文物博物馆管理体制创新，有利于文化基础设施建设、公共文化服务体系建设，能够捍卫民众的文化权益。基于此，本文从文物博物馆管理体制创新的重要意义出发，结合其中存在的问题探究实践策略，即完善组织机构，健全管理制度；加强品牌管理，塑造文化形象；加强文物保护与开发，拓宽社会影响；引入信息技术，搭建管理平台；加强队伍建设，完善激励机制。

**关键词**：文物博物馆；管理体制；运行问题；创新思路

文物是文化遗产的精华和核心，具有深刻的文化内涵和多重价值；文物博物馆是文化集散、民众学习文化、获得精神食粮的重要场所。2018年中共中央办公厅、国务院办公厅印发的《关于加强文物保护利用改革的若干意见》（以下简称《意见》）中明确指出，要提升文物依法保护水平，构建文物保护利用传承体系，走出一条符合我国国情的文物保护利用之路。因此，文物博物馆要认真研究人民群众的精神文化需求，创新管理体制，让文物能够展示出深刻的历史内涵和时代内涵，打造博物馆厚重而温和的文化形象，给民众提供多元化的文化服务。

## 一、文物博物馆管理体制建设中存在的问题

随着我国文化事业的不断发展，各地区的文物博物馆扎实推进文物工作，文物保护与开发工作取得显著进步。但是，面对新时代新任务提出的新要求，尤其是"互联网+"背景下文物保护与开发工作中依然存在诸多问题，文物博物馆应该加强管理，在深入分析问题的基础上探索创新

发展思路。

**（一）经费来源渠道单一，管理经费不足**

通常来讲，文物博物馆运行管理的经费来源于国家财政拨款。但是，随着国家对文物保护与开发工作提出新要求，随着民众文化产品需求越来越强烈，博物馆在运行管理中需要的经费也出现了问题。经费不足会导致文物博物馆的运行管理难以吸引创新人才，影响工作人员的积极性，同时也会限制部门发展程度，失去创新改革的动力，从而也导致其管理机制陷入僵化的状态，影响文物博物馆的进一步发展。

**（二）信息技术应用不充分，管理机制缺乏创新**

当前，随着信息技术的运用，文物博物馆在信息技术的支持下也掀起了新的浪潮。一些有条件的文物博物馆纷纷搭建"互联网+"平台，为民众提供线上欣赏文物、参观展览的机会。但依然有一些博物馆对于信息技术的应用不充分，展览质量低，陈列水平迟迟无法提高。还有一些文物博物馆片面强调技术的应用，忽视了对文物的开发，更没有展现出文物深厚的人文价值。面对这些问题，文物博物馆需要从管理体制层面做出调整，才能充分利用现代信息技术的支持，展现文物的时代价值。

**（三）文化产品单一，难以形成文化品牌**

加强文物的开发与利用是博物馆除了国家拨款外经济来源的重要途径，但是目前一些文物博物馆做得并不好。一些博物馆围绕文物而打造的文化活动种类少、水平不高，产品同质化严重，也没有很好的宣传方式，民众的关注度不高；此外，文物保护与开发的策略并不明确，没有围绕特色文物形成系列的文物内容，自然难以满足社会大部分人的精神需求，影响了文物博物馆的创新发展。[1]

**（四）人才队伍建设有待改进**

人才的重要性、必要性在任何时代都是鲜明而基础的。文物博物馆管理体制创新也需要人才。但是，目前一些文物博物馆不健全、不规范的人才管理机制导致管理人才相对匮乏，影响了制度创新与有效运行。一些文物博物馆已经形成了比较成熟的人才管理机制，但人才规划的制定与多变的人才市场和社会环境不符，导致文物的保护与开发缺乏人才的支持；在人才培训方面，培训的内容不够细致，没有落到实际效用之处；对人才管理的投入不足，导致人才流失，甚至难以形成比较稳定的人才管理队伍，从而影响了管理机制的创新与运行。

## 二、文物博物馆管理体制的创新思路

文物承载灿烂文明，传承历史文化，维系民族精神，是弘扬中华优秀传统文化的珍贵财富，在经济社会发展中属于重要的文化资源，同时也是培育社会主义核心价值观、凝聚共筑中国梦的滋养。在新时代背景下，文物博物馆应加强制度建设，推动制度创新发展，让文物"活"起来，成为民众学习传统文化的渠道。从目前的国内外研究现状可以看出，文物博物馆管理体制创新不仅是制度形式设计上的变化，也是展出内容上的表达，应从以下几方面进行创新。

**（一）加强品牌管理，塑造文化形象**

在市场经济环境下，打造有影响力的文化品牌是推动文物保护与开发，促进文物博物馆管理机制创新发展的重要思路。在文化品牌建设中，文物博物馆应把握以下几个要点：

第一，挖掘文物资源，积极提升品牌形象。文物记载着中国历史的痕迹、传承着从古代延续至今的记忆，其文化价值、历史价值不言而喻。文物博物馆应立足地域文化，深入挖掘文物资源，并利用其中具有代表性的内容展开历史研究、社会研究，进行文化品牌建设。博物馆在思想认识层面要抓住市场经济体制发展中的机遇，开辟创新理念，将博物馆的多元化文物资源优势引入文化产品，并将文化产品精致化，引入体验方式，开发集参与、亲身体会、娱乐为一体的文化体验项目，让民众能够近距离感受文物的魅力，从而大力塑造博物馆的文化品牌形象。

第二，拓宽宣传渠道，实现对品牌的全面推广。在信息速度呈爆炸式扩张的当今社会，文物博物馆处于"酒香也怕巷子深"的状态，如果没有有效的宣传很难吸引民众的关注，自然也无法形成有影响力的文化品牌。因此，文物博物馆要利用各种渠道开展宣传与推广，立足自身独特的文物资源打造文化品牌，并展开有效的宣传。在宣传推广中，文物博物馆的相关部门应转变思路，主动靠近民众，并通过线上线下多渠道实现推广，利用产品的内涵不断创造新的热点，激发民众走进博物馆。

第三，提高文化服务水平，提高民众对文化品牌的认可度。在现代社会发展中，民众在消费文化产品的过程中对于自身的体验更加关注。因此，文物博物馆在管理机制创新中应坚持"以人为本"的理念，打造符合民众文化发展需要的品牌，同时也为民众提供优质的服务体验。基于此，文物博物馆应重视对博物馆环境的构建，营造浓郁的文化氛围，同时利用智能平台为民众提供便捷的参与渠道，并利用平台与民众展开积极互动，获取民众对文化品牌的意见和建议，并以此不断开发文物、充实文化品牌的内涵，提升品牌的影响力。

**（二）加强文物保护与开发，拓宽社会影响**

《意见》中明确要求相关单位建立健全不可移动文物保护机制，大力推进文物合理利用，并支持社会力量依法依规合理利用文物资源，提供多样化多层次的文化产品与服务。基于此，文物博物馆应从文物的开发与保护入手，创新完善管理机制，从而满足民众对文化的多元化需求。具体来讲：第一，加强管理经费投入，消除文物保护中存在的安全隐患。政府部门应加强对文物保护的投入，优化文物管理环境，降低环境对文物价值的影响。第二，加强文物保护与开发的管理。博物馆应从法律、技术、制度等层面对文物进行保护与开发管理。其中法律层面是根据国家的法律法规，以法律的手段对文物进行保护，使文物保护工作有法可依、有章可循；从技术层面来看，积极引入现代技术手段，做好文物的维护、修补、保养和研究等工作，确保文物保护与开发工作的各个流程、环节能够科学地进行；从制度层面来看，应该完善文物保护制度，做好监督和管理工作，搞好各部门的协调，利用严密严格的制度促使文物保护与开发工作顺利、有效地开展。第三，建立健全文物保护开发机制。引进市场运作方式，开放文物的文化价值，以创新为驱动力，打破传统体制环境下体制障碍和地区之间的分割，实现对文物的开发。文物博物馆应利用当地的旅游产业开发机遇，推动体制改革；在改革中通过政企分开、事企分开、所有权与经营权分离等方式，组建跨行业、跨地区的旅游集团，充分发挥文物资源的优势，加快旅游产业发展的同时做好文物保护工作，实现旅游开发与文物保护在更高层次上的协调发展。第四，利用市场化机制，推动文物的保护与开发。在市场经济环境下，文物资源的开发与利用是一个综合性的体系，其中不仅限于文物博物馆的开展，更包括其他行业的协调配合。例如在文物开发的过程中，将文化产业与旅游产业相结合可以打造文化旅游新模式。在这一模式中博物馆应顺应市场经济要求，围绕民众的文化需求，加强与相关行业的合作，在交通、住宿、游览、娱乐等环节融入文化品牌，让民众时刻感受文物承载的特色文化价值。这样既可以丰富民众的文化体验，也可以增加相关产业的收入，从而更好地促进博物馆文物资源的保护与开发。

### （三）引入信息技术，搭建管理平台

在新时代背景下，国家文物局以"互联网＋中华文明"行动计划为主要抓手，大力推动文物与互联网的跨界融合。实践证明，文物与互联网的相融相生，焕发了蓬勃生机与活力，例如媒体平台推出的《国家宝藏》《如果国宝会说话》等文博类节目热播，深受海内外观众好评。这些创新成果为文物保护与开发机制的建设提供了思路。因此，文物博物馆应顺应时代要求，积极引入现代信息技术，推动文物的保护与开发，为民众提供更加丰富的文化体验。具体来讲，文物博物馆可以从以下几个方面进行创新：

第一，推动文物博物馆与信息科技企业展开合作，搭建对话交流新平台。搭建文物博物馆＋信息科技企业的对话平台，研讨文物数字化＋互联网前沿技术，创新发展新路径。建立文物部门＋信息领域和文物博物馆＋互联网企业高级别交流机制。孵化更多中小企业参与的开放式融合发展平台，对接需求、深化合作。搭建多层次机制性文物交流合作平台，为国内外博物馆之间的交流创造条件。

第二，重视文化传承，积极开发文物的文化价值。在互联网平台的支持下，文物博物馆、高校、科研机构、文化企业获得了合作交流的机会，并从不同层面阐述文物的文化价值，进而在文化品牌建设中展现传统文化蕴含的丰富的哲学思想、厚重的人文精神和高尚的道德理念，在民众与文物之间搭建跨时空交流的桥梁，展现文化的价值。

第三，以技术为根基，打造智慧网络新矩阵。文物博物馆应充分运用人工智能等现代信息技术，以信息共享、大数据、跨界创意和智慧应用为重点，加快推进"智慧博物馆"建设，推动"互联网＋"计划的深入实施，大力促进文物展示利用方式融合创新，并打造文化品牌的智慧网络传播矩阵。

第四，以开放为前提，构建社会参与新格局。建立社会参与机制是文物博物馆管理机制创新的重要内容。在信息时代，各主体参与博物馆文化活动的机会增加。因此，文物博物馆应加强拓宽社会参与渠道，积极打造共享经济、体验服务和新兴消费，释放文化消费活力。

第五，以平等为基础，积极推进国内外博物馆的合作交流。人文交流是深化国家关系的基础，

推进人民友好的纽带。文物对外交流合作是国际交流的重要组成部分。基于此，文物博物馆应积极承担责任，积极参与文化遗产网建设，展现真实、立体、全面的中国，介绍中国历史，传播中国文化，提高中华民族文化在世界上的影响力。

**（四）加强队伍建设，完善激励机制**

根据《意见》要求，文物博物馆应创新人才机制，健全人才培养、使用、评价和激励机制；加强文物保护管理队伍建设，充实力量，提升文物管理能力。基于此，文物博物馆应从以下几个方面加强对人才的培养，打造专业的管理队伍。

第一，加强与高校等科研机构的合作交流，利用优质的教育、研究资源实现对人才的培养。文物博物馆管理机制的创新发展与管理人员的良好素质密不可分，文物博物馆应加强与高校科研机构的对接、交流与合作，逐步形成馆校联合培养机制，打破博物馆人员培养建设相对封闭的局面，促进博物馆文物资源的保护与开发，推动文物相关科研项目的专题研究，带动博物馆的业务和人才素质发展，同时提供和引导相关专业的学生进行科研和社会实践，完善专业知识体系，达到双向促动、储备人才的效果。

第二，有计划地开展人员的在职培养。在文物博物馆内部建立起系统性的培训机制，围绕本馆特点，特别是要围绕现代博物馆功能定位即公共知识传播、教育、推广的属性，有计划、有针对性地系统设计、分类实施，对当前博物馆经营管理和科学发展过程中需要的各类人才进行培养，开设专门培训课程，构建层次化培训体系，进行理论授课、参访交流、专题研讨、赏鉴研修等；结合文物鉴定、修复、保管、收藏、研究等技艺的传承，完善技能传承培训机制；利用现代信息技术，推动线上线下相结合模式的构建，提高人员培训质量。

第三，立足管理人员的职业发展规划，完善人才评价和激励机制。文物博物馆应根据整体战略发展目标，通过工作分析和员工素质模型，逐步建立起明确的人才和员工职业发展通道，以职业发展规划系统来明确人员培训系统设置，形成人才评价、绩效管理和激励机制，引导专业技术人才和一般员工都能够通过不断学习和提升获得职位晋升、职称评定和职业发展机会，从而形成良性、长效的人力资源管理体系。文物博物馆应合理配置人力资源，人员按需培训，结合岗位性质开展适岗培训、转岗培训，结合素质提升开展拓展培训、提升培训，构建与岗位能力相匹配的人才评价体系，建立多向发展的职业通道。[2]

总之，文物承载着中华民族灿烂的文明，传承着厚重的历史文化，维系着崇高的民族精神，是一个民族的宝贵遗产。文物博物馆在创新发展中，应更加深刻认识到新时代文物的文化价值，根据公共文化建设发展需要推动制度的创新，从而为民众提供丰富的文化产品和服务，充分发挥文物在培育弘扬社会主义核心价值观中的作用，推动中华优秀传统文化传承体系的构建以及公共文化服务体系的建设。

---

[1]周曙初.论文物博物馆管理体制创新[J].文物鉴定与鉴赏，2019（13）.

[2]曾军.内蒙古博物院文物博物馆管理体制创新分析[J].当代旅游，2019（7）.

# 现代信息技术与博物馆管理有机结合的模式探讨

成耿坤
河南博物院

**摘要**：博物馆紧跟信息时代的发展步伐，在管理方面加强与现代信息技术的整合、优化传统的管理模式、更好地服务于用户与社会，从而加速自身的数字化与信息化发展进程。本文主要从现代信息技术与博物馆管理结合的原则、模式及发展趋势等方面进行阐述，希望对博物馆信息化管理水平的提升起到积极参照作用。

**关键词**：现代信息技术；博物馆管理；结合模式

博物馆属于采取公益性事业经营模式的社会公共机构，在大众教育、文化艺术及知识服务等方面发挥积极作用。博物馆面临着内外部环境变化的影响，依托现代信息技术，从以往的以博物馆为中心的运营模式，逐步向以受众者为中心的趋势转变，优化博物馆管理的流程与模式及制度，推动博物馆积极适应新时期的发展环境，从而实现自身在社会文化、教育及艺术和历史等资源方面的价值得以充分发挥。[1]

## 一、现代信息技术概述

现代信息技术是指具备管理与信息处理功能的技术的总称，具备信息的快速识别、采集、储存及检索等功能，信息的处理与使用效率不断提高。现代信息技术通过发挥自身的交互化与多媒体化、高速化等优势特点，推动了各行业的现代化发展进程。[2]

### （一）高速化

现代信息技术在信息处理领域的应用价值较高，能够快速处理、检索和使用相应的信息。现代信息技术带动了信息处理与传递速度的提升，也是技术自身高速化特点的直接体现。

### （二）多媒体化

在博物馆藏品管理方面引入现代信息技术，利用多媒体技术多样性的信息载体呈现方式，包括影像、图形和文本等形式，全方位地展示藏品，带给受众多感官的刺激，便于受众观察与学习文物展品相关的知识。

### （三）交互化

在现代信息技术的发展带动下，人机交互、人与人之间的交互随之增强，在博物馆管理的各领域应用现代信息技术，便于受众直观浏览博物馆藏品信息，更利于达到理想的博物馆管理效果。

## 二、博物馆管理现状

博物馆在促进国家文明建设与传承历史文化等方面有着积极作用。博物馆的管理范围相对较广，涉及博物馆建设与发展的各个环节。博物馆的业务范畴主要体现在藏品文化传播与教育、文物的保护与研究、文物的征集与保管等方面。博物馆的实质作用是传承藏品相应的历史文化与传播文物所蕴含的信息，帮助受众了解各历史时期的发展。大众的生活水平不断提升，物质需求基本得到满足，对精神层面的追求更加看重，这也为博物馆的现代化发展带来了机遇与挑战。我国博物馆的建设与发展水平仍处于摸索性前进阶段，与国外发达国家存在较大的差距，尤其是在转型发展的重要阶段，博物馆在运营、管理及建设等方面的弊端逐渐显现。而博物馆管理与服务水平的提升，能够带动博物馆在社会教育等职能方面的发挥，也是博物馆现代化发展的工作重点。但受管理理念滞后与管理模式单一等因素影响，博物馆管理形式化与粗放化等问题严重，还需立足发展现状，本着具体问题具体分析的原则进行，采取信息化等先进手段创新管理工作模式，推动博物馆的管理水平不断提升，满足博物馆稳中求进发展的需要。

## 三、现代信息技术在博物馆管理中的应用原则

现代信息技术与博物馆管理工作的整合，是指利用信息系统管理各数据信息，实现博物馆管理的全面覆盖。信息化、数字化及智能化是博物馆组织形态和工作模式的重要转型，实行信息化管理手段，对推进博物馆与时俱进发展有着积极意义。但博物馆管理工作与现代信息技术的整合不能主观随意，需遵循以下原则进行。

### （一）博物馆数字化建设

依托现代信息技术建立数字化的博物馆，需要从建立数字化的博物馆馆藏、博物馆业务信息、博物馆信息研究、信息传播体系等方面入手，利用计算机管理博物馆的各种信息，减少人为操作的失误。依托互联网技术向世界各地传播博物馆信息，让个体都能够学习、研究、了解信息，同时加强学术交流。

### （二）信息的数字化管理

1. 业务信息的管理

利用计算机科学管理博物馆的业务信息，将博物馆信息通过网络管理系统上传至国际互联网，打破传统信息传输在空间、时间及地域等方面的限制，便于受众随时随地的浏览与查询博物馆信息，对各地信息交流、相互借鉴研究和共同发展等方面有着积极推动作用。搭建博物馆内部网络，提高管理博物馆信息的水平，尤其是在现代信息技术的发展带动下，可推动博物馆业务信息管理

水平与工作效率的提升，推动博物馆逐步向信息化的建设标准靠拢。

2. 研究信息的管理

数字化博物馆的建设，可提高藏品的保护力度，更利于推动博物馆文化的传播。依托现代信息技术呈现博物馆的最新动态，便于受众及时了解与学习博物馆文化。博物馆的馆藏文物类型与数量较多，依托现代信息技术分类陈列与精细管理馆藏文物，更利于提高博物馆陈列的规范化水平。利用互联网技术传播博物馆的信息，不仅利于加强外界与博物馆的交流，更利于夯实博物馆研究工作展开的基础。[3]

## 四、利用现代信息技术创新博物馆管理模式

### （一）在博物馆管理架构底层，加强馆藏资源的整合优化

馆藏资源是博物馆发展的根基，也是博物馆价值形成的根源。因此，对馆藏资源的管理模式创新应更加重视。受众通过网络能够便捷地搜索到丰富的文物信息，但不会削弱实际文物的吸引力，这是馆藏文物的价值与魅力所在，也是博物馆时刻保持较强影响力与号召力的主要原因。馆藏资源是博物馆管理的基础层，要想优化馆藏资源的管理模式，博物馆需紧跟时代发展步伐，加强实践经验总结。本着引进来的原则，借鉴先进的做法和优秀的经验，积极探索与信息技术改造和互联网传播背景高度契合的管理模式，从以往受时间等各种因素限制的实物资源，逐步向不受各种因素限制的数字资源转变，从以往的被动价值效应，逐步向主动价值效应的趋势过渡。需做到以下几点：

1. 数字化处理馆藏资源

数字化处理动画、文字和视频等资源，依托信息技术平台实现资源的整合优化，从以往的博物馆实物管理模式，逐步向虚拟管理的内容和工作模式转变。在管理工作方面，将不同对象与空间嵌入信息技术平台内，自动取消以往的开闭馆时间限制，受众可通过平台的功能模块操作，或是借助VR等新型设备，随时随地"参观"博物馆，在虚拟架构中整合以往在各展区分散的馆藏资源，用户在网上进行体验，可消除以往在馆内参观的时间紧迫感与环境的压迫感。

2. 资源扩充性的整合

博物馆数字化与信息化管理的对象多样化，不能仅限于对博物馆资源单一对象的"底层"管理架构的建立，应当与网络版的博物馆进行区分，逐步拓展数字化管理的视域，实现数字化管理创新效应的充分拓展和发挥。"底层"架构的建立，实质上属于资源收集与整合的平台，还需在现代信息技术的发展带动下对数字化博物馆平台进行容量拓展，将以往不存在现实博物馆空间的藏品，包括不可移动建筑、自然界古迹及私人收藏等藏品，逐步融入收藏范围，将分散的资源切实整合到博物馆资源库内，规避藏品移动中遭受破坏的可能，同时促使馆藏资源更加丰富。

### （二）在博物馆管理架构中层，加强管理职能的转变

在以往的博物馆管理工作中，管理人员主要围绕馆藏资源的工作重心，展开后勤管理、登记管理、办公管理和行政管理等工作。以管理人员

为对象构建博物馆管理架构中层，即内部职能层，可带动博物馆服务价值的逐步提升。

#### 1. 传统管理的职能及弊端

传统管理的职能及弊端，主要体现在以下几个方面：一是教育职能。从博物馆的教育服务价值入手分析，主要将提供讲解说明、维持参观秩序及保护藏品安全作为管理人员的工作重点，这样的教育形式，普遍存在实效性与针对性不足的问题。二是收藏职能。收藏也是博物馆的基本职能，博物馆在藏品管理的过程中，涉及藏品的出入库、登记及注销等环节，同时申请的次数有限，不利于藏品与管理岗位价值的充分体现。

#### 2. 管理职能转型

引导传统型管理人员紧跟时代发展步伐，树立终身学习意识，逐步向专家型管理人员过渡，全面提升管理人员的专业知识技能水平、专业管理素养和信息素养水平。在此基础上，将管理岗位职能向信息技术平台转移，涉及后勤智能化、办公自动化及财务信息化等方面，配合"底层"的数字化资源整合优化，为研究者、参观者等受众提供完整和真实的信息参照，以此实现管理职能的充分发挥。

### （三）在博物馆管理架构顶层，加强用户关系处理

博物馆参与受众的限制相对宽泛，但随着现代信息技术的深度融入，新的参与关系逐渐形成，将参与受众作为博物馆管理的重要对象，有利于实现博物馆服务价值的最大化。博物馆管理架构顶层也是指外部服务管理层，管理者针对的对象不再是以往进馆的参观者，依托信息技术所构建的平台受众，将逐步成为"常态化"的服务对象。

#### 1. 顶层管理架构涉及的管理模式

顶层管理架构涉及的管理模式，主要体现在以下几个方面：一是线上线下结合的管理模式。从依托信息技术搭建的博物馆资源供给架构入手分析，线上线下资源普遍存在信息不对称与时空维度错位等问题，线上用户访问博物馆，直接呈现博物馆的丰富资源。线下参观者进馆主要按照一定的时间要求，并在博物馆指定的空间内进行参观。要想确保线上线下资源的一致性，在管理方面还需根据线下的变化情况，及时调整线上的信息。如实物馆藏外出参展，线上的浏览服务需及时做出馆藏状态的提醒。二是人工与智能结合的管理模式。人工智能等现代信息技术的运用，增强了人机互动，智能机器人可以从事传统的人工引导、解说等基础性和重复性的工作，管理成本得以节约，管理质量和效率得以持续改进。人工智能技术的应用，将管理人员从传统的工作模式与观念中解脱出来，使其在其他管理范围内投入更多的精力与时间。同时，传统人工操作模式的灵活性、适用广泛性等方面的优势特征也是智能管理模式不能比拟和无法取代的。因此，采取人工联合智能、无偿服务联合有偿服务的管理模式，更利于推动博物馆的健康稳定发展。博物馆为了确保发展资金充足，逐步开展了商业经营活动，采取智能无偿联合人工有偿的管理方式，更利于实现资源的整合优化与高效利用。

#### 2. 统一用户相关的公共服务

博物馆提供的公共服务内容，体现在以下几个方面：（1）官方网站。官网是博物馆与公众在线上连接的窗口，是介绍馆藏各项信息的平台，更是整合博物馆资源面向用户的统一门

户。线上用户可在官网观看与收藏喜欢的藏品，可用于查看用户自己的购物和参观等行为记录信息，同时具备游戏与反馈、教育等互动的功能模块。（2）参观预约。用户可在线上提前预约入馆参观的时间，可在移动智能终端设备上登录预约系统。用户在预约系统上可查询自己的参观记录。博物馆作为预约系统和规则的制定者，需加强规范用户的预约行为，限制爽约次数，从而为更多的受众入馆参观提供机会。（3）教育活动及讲座预约。博物馆面向公众开设的各项展览、讲座和教育等活动，可在线上向公众进行通知，受众可登录报名系统进行活动报名。（4）移动购票。开通自助购买电子票服务，能够提高工作效率，节省人力物力，观众可通过扫码的方式，完成购物、支付、验票等环节，入馆参观的流程更加优化，参观的便利度提高。（5）导览。采取人工讲解与自助导览结合的服务模式。参观者可通过二维码、APP、导览机与小程序等方式，自行在参观展览时聆听讲解。（6）会员制。通过打造会员体系，用户在消费、讲座聆听、线上互动和参观等活动中，可获得多项积分与会员等级升级，便于博物馆提供相对精准的服务。

3. 功能设计

统一用户中心的核心是应用功能多样化，主要体现在以下几方面：（1）用户信息管理。统一管理个人或团体的用户账号等基本信息，个人用户信息涉及身份证号、姓名、联系方式和学历等基本信息、扩展信息。团体用户信息涉及团体名称、统一社会信用代码和联系方式等信息。同时，包括支付宝与微信等第三方平台的用户ID。（2）第三方平台接入。引入微博、微信等第三方平台的快捷登录方式，具备用户ID的绑定与解绑等功能。（3）登录与退出。统一认证各业务系统，提供密码与短信等多种注册认证方式。统一管控用户账号权限，根据用户账号开通的业务系统权限关系，控制进入各系统与各模块进行访问等方面的权限。（4）用户审计功能。通过用户登录审计的做法，确保系统的安全可靠性。通过用户验证审计的方式，加强对用户身份的监控。通过审计规则定义的方式，促使系统审计协议更加规范合理。（5）角色管理。通过用户角色管理的方式，对博物馆活动爽约频繁的用户，限制其进入系统进行预约与访问的操作行为。（6）数据分析。分类统计不同性别与地域等属性的用户，统计各平台用户的点击量与访问量，可视化统计用户的转化率与留存率，统计不同页面的访问时间和次数。

## 五、博物馆管理在信息时代的发展趋势

### （一）网络化办公

依托现代信息技术搭建博物馆内部的信息平台，便于馆内员工进行交流与汇报工作，打破各部门间的信息孤岛，建立沟通顺畅的渠道。

### （二）数字化检票

博物馆入口安装计数系统，记录进入馆内参观者的数量等信息，便于统计与游览秩序维护等管理工作的便利性展开。

### （三）数据化档案管理

数据化管理馆内的各类档案，带动博物馆档案保管能力的提升。设置藏品综合管理系统，提高文物保管与档案资料查阅等工作的便利度。

### （四）科技化展陈

在展陈设计方面凸显博物馆的特色。依托精品文物和历史背景、数字化呈现展陈场景，增强展陈的趣味性与科技感，利用文物研究展现科普价值。为各类文物制定有针对性的展陈保护措施，带动群众文物保护意识的强化。

### （五）加强规划设计

博物馆的数字化管理建设，存在工程周期长、投入大及建设内容繁杂等特点，做好前期的规划设计工作，在顶层总体规划的基础上，严谨展开工程设计，积极引入先进的管理方法、观念及模式，加速博物馆的现代化发展进程。

博物馆在发展进程中，需紧跟外部环境的变化趋势，依托现代信息技术加强内部管理条件的调整，走互联网＋博物馆管理的发展道路，实现信息技术在信息管理、档案管理及用户管理等方面的全面渗透，支撑博物馆更快更好地发展，打破传统管理的困境与瓶颈。

---

［1］郑蕾蕾. 刍议现代信息技术与博物馆管理有机结合的模式［J］. 文物鉴定与鉴赏，2019（4）.

［2］冉升. 现代信息技术与博物馆管理有机结合的模式分析［J］. 文物鉴定与鉴赏，2019（5）.

［3］李丽，王天文. 利用现代信息技术加强博物馆藏品管理［J］. 文物鉴定与鉴赏，2019（12）.

# "互联网+"智慧博物馆建设研究

## ——以内乡县衙博物馆为例

**王晓杰**
南阳市博物馆

**摘要**：内乡县衙实现了"互联网+"博物馆的有机融合，智慧服务、智慧管理和智慧营销等方式使历史充分活起来，文物充分动起来。智慧博物馆建设以游客互动体验为中心，创新了文化传播载体，探索出了"互联网+"智慧博物馆建设新模式。

**关键词**：互联网+；智慧博物馆；内乡县衙

党的十八大以来，习近平总书记对文化遗产保护高度重视，多次深入文化遗产积淀丰厚的省市考察调研，并就文化遗产保护、传承、利用、开发等做出重要指示和批示。习近平总书记在联合国教科文组织总部演讲时指出："中国人民在实现中国梦的进程中，让收藏在博物馆里的文物、陈列在广阔大地上的遗产、书写在古籍里的文字都活起来，让中华文明同世界各国人民创造的丰富多彩的文明一道，为人类提供正确的精神指引和强大的精神动力。"[1] 因此，利用互联网建设智慧博物馆已迫在眉睫。

## 一、"互联网+"智慧博物馆建设迈入"黄金期"

文化是一座城市的灵魂，博物馆是展示这座城市厚重文化的窗口和桥梁，承载着历史文化的传播，肩负着文化传承等多方面的社会教育和公共服务功能。博物馆是人们了解历史、增长知识、增强民族自豪感和自信心的第二课堂，是人类美好的精神家园。然而，在博物馆参观的游客大多都是在灯光昏暗的展厅参观青铜器、陶瓷、玉器的，看这些文物的名字、年代、出土地等信息，寥寥数语没有任何记忆点。几个展柜看过去，渐渐开始不由自主地走马观花，注意力不再集中，双腿像灌了铅一样，一种不可抗拒的疲惫感袭来，这在业内有个专门的术语叫作"博物馆疲劳"。想要抵抗博物馆疲劳，离不开真正用创意的方式提升博物馆讲故事的能力，以及公众的参与度，使文物和游客互动起来，让游客在互动中感受中华文化的博大精深。

近年来，国家文物局持续加大文物信息化工作，文物"上网"基础不断夯实。各级文物行政管理部门、文物博物馆单位整合建设文物数据资源库，为中华优秀传统文化创造性转化、创新性发展提供了海量资源；各博物馆创新文物传播展示方式，通过门户网站、手机APP、公众号等多种渠道讲好文物故事，文物蕴含的文化精髓和时代风采被深入挖掘和广泛传播；智能导览与互动展示、虚拟漫游与文物知识图谱等"智能"手段得到有效应用，为观众带来智慧化、沉浸式的文物欣赏体验；文物利用新领域不断拓展，文物与教育、旅游、创新创意、设计和动漫游戏等融合发展成效明显，形成以互联网和创新为基础要素的文物合理利用新形态，为满足人民群众对美好生活的需要、促进文化繁荣发展做出积极贡献。特别是为丰富广大人民群众在新型冠状病毒肺炎疫情防控期间的精神文化生活，国家文物局统一部署，指导鼓励各地文物博物馆单位向社会公众提供安全便捷的线上展览展示服务。国家文物局网站"博物馆网上展览"平台面向全国征集"网上展览优秀项目"，紧急扩增网上展览内容，得到国务院办公厅"全国一体化在线政务服务平台"项目组支持，将网上展览推送嵌入国家平台服务总门户；博物中国——中国数字博物集群平台特别推出"互联网+中华文明行动计划"优秀项目网络推荐活动，将近三年来优秀文化遗产创意作品分期在线展示，这一活动使群众足不出户看展览，丰富了广大群众文化生活，增强了文化自信[2]。

随着"互联网+"时代的到来，博物馆的运营理念和运营模式正在被互联网思维重构，并正在营造一种新的生态环境，试图创造新的经济价值和社会价值。充分利用互联网建设智慧博物馆正在迎来最佳的"黄金期"。

## 二、内乡县衙"互联网+"智慧博物馆建设新探索

河南省内乡县衙是全国重点文物保护单位，是我国保存最完整的封建时代县级官署衙门。1984年被批准为全国第一家衙门博物馆，因保存完整和文化内涵丰富而素有"一座内乡衙，半部官文化"之称。近年来，内乡县衙旅游接待人次不断攀升，年递增速度稳步达到了12%的良好发展态势。2019年旅游综合收入达7.8亿元，接待人数达380万人次，其中内乡县衙接待145万人次，县衙历史文化街区接待人数235万人次。

内乡县衙从2015年开始不断加大智慧博物馆建设与融合力度，进入景区方便了、购票方式灵活了、旅行体验丰富了、知识获取便捷了，实现了"互联网+"博物馆的有机融合。内乡县衙智慧博物馆建设水平在河南省博物馆系统中走在前列，也被河南省文化和旅游厅评为"智慧博物馆"。智慧服务、智慧管理和智慧营销等方式得

到博物馆同行的借鉴学习，并被河南省文化和旅游厅面向全省推广。

**（一）丰富行前信息咨询，方便行程规划预定**

随着时代的发展，20世纪80年代后出生的人群是移动互联网的主要使用人群，已经成为旅游消费的主力，他们已经习惯互联网带来的便利。以前依靠信息不对称赚取利润的方式，在网络技术发展的过程中逐渐被抛弃，时下人们获取信息的途径日益多元化，互联网技术更使很多中间环节被取消，目的地已经开始直接面对消费者。在新的移动互联时代，旅游者已经不再满足传统的跟团出行，而是更加看重个性化＋便捷化的旅游模式。个性化要求使他们不再看那些千篇一律的常规路线，而是根据自己需要通过互联网络对比量身定制旅游产品，尽可能便捷，不需要做大量的行前工作和攻略便可轻松出行。同时，预定无地域与时间限制，让出游更随心所欲。

内乡县衙创建了自己的门户网站，以大量图片缩略图形式直观展示内乡县衙亮点、接待政策、餐饮住宿信息、业务研究与发展动态等，并增加了英、韩、日语对内乡县衙进行简要介绍，力争为游客提供更多的出行参考信息。

2015年，内乡县衙注册了微信公众号、服务号和微博，并开发微信客户端建立了微网站，游客只需在县衙网站或宣传材料上用手机扫一扫或微信搜索公众号，便可随时随地了解内乡县衙简介、相关动态、门票价格、购票方式、节目演艺公示公告、联系方式、旅游线路搭配、吃住行等相关旅游要素等，为游客提供实用、及时、准确的在线服务。对不能到内乡县衙进行现场参观的观众，则可通过免费语音讲解，声情并茂地了解和掌握内乡县衙相关知识，并通过360度网上虚拟博物馆，以模拟场景通过网络信息传递方式打破博物馆传统的时空界限，拓展博物馆的公众服务广度、深度与时限。随着人们网络消费习惯的逐步普及，内乡县衙实施了门户网站、公众号门票预订业务，并先后与美团等知名网站合作进行门票网络销售业务，游客随时随地可以通过网络预订方式购买门票。内乡县衙通过一系列信息搭建，目的是为游客提供多种信息获取渠道，方便游客行前进行线路规划和门票预订，提前设置自己的个性化旅游方式。

**（二）建设智慧停车硬件，打通停取车难瓶颈**

交通是实现旅游活动的必要手段，而便利的交通则是旅游发展的命脉。近年来，随着自驾游群体的暴涨，内乡县衙长期以来停车难问题一直是困扰和制约其发展和接待的瓶颈。2015年，内乡县政府融资1.4亿元开始实施内乡县衙游客服务中心、地下停车场和地上广场建设项目。2016年建成了可同时容纳700个小车停车位的两层地下停车场，新建成的停车场采用全新的"智能全视频停车系统"。如果游客游览完回来找不到自己的车，车主可以借助停车场内的查询机或扫描二维码等方式输入车牌号码，就会快速看到车辆的照片、所处的位置及需要缴纳的费用，在为游客提供自主缴费基础上并提供最优化的步行线路快速找到自己的车辆。在车辆驶出出口时，借助高清摄像机，系统会自动核对车辆及缴费信息，为游客提供便捷优质的出行服务。智慧停车场建设极大地解决了游客停车、取车难问题，制约内乡县衙发展和接待的这一瓶颈得以彻底解决，内乡县衙服务接待质量也得到空前提升。

### (三) 多种灵活购票方式，智慧缩短等待时间

智慧博物馆的宗旨，是让游客更便捷、更愉悦地完成旅游过程。在节假日，大量客流涌入旅游景区，景区拥堵成为游客的最大痛点。在内乡县衙，游客却极少遭遇这样的痛，进入景区便捷了，大大缩短了排队购票和排队入园时间。

内乡县衙想游客之所想、急游客之所急，把解决游客需要作为出发点和落脚点，利用现代科技进步不断为游客创造新的便利和更加丰富的旅游体验。在实施网络售票基础上，为缓解人工售票压力和减少游客购票等待时间，2018年购置了自助售票机，游客只需点击触摸屏，按照提示选择购票种类和数量，用微信或支付宝扫一扫，或用银行卡便可轻松购买门票。对新兴事物比较保守的观众，售票处有人工现金售票和POS机刷购票业务。内乡县衙门票购买方式实现了现金、银联卡、支付宝、微信为主流的几种支付方式，既满足了传统购买支付，又实现了个性化便利支付。

以前，旅游年卡和60岁以上老人进入内乡县衙需要更换纸质贵宾票。2017年对自助售票和门禁系统进行更新对接，开发了软件和小程序，目前已实现年卡和60岁以上老人凭身份证直接入园功能。同时，需购票游客只需用手机在景区门口扫码购票，再扫码通过门禁系统就可以直接入园，省去了以前烦杂的购票、换票流程。通过手机预订和自助售票系统购票的游客，只需拿手机发布的二维码或自助售票所取二维码在门禁系统进行扫描，便可以快速入园。

为方便工作人员进入和加强管理，内乡县衙门禁闸机系统预先进行图像采集或导入，当有人通过时，闸机上的摄像头会采集其脸部图像，通过与数据库中的照片进行比对来判断是否允许其进入该区域，只需1秒，即可完成比对进入。同时也有效防止了出入证件遗失而产生的借用、冒用问题。在"开放交互、跨界融合、结构重组、尊重个性"的"互联网＋"思维下，内乡县衙正以大数据工具为基础，以彰显个性为导向，走向更加智慧化的接待和管理道路。

### (四) 简便获取知识信息，智慧实现个性服务

内乡县衙利用互联网信息技术平台在植入游客所需基本信息的同时，并积极与游客进行互动，让欲求了解内乡县衙的观众不受时间和空间限制，更多渠道、更直观便利地获取所想探寻的信息知识，并希望在与公众的互动中扩大博物馆的社会知名度和影响力，在主动实现公共服务职能的同时，让更多人了解内乡县衙、认识内乡县衙，增强对内乡县衙的进一步求知欲望并亲临博物馆，让互联网平台成为博物馆与观众间进行思想碰撞的纽带，使博物馆真正成为社会大众的精神粮仓。

内乡县衙在对全馆实施Wi-Fi信号全覆盖的基础上，开发了免费语音讲解系统，游客通过微信公众号或单独扫码语音讲解，就可以音图并茂地进行自助参观，真正实现了走到哪里点哪里，随时随地选择自己感兴趣的内容。内乡县衙厚重的历史文化和优秀的官德文化不仅仅显现在建筑、楹联中，甚至一个普通的碑刻和匾额均蕴含着丰富的历史渊源和背景，由于这些文物观赏性不强、可体验性较差，游客在没有人工导游的前提下，如果自助游很难从中领会其背后的历史和博大精深的文化内涵，内乡县衙充分利用互联网工具，激活文化遗产，丰富旅游形态，将"互联网＋"作为活化历史文化的有效手段，每一个展品都形成一

个二维码，游客只需扫描二维码就可以立刻知道展品背后隐藏的历史文化。这些做法为活化收藏在博物馆里的文物、书写在古籍里的文字、被人遗忘的文化遗产、尘封起来的历史文化，拓展了新思路。

**（五）让历史充分活过来，让文物充分动起来**

近年来，内乡县衙正是遵循着"让文物活起来，让文化动起来"的发展理念，充分激活历史文物资源的生命力。按照"突出特色，尊重历史，再现原貌，扩大影响"的要求，以文字、图画、雕塑、实物、音视频相结合的形式，按声、光、电一体化要求布展，并利用电子互动、电子翻书、电子触摸屏、电子抢答等现代展览展示设备，让文物变静为动，鼓励观众亲自动手，在参与中学习和探索。先后推出65个单体陈列展览，展出面积达7000平方米。先后推出的"中国楹联文化展""清代文武官服饰展""古代赋税文化展""内乡县衙基本陈列展览"分别荣获河南省优秀陈列展览，"中国楹联文化展"荣获国家文物局社会主义核心价值观主题展览项目。

为让历史活起来，根据内乡县衙大门东侧"三院禁约碑"石碑推出大型演艺节目《"三院禁约碑"揭碑仪式》；拍摄制作了穿越题材微电影《楹联背后的故事》和《官德启示录之魂游南阳》。2015年，投资160万元建立官德动感4D影院，集互动性、观赏性、思想性、科学性、教育性为一体，以强烈视觉冲击力和艺术感染力展现内乡县衙700余年的历史痕迹与发展变化。随着动漫技术的发展，根据曾在内乡县衙任职的代表性知县高以永、元好问为官事迹为题材，制作了《高以永篇》《元好问篇》官德动漫微电影。通过搜狐、腾讯、优酷上传的动漫电影，仅通过微信平台三天时间阅览量达20余万人次，点击量超220余万人次，目前点击量超过8000万人次。内乡县衙凭借现代科技，借助移动互联网和移动终端，不但为游客提供了更丰富的文化知识，同时也形式新颖地宣传展示了内乡县衙厚重的文化，更重要的是在游客心中根植了内乡县衙为传播优秀传统文化向社会大众尽心尽力服务的良好形象。

为让文化动起来，内乡县衙经过不断的文化挖掘，编写剧本，推出大量演艺节目，目前不但有时令性《知县过年》《正月十六看太太》《打春牛》等演艺节目，常年免费定时定点推出《知县审案》《"三院禁约碑"揭碑仪式》《品茶听戏》《鼓乐迎宾》《宣讲圣谕》《官民同乐》《县试》《知县招婿》等演艺节目，这些节目的推出，受到广大游客的一致好评。同时对《知县审案》节目进行录制，分期在公众号平台推送，受到了良好评价。

**（六）搭建互联互通桥梁，提升智慧营销服务**

为搭建景区与游客的互联互通，内乡县衙在不断更新升级自身官网的基础上，进一步增强对"低头族""拇指族"的吸引力。利用微信公众号和服务号，并与今日头条和猛犸客户端等自媒体合作，保证每天至少发布一条内乡县衙信息，在不同的网络空间持续稳定地发出内乡县衙声音。在内乡县衙官网和微信公众号分别有留言或博物馆联系电话，并专门开通了"倾听您的意见"微信留言公众号，当游客遇到问题或对景区有意见和建议时，可以分别采取留言或电话联系方式及时进行互联互通，通过与游客的互联互通不断完善在为游客服务过程中的不足，并及时解决游客遇到的各种问题，降低游客纠纷和投诉率，进一步完善和提升服务质量。内乡县衙停车场通过收集所停放车辆信息、自助售票系统通过收集游客手机号码、门禁系统通过收集游客身份证等相关信息，通过数据分析应用，在为内乡县衙实现精准营销的基础上，对开展景区口碑、舆情、曝光度、搜索热度等市场监测，分析与诊断，制定品牌营销和传播策略，开展危机公关、新品研发等均提供了数据信息支持。

**（七）多元开发文创产品，创新文化传播载体**

要想更好、更大限度地发挥博物馆的公共服务功能，就需要在充分发挥博物馆陈列展览主阵地的基础上，延伸触角，拉长链条，拓展领域，为社会、为公众提供更多的精神文化产品。文创产品是博物馆文化产业的一个最基本、最常见的存在形式，既是博物馆文化的重要载体，又是博物馆文化的缩影，是实现博物馆社会文化服务功能的最直接、最有效、最重要的途径之一，也是提升博物馆知名度和影响力的有效媒介。内乡县衙有计划设计开发一系列能够体现文博行业水平的常用娱乐品、实用消费品、观赏艺术品、高端文化产品等，满足不同消费群体需求和消费水平。在文创产品中，以系列产品逐步提升产品档次，使之成为传播和弘扬博物馆文化内涵的一种新载体，销售价位从几元到几千元不等，既有普通大众消费的绢扇、扑克牌、茶杯，也有中档次的纸镇、铜牌、精品茶杯、烙画、充电宝、清代官服模型等，还有众多如金镶玉、银牌、金包银等高端消费文创产品。多层次具有内乡县衙特色文化或内涵的文创产品，让观众能够更多地将博物馆文化"带回家"。

内乡县衙文创产品开发中，坚持艺术性与实用性相结合，在突出本馆特色的基础上，注重植入内乡县衙文化元素，并树立质量和精品意识，开发具有自身特点且兼具实用、欣赏和收藏价值的文化创意产品。为加强知识产权保护，先后注册"内乡县衙"16个商标，商标注册有效杜绝了产品粗制滥造模仿和侵权问题，并在不断开发中形成了自己的独特品牌。在开发及保护基础上，内乡县衙对特色文创产品进行专利申报，先后有20项文创产品分别荣获国家实用新型专利和外观设计发明专利。经过多年开发，内乡县衙先后开发出文化系列、生活系列、艺术品系列等12个系列200余种文创产品，年经济效益达2000余万元。

为使内乡县衙文创产品走向世界各地，我们在自身博物馆销售基础上，2013年开通了内乡县衙文创产品淘宝直营店，进一步扩大了内乡县衙文化展示通道和销售广度。内乡县衙通过文创产品开发，在增强自身造血功能的同时，使内乡县衙文化通过文创产品以独特的方式进行诠释，并让"文化"这座无形的精神宝藏以有形的物质产品形式融入人民群众的社会生活中，为更好地培育民族精神和构建社会主义核心价值体系服务。

**（八）运用监控指挥平台，实现科学智慧管理**

2017年，内乡县衙全面建成可视化监控指挥中心，打造智慧型的面向过程化、实时化、智慧化的景区管理管控平台，可以实时监控内乡县衙景区室内外全境，包括县衙历史文化街区和地下停车场及地上广场，每天由专人负责值班，通过画面定时切换全程监控可视范围内动态，发现问题通过对讲系统及时呼叫离事发地点最近的工作人员，确保第一时间能够进行及时处置。同时，在设计智慧博物馆硬件建设时要考虑自备发电系统，确保景区管理管控平台、智慧停车系统、智慧门禁系统不能瘫痪。

为使内乡县衙监控指挥平台发挥更大效用，先后整合开发了道路交通、舆情监测、游客承载、旅游气象、视频监控、自驾游、旅游大巴、旅游公交等十余个涉旅数据，并基于GIS地图实现数据的直观展示及统计分析，真正使内乡县衙监控指挥中心管控平台以实时视频为"千里眼"、智慧网评和舆情监测为"顺风耳"、微信微博自媒体为"传声筒"、旅游数据产业分析为"计算器"，实现内乡县区域智慧旅游的便捷服务、高效监管和联动指挥。

## 三、"互联网+"智慧博物馆建设的几点启示

内乡县衙不断加强智慧博物馆建设，不断创新探索自身发展的新思路、新方法，在传承中创新，在创新中传承，不断增强博物馆发展的生机和活力，对弘扬优秀传统文化，发挥社会教育功能做出了突出贡献，智慧博物馆体验已逐渐成为内乡县衙旅游新模式。

（一）"互联网+"智慧博物馆建设要以游客为本，从游客行前出发到游程结束，以便捷服务游客为目标。

（二）以手机移动终端为主要媒介，在不同网络空间持续稳定地发出声音，既做好营销内容扩散，又实现博物馆展示与体验、教育与研究、分享与传播功能，提升知名度、美誉度和影响力。

（三）展览探索研究多维展示互动形式，内容以短视频、互动为主呈现，实现公众与博物馆藏品的高度融合，提升智慧服务内涵。

（四）利用互联网上商店为公众提供丰富的文创产品，创建独特文创品牌，方便公众把博物馆文化及文创产品轻松带回家。

（五）以单项建设内容为基础，注重各种系统、各种小程序、各种软件兼容，避免形成一个个信息孤岛，建立大数据平台。充分利用大数据平台所采录的信息，做好舆情研判、游客分析、内部管理、智慧营销等。同时，要培养年轻管理人才，充分调动其积极性。加大管理人员培训，对管理人员实行A、B角色明确，确保智慧博物馆正常运转。

（六）及时研发新软件、小程序并进行不断更新，增加趣味性、新鲜感和关注度。同时，要考虑系统整体备份和备用电源，防止参数丢失，或者停电使系统瘫痪。

总之，"互联网+"智慧博物馆以游客互动体验为中心，以一体化的行业信息管理为保障，以游客为本、网络支撑、感知互动和高效服务为核心，旨在通过信息技术和旅游服务、旅游管理、旅游营销的有机融合，提升经营管理能力，促使文化、社会和经济的综合价值最大化，实现文博旅游的智慧健康可持续发展。

---

[1] 记者郑娜等整理. 习近平与中国文化遗产保护[EB/OL]. https://baijiahao.baidu.com/s?id=16670633046071062 49&wfr=spider&for=pc, 2020-05-19.

[2] 应对疫情 国家文物局积极拓展文物在线服务[EB/OL]. http://www.ncha.gov.cn/art/2020/1/30/art_722_158553.html, 2020-1-30.

# 河南博物院志愿者团队2021年基础情况调研与分析

阎国宇
河南博物院

**摘要**：为全面把握河南博物院志愿者的基本情况，并为进一步加强志愿者队伍建设提供科学决策依据，2021年12月我们对河南博物院志愿者进行调研。调研分析表明，当前河南博物院志愿者后备力量有待进一步扩充、志愿服务领域有待进一步延伸、志愿者专业化程度有待进一步完善。针对以上问题，应加强支持、健全机制、打造标准化队伍、培育特色化项目。

**关键词**：河南博物院；志愿者；调研；对策

志愿者是支持博物馆事业发展的重要社会力量。河南博物院自2004年组建志愿者团队以来，充分发挥志愿者在弘扬中原文化、践行志愿者精神中的作用，志愿者事业不断发展，队伍日益壮大，服务领域不断扩大，受到社会广泛关注及业内高度认可。为全面把握河南博物院志愿者基本情况，为进一步加强志愿者队伍建设提供科学决策依据，2021年12月底，我们采用调查问卷、座谈会和个别访谈相结合的方式对社会招募在岗成人志愿者进行调研。调研内容包括志愿者性别、年龄、专业、志愿服务意愿、志愿服务内容等方面。其中共发放问卷200份，收回200份，有效回收率为100%。

## 一、问卷的基本情况

### （一）志愿者情况

1. 年龄

问卷调查显示，在被调查的志愿者中，女性占79%，男性占21%，女性比例高于男性。

年龄阶段分别是18—30岁占比29%，31—40岁占比20%，41—50岁占比27.5%，51—60岁占比21.5%，60岁以上占比2%。（图1）

2. 政治面貌

中共党员为36%，民主党派占比2%，其余为群众。（表1）

**表 1　志愿者政治面貌情况**

| 选项 | 小计 | 比例 |
|---|---|---|
| 群众 | 124 | 62% |
| 中共党员 | 72 | 36% |
| 民主党派 | 4 | 2% |
| 本题有效填写人次 | 200 | |

图 2　志愿者职称情况

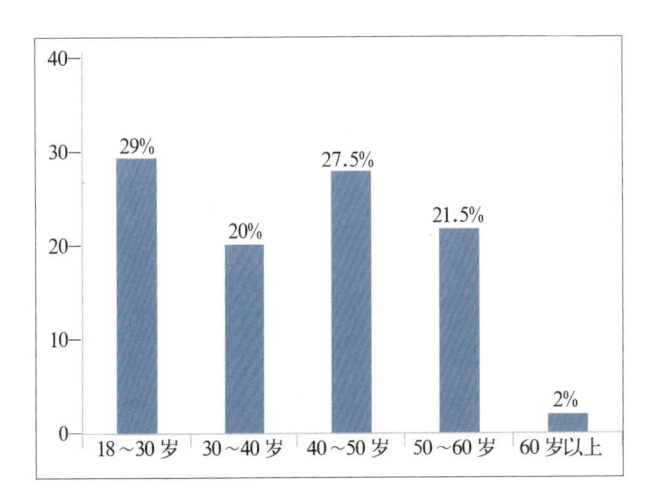

其他：6%
初级职称或职务：12.5%
中级职称或职务：25%
副高级职称或职务：8.5%
高级职称或职务：5.5%
无：42.5%

图 1　志愿者年龄情况

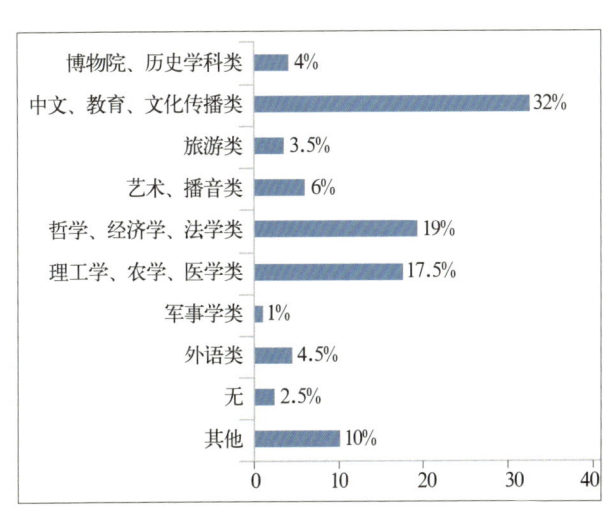

18～30岁：29%；30～40岁：20%；40～50岁：27.5%；50～60岁：21.5%；60岁以上：2%

图 3　志愿者所学专业情况

博物院、历史学科类：4%
中文、教育、文化传播类：32%
旅游类：3.5%
艺术、播音类：6%
哲学、经济学、法学类：19%
理工学、农学、医学类：17.5%
军事学类：1%
外语类：4.5%
无：2.5%
其他：10%

3. 学历与职称

硕士研究生、博士研究生学历占比达到23.5%，本科为63%，大专为13.5%。职称方面，副高及以上职称占比14%，为28人；中级职称占比25%，为50人；其他无职称，多为在校大学生。（图2）

4. 现从事工作领域情况

政府机关、事业单位、学校、社区工作人员、部队司法消防机关、医院等非营利性单位占比33%，企业及自主创业等营利性单位占比25.5%，大学生占比18.5%，退休人员占比12.5%。

5. 所学专业情况

中文、教育、文化传播类专业占比32%，哲学、经济学、法学类占比19%，理工学、农学、医学类占17.5%，其他学科占比见图3。

从上述调查可以看出，在岗社会招募成人志愿者队伍的构成多元，来自社会不同岗位、不同领域、不同专业，形成老中青结合的态势，整体受教育程度较高，为广泛开展志愿者服务奠定了人员基础。

（二）开展志愿服务的情况

1. 参加志愿服务的初心

问卷调查的统计显示，受调查的200人中，

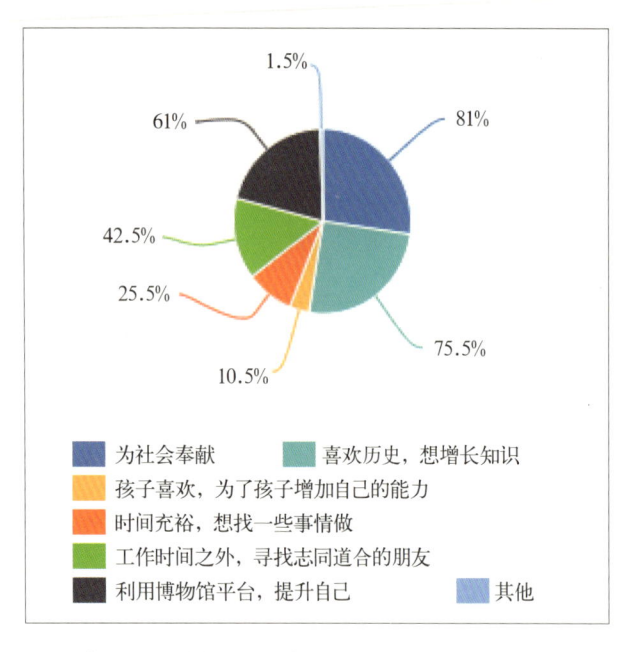

图4 参加志愿服务初心（多选）

参加志愿服务的初心是为社会做贡献的有162人，占比达到81%。其余被调查者则有喜欢历史、想增长知识，利用博物馆平台提升自己，寻找志同道合的朋友等不同初心。（图4）

结合调查问卷，经过访谈，对照博物馆社区和地方文化研究专家妮娜·西蒙的分类方法，可以将河南博物院志愿者参加志愿服务的初心大体分为四种类型：一是贡献型。有些志愿者认为服务社会是当代人义不容辞的责任，但是由于能力或者精力所限，活动范围基本限于博物馆内，比如展厅讲解、咨询引导，所占人数比例较多。二是协作型。有些志愿者想在河南博物院的帮助下，为公众做一些专业所长的事情，他们把博物馆看作一个助力于社区工作和联系社区的中间机构，与博物馆不但在内容上互动，而且与整个博物馆机构互动，比如承担社会教育部安排的社教活动协助、讲解词编写等；陈列部安排的参与陈展设计、策展等；藏品管理部安排的文物信息普查等，由于受专业限制，此类参与人数较少。三是共创型。有些志愿者的目的是想宣传中原文化，这类志愿者将博物馆看作一个主导机构，并利用自己的优势为博物馆带来新的参与者。比如有志愿者作为党史教育机构的主讲教师，把全省处级干部培训班的党史教育课程放在博物馆内，既丰富了自己工作内容，又宣传了博物馆文化、华夏文明，这类志愿者人数很少，但是在博物馆服务社会的进程中发挥了重要的作用。四是主人翁型。喜欢历史，想利用博物馆平台，提升自己，或者喜欢和优秀的人在一起，这类志愿者往往具备博物馆所需的特殊能力，他们根据博物馆不同项目的需要，可以提供额外的支持，是今后需要吸引和培育的重点人群。当然，通过个别访谈，事实上很多志愿者参加志愿服务的动机是三种或者两种类型的混合，而且随着他们参与志愿服务的时间会发生一定的变化。

2. 参加志愿服务的时间

问卷调查的统计显示，通过河南博物院社会招募，并至今在岗服务的成人志愿者，占比最高的是志愿服务1—3年的人群，为40%；其次是当年招募的新志愿者，占比达31%；从表2中可以看到，随着志愿服务年限的增长，志愿者人数呈递减态势。

根据河南博物院课题《央地共建国家级博物馆志愿服务优化管理研究》报告显示，在央地共建的几家博物馆中，普遍认为"志愿者的人来了，怎么让他们不走，是最重要的研究课题"。

3. 志愿者在服务中期待的岗位

分析调查问卷可以看到，希望从事义务讲解

表2　参加志愿服务的时间

| 第10题：您加入志愿者团队的年限 [单选题] | | |
|---|---|---|
| 选项 | 小计 | 比例 |
| 不满一年 | 62 | 31% |
| 1–3年 | 80 | 40% |
| 4–6年 | 28 | 14% |
| 7–10年 | 17 | 8.5% |
| 11–13年 | 10 | 5% |
| 14–17年 | 3 | 1.5% |
| 本题有效填写人次 | 200 | |

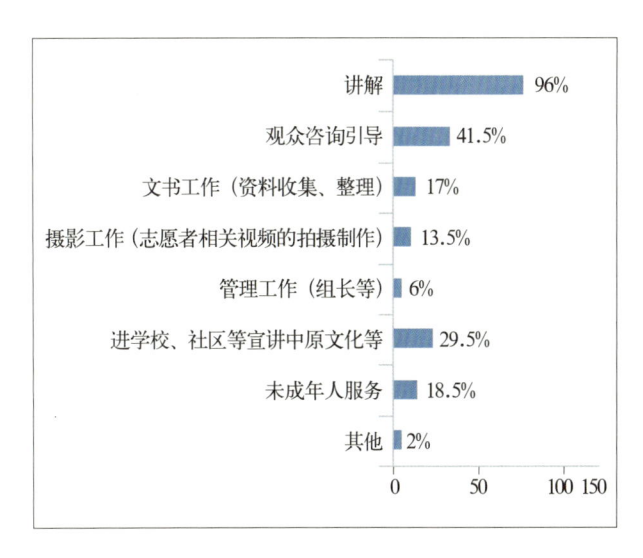

图5　志愿者在服务中期待的岗位（多选）

- 讲解 96%
- 观众咨询引导 41.5%
- 文书工作（资料收集、整理）17%
- 摄影工作（志愿者相关视频的拍摄制作）13.5%
- 管理工作（组长等）6%
- 进学校、社区等宣讲中原文化等 29.5%
- 未成年人服务 18.5%
- 其他 2%

的志愿者占比96%，观众咨询引导占比41.5%，进学校社区等宣讲中原文化等占比29.5%。（图5）团队结合志愿者们的不同需求，合理安排志愿服务岗位，通过志愿者服务内容的不断提升、形式的不断扩充，设置志愿服务岗位梯形进步空间，让志愿者有不断进步的满足感、成就感。结合实际工作需要，同时满足志愿者这些明确的期望，让志愿者在博物馆独特的文化氛围中，实现自我价值的提升、获得高层次精神需求，成为博物馆强有力的公益服务主力。

## 二、调研反映的问题

### （一）志愿者后备力量有待进一步扩充

根据豫文明办〔2019〕20号文件对党员志愿者的比例、机制等多项工作说明，及2019年12月颁布的《博物馆定级评估办法》中"志愿者"项目明确社会招募志愿者与本馆在编人员比例、吸纳地方党政领导、培训等要求，从调研分析中可以明确看到目前志愿者团队不仅欠缺大量的、极具创新能力的青年志愿者作为后备力量，还欠缺吸纳地方党政领导等。

### （二）志愿服务领域有待进一步延伸

受传统观念影响，志愿者服务基本停留在展厅讲解、引导咨询等传统项目，但是对标《中共河南省委关于制定河南省国民经济和社会发展第十四个五年规划和二〇三五年远景目标的建议》《河南省"十四五"文化和旅游发展规划》中对残疾人、老年人等特殊人群公共文化服务要求，志愿者的服务内容和对象有待进一步研究与扩充。

### （三）志愿者专业化程度有待进一步完善

近年招募的成人志愿者不仅文化素质高、业务能力强，而且普遍具有一定的社会影响力，这些志愿者凭借满腔热情和爱心报名参与志愿服务，他们依托成熟的《河南博物院志愿者团队三级培训制度》具备了一定的专业服务技能与知识，但是如何更进一步提升志愿服务专业化、标准化水平,更强有力地发挥这些特殊志愿者的社会影响力,是亟待研究的重点课题。

## 三、对策建议

### (一)博物馆支持是决定性因素

博物馆是志愿者建设的领导核心,志愿者的各项事务都要在博物馆的领导下有序开展,志愿者组织的培育与发展离不开博物馆的引领和帮助。把志愿者工作纳入博物馆发展的整体规划,指导完善各项规章制度,如考核制度、活动反馈制度、服务等级制度、秘书处制度等。制定相关政策给予支持,以推动志愿服务规范化、长期化发展。

### (二)创新型志愿者队伍管理者的培养

组建一支专业化的高素质志愿者队伍的前提是加强志愿者队伍管理者的选拔和培养。一岗双责,将思想政治教育与志愿服务相结合,通过"能力建设培训"等专业培训,加强理论知识、服务意识、专业技能、创新意识等方面的学习,提高志愿者队伍管理者的组织策划能力。既要加强管理者的示范引领作用,更要落实政治责任、带头责任,积极有效整合志愿者队伍、平台载体、项目活动等,推动志愿服务资源统一调配、集中投放,有效形成齐抓共管、科学高效的工作格局。

### (三)标准化、专业化志愿者工作的完善

完善志愿服务的标准化、专业化建设,健全选拔程序和审查机制,把好招募"入口关",认真进行登记注册、记录服务时间,依托成熟的《河南博物院志愿者团队三级培训制度》培育志愿者文化,促进团队认同,完善志愿者服务的激励机制,进行长效驱动,建立相关志愿者人才库,培养壮大技能更专业、服务更规范的志愿服务队伍,形成志愿者团队的自我管理,更好地服务于彰显地域文化的博物馆教育活动中,努力构建起具有中国特色、中原特点的志愿服务制度体系。完善志愿者工作的应急机制,加强志愿者应对危机的各种技能、心理训练,使志愿者能以最有效的方式开展应急服务。

### (四)特色志愿服务项目的开发与培育

培育和发展博物馆特色的志愿服务,紧密结合博物馆发展的实际,从党史、新中国史、改革开放史、社会主义发展史中汲取营养、汲取智慧,丰富"四史""一带一路""黄河文化""红色文化""中原出彩"主题文化供给,精准对接人民群众文化需求,面向社区、学校、部队、企事业单位以及特殊群体开展差异化的文化志愿服务,形成特色鲜明、结构优化的文化宣传资源,突出高品质、差异化、受众广的文化宣传效能,服务于文明创建工程,推动形成适应新时代要求的思想观念、精神面貌、文明风尚、行为规范。

# 河南博物院国宝特展"中华第一灯——长信宫灯"线下观众调查

梁 爽  李晓荧
河南博物院

**摘要**：河南博物院国宝特展"中华第一灯——长信宫灯"一经开放便吸引了众多观众。为更好了解观众对特展类展览的喜好与评价，我们开展了为期一周的线下观众问卷调查。通过数据分析，发现本次特展的优势与不足，为今后策划举办相关展览积累思路和经验。

**关键词**：国宝特展；长信宫灯；观众调查

近日，河北博物院国宝文物——长信宫灯作为重磅大咖亮相河南博物院。自2021年9月30日起，展览免费向公众开放一个月，聚焦长信宫灯，以图文导览和多媒体影像为辅助，向观众全方位展示长信宫灯蕴含的历史价值和艺术价值。

本次线下观众调查以进入长信宫灯特展展厅参观的参观者为调查对象，调查内容主要包括参观者的性别、年龄、学历、常居地、了解本展览的途径、参观方式、参观动机、对展览的评价和建议等方面。调查以线上问卷的形式进行，观众通过扫码填写提交。调查为期一周，采取分段随机抽样法，每天分别在10:40—13:00与15:00—17:00这两个时间段进行问卷收集，问卷共回收505份，有效率为100%。调查问卷的数据统计主要采用频数统计和变量相关分析等方法。

## 一、数据分析

### （一）观众构成

表1 观众年龄分析

| 名称 | 选项 | 频数 | 百分比（%） | 累计百分比（%） |
|---|---|---|---|---|
| Q：您的年龄 | 18—40岁 | 403 | 79.802 | 79.802 |
| | 18岁以下 | 64 | 12.673 | 92.475 |
| | 41—60岁 | 35 | 6.931 | 99.406 |
| | 61岁以上 | 3 | 0.594 | 100.000 |

505份问卷结果中,共有288人为女性,占填写问卷总人数的57.03%;男性217人,占填写问卷总人数的42.97%。从整体上看,女性观众的参与率更高,但总体男女比例尚不构成失调,具有可信度。观众年龄集中在18-40岁,占总人数的79.802%;61岁以上的老年人只占0.594%。(表1)年轻的成年人占参观群体的主体,侧面反映出年轻观众对此次特展更感兴趣,从而更有填写问卷的热情。另外,年轻群体使用微博、微信等新媒体更为频繁,能及时检索到展览宣传信息,以更快的速度了解展览的宣传内容。多数老年人则因不擅长使用新媒体及线上调查问卷,对展览本身及问卷填写的想法不强烈。同时,老年人行动不便、对拥挤嘈杂的环境可能产生趋避心理,因此本次调查中老年观众的数量极少,来自老年人的数据欠缺说服力。

被调查观众学历多数是大专及本科,占填写问卷总人数的78.218%;研究生学历共占总人数的10.099%。(表2)由此可见,受过高等教育的观众群体占据大多数,他们在观展时对历史知识的理解能力更强,对展览信息的接纳和反馈也会更加轻松。

据表3显示,此次特展的观众主要是郑州居民,占总人数的55.248%,河南省其他城市观众占总人数的25.149%。从观众居住地与参观频次的分析(表4)中可知,郑州居民较之省内其他城市居民或外省居民更常参观,但因基数庞大,郑州居民中首次参观河南博物院的人数占大多数。总的来说,参观本次特展的观众以初次前来的郑州常住人口为主。

据表5,在所有接受调查者中,专程前来参观的观众近半,达42.970%,这说明馆内针对本次特展所做的前期宣传工作很到位,极大地吸引了观众的兴趣。

(二)观众信息获取途径

据调查问卷呈现出的结果,观众获取特展的途径因年龄、学历、性别而有所差异。互联网已然成为博物馆向外推介展览信息的重要渠道,一

表2 观众学历分析

| 名称 | 选项 | 频数 | 百分比(%) | 累计百分比(%) |
|---|---|---|---|---|
| Q:您的学历 | 大专、本科 | 395 | 78.218 | 78.218 |
| | 高中以下(中专/技校) | 54 | 10.693 | 88.911 |
| | 硕士 | 51 | 10.099 | 99.010 |
| | 博士 | 5 | 0.990 | 100.000 |

表3 观众居住地分析

| 名称 | 选项 | 频数 | 百分比(%) | 累计百分比(%) |
|---|---|---|---|---|
| Q:您的居住地 | 郑州市 | 279 | 55.248 | 55.248 |
| | 河南省其他城市 | 127 | 25.149 | 80.396 |
| | 外省 | 99 | 19.604 | 100.000 |
| 合计 | | 505 | 100.000 | 100.000 |

表4 观众居住地与参观频次交叉分析

| 频次\城市 | 郑州市 | 河南省其他城市 | 外省城市 |
|---|---|---|---|
| 经常 | 43 | 5 | 3 |
| 偶尔 | 100 | 21 | 7 |
| 第一次 | 136 | 101 | 89 |

表5 观众是否专程来参观特展

| 名称 | 选项 | 频数 | 百分比(%) | 累计百分比(%) |
|---|---|---|---|---|
| Q:您此次来河南博物院是否专程为了参观长信宫灯特展 | 否 | 288 | 57.030 | 57.030 |
| | 是 | 217 | 42.970 | 100.000 |
| 合计 | | 505 | 100.000 | 100.000 |

半以上的观众获取特展途径是馆内发布在微信、微博等上的宣传内容。(表6)

从年龄差异上来看,18岁以下的未成年人及18至40岁的群体对互联网的利用率更高,通过互联网获取特展信息的比例分别达到60.9%和53.6%。54.3%的41-60岁观众及66.7%的61岁以上观众在参观过程中是通过馆内宣传的方式进入国宝特展参观长信宫灯的。(表7)这说明中老年人对互联网的依赖程度不高,线下宣传对此人群来说依然很重要。

从表8可以看出,不同学历背景的观众通过互联网获取特展信息的比重都呈现最高比例。其中,研究生学历的观众对互联网的利用比率最高。

据表9,女性使用互联网获取特展信息的比例比

表6 观众获取特展信息途径分析表

| 名称 | 选项 | 频数 | 百分比(%) | 累计百分比(%) |
|---|---|---|---|---|
| Q:您得知长信宫灯特展相关信息的途径是 | 在馆内参观时看到相关宣传 | 155 | 30.693 | 30.693 |
| | 互联网宣传(官方微博、公众号、短视频等) | 272 | 53.861 | 84.554 |
| | 他人介绍 | 78 | 15.446 | 100.000 |

表7 观众年龄与获取特展信息途径交叉分析

| 观众年龄 \ 获取信息途径 | 互联网宣传(频数/百分比) | 他人介绍(频数/百分比) | 在馆内参观时看到相关宣传(频数/百分比) | 总频数 |
|---|---|---|---|---|
| 18岁以下 | 39 / 60.9% | 8 / 12.5% | 17 / 26.6% | 64 |
| 18-40岁 | 216 / 53.6% | 70 / 17.4% | 116 / 29.0% | 402 |
| 41-60岁 | 16 / 45.7% | 0 | 19 / 54.3% | 35 |
| 61岁以上 | 1 / 33.3% | 0 | 2 / 66.7% | 3 |

表8 观众学历与获取特展信息途径交叉分析

| 观众学历 \ 获取信息途径 | 互联网宣传(频数/百分比) | 他人介绍(频数/百分比) | 在馆内参观时看到相关宣传(频数/百分比) | 总频数 |
|---|---|---|---|---|
| 高中及以下 | 31 / 57.4% | 7 / 13.0% | 16 / 29.6% | 54 |
| 大专、本科 | 205 / 51.9% | 61 / 15.4% | 129 / 32.7% | 395 |
| 研究生 | 36 / 64.2% | 10 / 17.9% | 10 / 17.9% | 56 |

表9 观众性别与获取特展信息途径交叉分析

| 观众性别 \ 获取信息途径 | 互联网宣传(频数/百分比) | 他人介绍(频数/百分比) | 在馆内参观时看到相关宣传(频数/百分比) | 总频数 |
|---|---|---|---|---|
| 男 | 112 / 51.6% | 37 / 17.1% | 68 / 31.3% | 217 |
| 女 | 160 / 55.6% | 41 / 14.2% | 87 / 30.2% | 288 |

男性要高，而通过他人介绍及馆内宣传获取特展信息的男性比例更高。

### （三）观众的参观动机

观众的参观动机各不相同。一半以上的观众是久仰长信宫灯大名，想一睹国宝风采，同时也想借机开阔眼界、增长知识；对"特展"之名感兴趣的人占41.58%，只有4.16%的观众是为专业研究而来。这说明大多数观众主要是出于好奇、开阔视野等目的。普通观众的专业研究需求有限，导览应尽可能以科普为目标，用通俗易懂的展陈叙述形式化解观众因专业知识脱节在参观过程中无法融入而产生的不适感。（图1）

### （四）观众的参观感受

本次特展以图文导览为辅助，为观众提供直观观赏文物以外的知识拓展，包括长信宫灯复杂的制作工艺及背景故事。77.43%的观众认为导览文字有很强的知识性，55.25%的观众认为文字具有趣味性。多数观众认为文字导览所提供的知识生动有效，并不晦涩难懂。在"其他"选项中，有观众建议应"适当增加文字资料"，这表明部分观众对文字导览的需求度较高。（图2）

观众对特展印象最深的内容主要集中在灯的精巧工艺和环保理念上，这也是展厅内图文导览重点展示的内容。长信宫灯制作设计之巧妙的描述吸引了大多数观众的目光，同时宫灯上的铭文所暗示的几经易主的历史故事也是观众关注的重点。少部分观众感受到"生动的志愿讲解服务"，但这并不代表观众对此毫无需求。（图3）相反，观众对于特展的讲解导览有很高的期待值。据表10，42.970%的观众偏好志愿者讲解服务，41.782%的观众希望通过语音导览了解长信宫灯。这表明，除了"看"，观众也想通过"听"来架构文物知识体系。视听相结合的展览模式才是加深印象、促进知识消化的最佳途径。

据图4，70.89%的观众更希望深入了解长信宫灯背后的历史故事。这并不难理解，长信宫灯的珍贵不仅因其巧夺天工的造型，更在于时代赋予它跨越千年的历史意义。实用、环保这些能与日常生活紧密相关的元素，观众对其关注度自然很高。

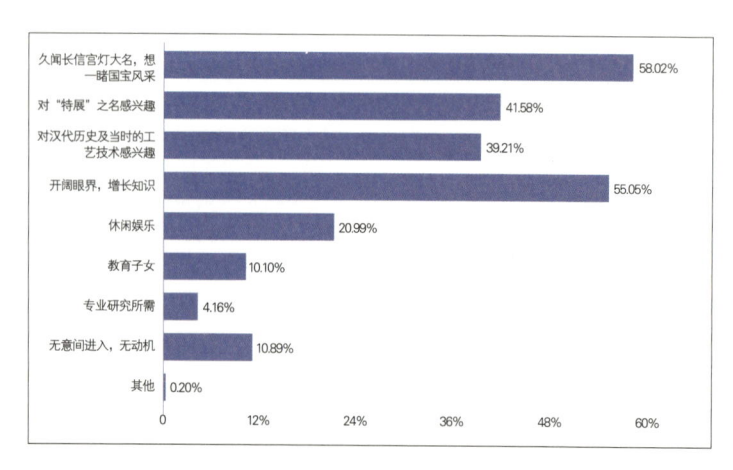

图1　观众参观动机分析（多选）

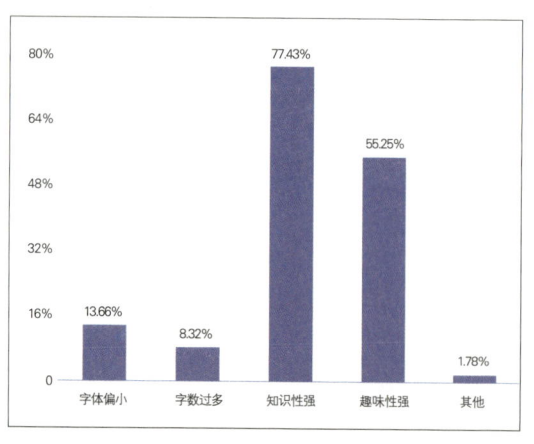

图2　观众对特展文字导览的印象（多选）

表10 观众所需讲解类型分析

| 名称 | 选项 | 频数 | 百分比（%） | 累计百分比（%） |
| --- | --- | --- | --- | --- |
| Q：您需要哪种形式的讲解 | 志愿者讲解 | 217 | 42.970 | 42.970 |
|  | 语音导览 | 211 | 41.782 | 84.752 |
|  | 不需要讲解 | 77 | 15.248 | 100.000 |
| 合计 |  | 505 | 100.000 | 100.000 |

据图5，66.53%的观众更加偏好沉浸式互动的展览方式，这是数字化趋势下观众的共同心声。展览单向输出，观众被动接受，效果是极其主观、无法量化的。博物馆运用多种方式使观众积极地参与到展览中去，形成展览内容和观众的动态互动，教育宣传的目的便能轻松实现。

（五）观众的整体评价

观众对特展的整体评价很高。76.04%的观众对本次展览给出了"非常满意"的评价。对展览打出"满意"及以上评价的观众超过了总人数的98%。（图6）

据图7，针对长信宫灯的展示角度、放置高度、灯光及展柜清晰度，超过80%的观众给出了5分的满分评价。综上可见，观众对展览的综合评价很高。505人中，共有36人不止一次参观过设在别的博物馆的长信宫灯的展出，涉及展出地点有河北博物院、中国国家博物馆、上海博物馆、深圳南山博物馆等。谈及之前参观与本次参观的差别，部分观众对河南博物

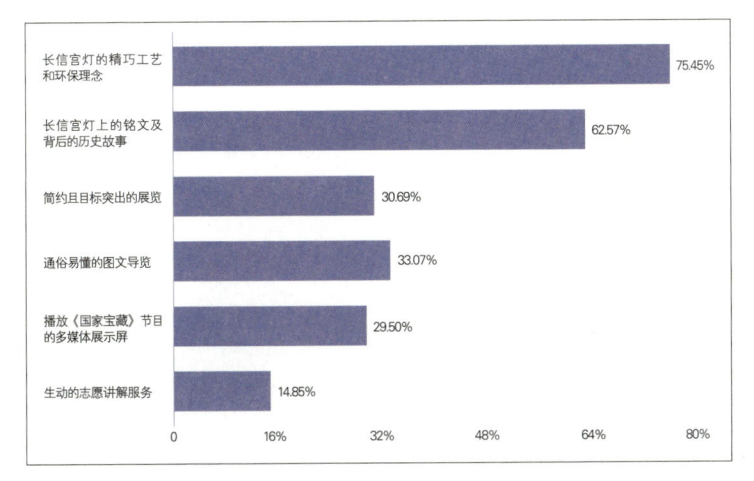

图3 观众对特展内容的看法（多选）

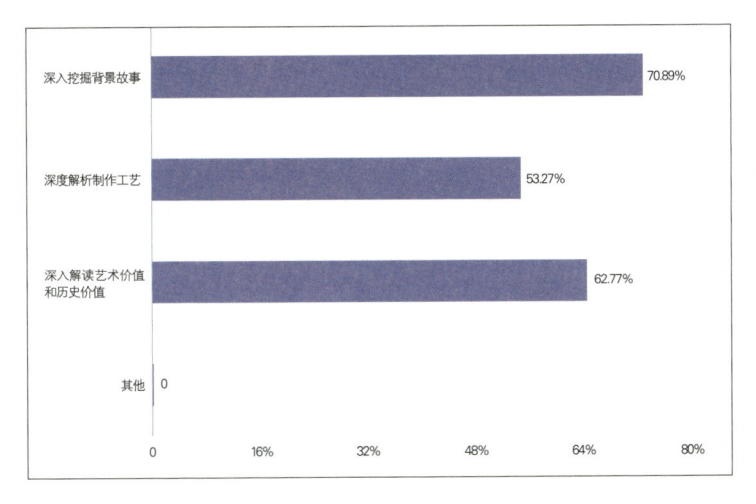

- 长信宫灯的精巧工艺和环保理念 75.45%
- 长信宫灯上的铭文及背后的历史故事 62.57%
- 简约且目标突出的展览 30.69%
- 通俗易懂的图文导览 33.07%
- 播放《国家宝藏》节目的多媒体展示屏 29.50%
- 生动的志愿讲解服务 14.85%

图4 观众对特展知识需求分析（多选）

- 深入挖掘背景故事 70.89%
- 深度解析制作工艺 53.27%
- 深入解读艺术价值和历史价值 62.77%
- 其他 0

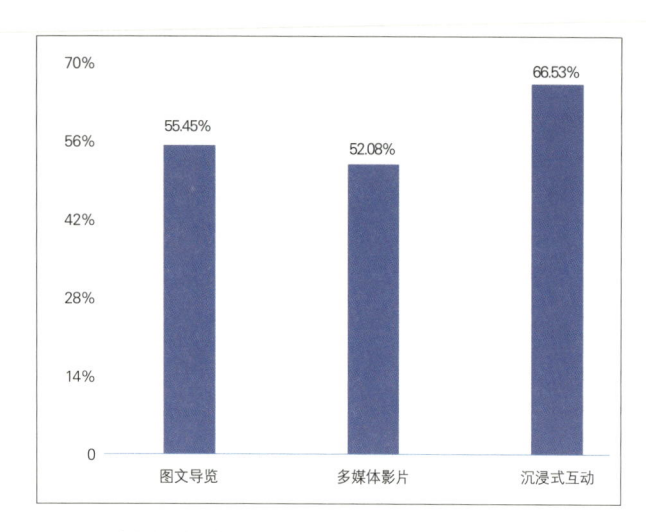

图5 观众偏好的展览方式（多选）

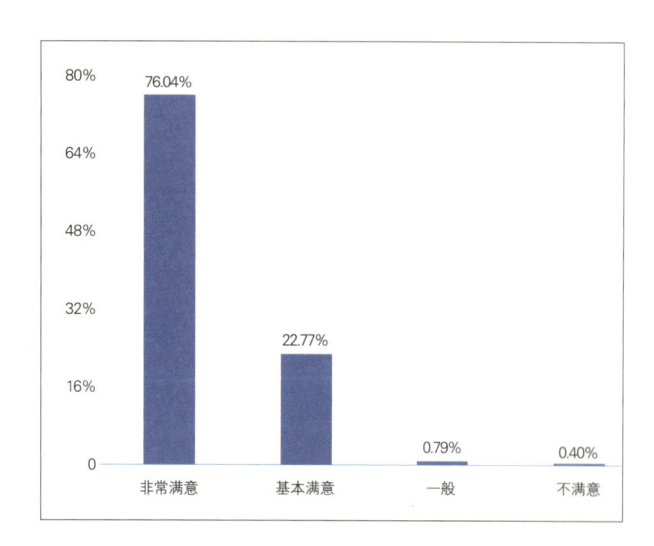

图6 观众对特展的评价

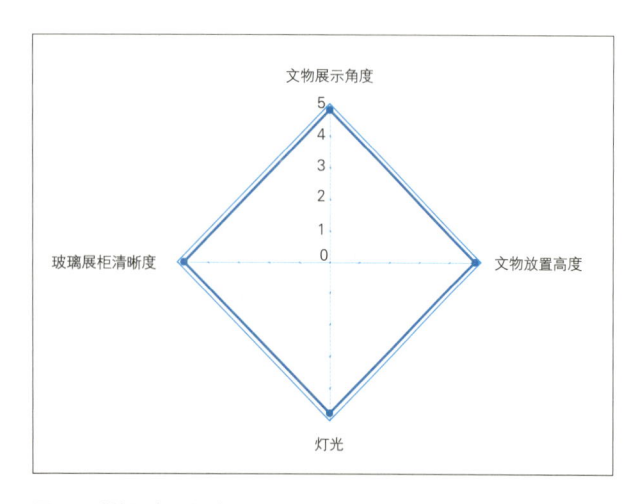

图7 对特展布展评价

院国宝特展给出了"气派""展陈精致"等满意的评价。

**（六）观众的展望与期待**

根据图8，观众对本次特展的意见及建议存在差异。42.18%的人认为互动体验不足是缺憾之处；30.10%的观众希望购买长信宫灯的相关文创产品；28.91%的观众对略显简单的展厅布局不太满意，仅有8.91%的人对安保提出改进意见。

在接受问卷调查的观众中，有31位参观过河南博物院之前策划的特展，其中5位共同提到了2017年的"金字塔·不朽之宫"展。虽已过4年，来自异国的珍品仍令观众印象深刻，说明异域文化与中原文化的对比和碰撞，是吸引观众的重要因素。

据图9，无论是围绕某件国宝设立的特展、汇集不同文物主题类的特展，还是沉浸式体验的互动特展，都是观众普遍希望看到的展览类型。从观众心理学角度分析，无论什么主题，一旦展览具有独特性、主题性，便自然带有吸引力和新奇度。博物馆应抓住这一点，多开设特展以吸引不同的观众群体。

## 二、关于举办特展的几点建议

从本次调查问卷的数据分析，我们发现观众在参观特展类展览上的需求喜好，并以此给出一些特展策划上的建议。

**（一）探索促进公众参与的有效展览形式**

特展的展期通常较短，但却富有新意和话题度，是博物馆吸引观众的重要方式。特展之边界

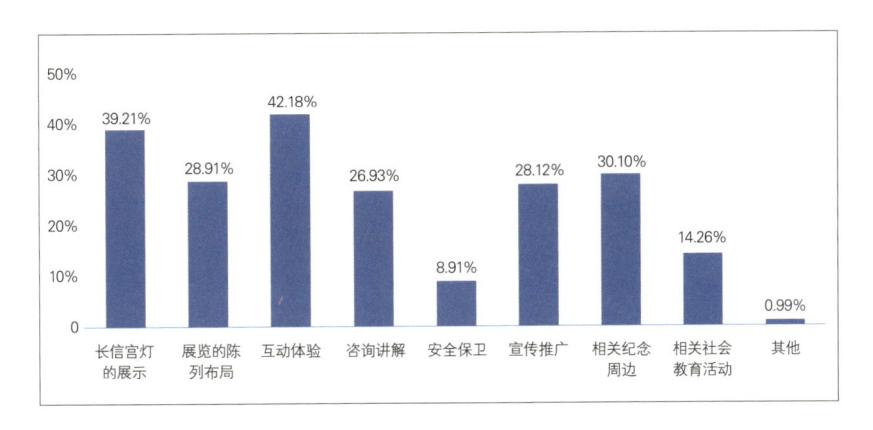

图8 特展不足之处（多选）

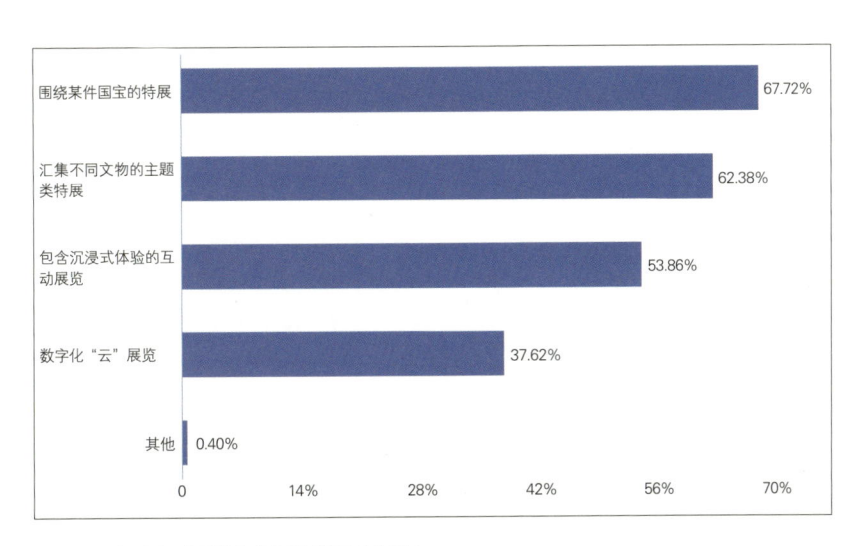

图9 观众对今后再举办特展的期望（多选）

不应止于展示、介绍器物，更应通过多样化的渠道推动观众与展品的良性互动。[1] 本次调查结果显示，绝大多数观众对数字媒体引导下的沉浸式展览有着极大的兴趣和期待。因此，在策展初期就应着力考虑与观众形成互动的陈展方式。科技的日益发展，观众的观展需求已不再满足于单一的视觉感受。视听结合、可触可感的展览形式才是观众追求的博物馆体验。数字化、智能化设备的运用不仅可以更好地诠释展览内容，也能提升不同背景观众对同一主题展览的理解与互动。[2] 同时，应当增设特展文创产品专区，抓住"限时限量"的营销理念，激发观众对产品和特展本身的关注度，增强文物在"展厅之外的吸引力"。

（二）选择具有时代性和科学性的展览主题

本次特展观众满意度很高，离不开文物本身所蕴含的历史意义及艺术价值。数千年前汉代灯具已臻于完备的美学与环保理念，正是传统技艺与现代环保理念的结合，引发公众思考的同时，潜移默化地加强观众的环保意识。这样的主题选取意义深远，文物已不再仅仅是代表过去的精致物件，而是引发对现在与未来思考的催化剂。因此，在今后的特展主题选取上，应以社会主义核心价值观为思路，选择具有时代价值的藏品，向观众传达更加深远的社会价值。[3]

紧扣热点，聚焦"明星"文物资源，打造具有高话题性、强吸引力的特展。特展的展出时间短，想要在很短的时间内抓人眼球，除了主题选择，还需要关注文物本身的受关注度。长信宫灯作为登上《国家宝藏》的国宝级文物，本身自带话题度与知名度。抓住这一点，相当于已经有了大量的前期宣传，也因为文物本身足够"大腕"，河南观众对展览也有更大的接纳力。

### （三）拓宽宣传渠道，打响展览知名度

酒香也怕巷子深，充分利用微博、微信、抖音等新媒体平台是数字化时代对博物馆的要求。河南博物院积极利用互联网开展宣传，向观众尤其是年轻观众提供即时有效的展览信息。[4] 但与此同时，数字化手段也造成了一部分中老年人信息的空白。无论时代如何发展，传统信息发布的方式都不应消失，博物馆作为面向全社会提供服务的公益场所，应尽可能为全龄段、各类群体的观众提供满意的服务。[5]

### （四）关注文字导览的重要性

即便在数字媒体被广泛运用的当下，翔实到位的文字展示也不能被舍弃。从调查反馈来看，观众对图文导览的依赖性依然很高，文字仍然是了解展览的重要渠道。因此，博物馆需更加重视展览文字部分的推敲，提升展陈语言设计人员的文字功底，以准确规范、通俗易懂、生动有趣的描述方式向观众传达文物知识，力求不同教育背景的观众速懂尽懂，且对其中的内容产生深刻印象。

---

[1] Barrett, J. Museums and the public sphere [M]. John Wiley & Sons. 2012.

[2] 李林. 博物馆展览观众评估研究 [D]. 上海：复旦大学，2009.

[3] 郑晶. 基于智慧导览的博物馆观众调查、分析与探索——以南京博物院"法老·王""帝国盛世"特展为例 [J]. 东南文化，2019（3）.

[4] 郭青生. "国宝展"观众调查报告 [J]. 上海文博论丛，2003（1）.

[5] 曾艺，徐定成. "中国桑蚕丝绸文化展"观众调查报告 [J]. 科学教育与博物馆，2020（Z1）.

# 从《唐宫夜宴》谈博物馆文化传播

宋铭月
郑州大学历史学院

> **摘要**：博物馆事业是国家文化事业的重要组成部分，近年来博物馆事业发展与文化自信的建立关系日益紧密，博物馆传播文化、教化民众的使命进一步强化。互联网及各种媒体技术的发展也促进了博物馆文化传播功能的实现及传播渠道的多样化，博物馆文化传播正全方位呈现着新的发展趋向。2021年2月11日河南卫视春晚播出的文物题材类舞蹈《唐宫夜宴》将文化创新与现代科技紧密融合，为博物馆的文化传播提供了新的思路。
>
> **关键词**：博物馆；文化传播；唐宫夜宴

博物馆是人类知识文化的殿堂，是文化传播的重要场所。近年来，国家对博物馆文物保护与文化传承的高度重视为博物馆文化的传播提供了较好的社会环境，互联网技术的发展及各种多媒体技术的应用为博物馆文化传播提供了多样化的渠道，观众作为博物馆文化传播的受众，其文化需求的日益增强也对博物馆文化传播提出了更高的挑战。单霁翔先生指出："当今信息社会，传播决定影响。谁的传播能力强大，谁的文化理念和价值观念就能广为流传。因此，必须花大力气拓展博物馆文化传播渠道，丰富传播手段，构建覆盖面更加广泛的博物馆文化传播体系。"[1] 博物馆在明确自身文化传播使命，增强文化传播意识的同时，还需要进一步思考传播什么样的文化和如何传播文化。博物馆进行成功的文化传播不仅可以教化民众，提升公众的思想道德素质，还可以提升博物馆的知名度和影响力。

## 一、《唐宫夜宴》
### ——一个成功的博物馆文化传播案例

2021年2月11日河南卫视春晚播出的文物题材类舞蹈《唐宫夜宴》是由郑州歌舞剧院在第十二届中国舞蹈"荷花奖"中的参赛作品《唐俑》

改编而来，编舞以河南安阳张盛墓出土的隋代乐舞俑为原型，为我们完整展现了十三个唐朝少女从准备赴宴到夜宴表演的全过程。该节目一经播出便引起轰动，刷新了公众对中原文化的认识，也将公众的目光聚焦在河南博物院的诸多国宝上。这个由文物衍生出的文艺作品带着博物馆文化传播的使命走向了公众，让公众在欣赏艺术的同时受到了文化熏陶。

**（一）从舞蹈创作谈《唐宫夜宴》的文化创新**

舞蹈理论中认为舞蹈通常"长于抒情，拙于叙事"，但《唐宫夜宴》将抒情与叙事巧妙地结合起来，不仅展现了唐朝少女赴宴的欢脱与喜悦，也向观众讲述了她们赴宴的故事。《唐宫夜宴》所采用的服装与妆容也对舞蹈的整体呈现效果起到了至关重要的作用，《唐宫夜宴》中唐朝少女的服饰融合了唐三彩的文化元素，红黄绿三色的搭配在舞台上令人耳目一新，用棉花填充的服饰所展现的丰盈体态更是符合唐代以胖为美的审美。《唐宫夜宴》的创新之处在于它不仅使舞蹈与文物有机结合，通过舞蹈语言来叙述文物故事，让文物在舞蹈语言的表达下更具有艺术性和鲜活性，也在于它同时吸取了现代"博物馆复活夜"和"穿越"等流行元素，充分地构想了文物"活"起来所发生的奇妙故事，也更符合当下人们的审美需求。

**（二）从科技运用谈《唐宫夜宴》的文化传播形式**

《唐宫夜宴》在春晚舞台上的完美呈现除了得益于编舞的精心构思，舞蹈演员深厚的表演功底，也离不开巧妙的舞台设计。《唐宫夜宴》通过5G、AR技术将河南博物院的展柜和国宝搬上了舞台，展现了河南博物院的镇馆之宝贾湖古笛、妇好鸮尊、莲鹤方壶等，还有《千里江山图》《捣练图》《簪花仕女图》等名画作品，这无形中在舞台上搭建了虚拟博物馆，打破了时间空间的限制，和观众进行了跨屏幕的博物馆文化交流。《唐宫夜宴》将虚拟场景和现实舞台结合起来，观众在观看舞蹈表演的同时也被现代科学技术代入到博物馆中去，无形中拉近了观众与博物馆之间的距离，激发了观众参观博物馆的兴趣。

**（三）从社交媒体运用谈《唐宫夜宴》与公众的文化互动**

《唐宫夜宴》的成功演绎不仅是一次成功的文化传播，也是在互联网和多媒体辅助下一次成功的文化互动。据媒体统计，该节目共计斩获5次微博热搜、108万讨论量。在该节目获得了高热度和高关注度之后，河南博物院通过微信公众号和微博制造了《唐宫夜宴》相关的互动话题。河南博物院官微从2021年2月15日至26日累计推送了六篇与《唐宫夜宴》相关的文章，推送频率较高且文章阅读量普遍高出其他内容的文章。如图1所示，15日、16日和20日三天推送的文章阅读量逐步递增，可见《唐宫夜宴》的热度并未随着节目播出结束而消退，反而随着河南博物院官方微博2月16日举办的"《唐宫夜宴》手绘大赛"而备受关注。

通过手绘比赛不仅鼓励设计者将自己的设计想法和对传统文化的理解结合起来进行文化创新，并且在微博与微信的评论区与公众形成了良好的互动。河南博物院在借《唐宫夜宴》进行文化传播时充分调动了观众的参与度，引发了观众思考，促使观众从被动的文化接受者向文化的探索者和创造者转变。

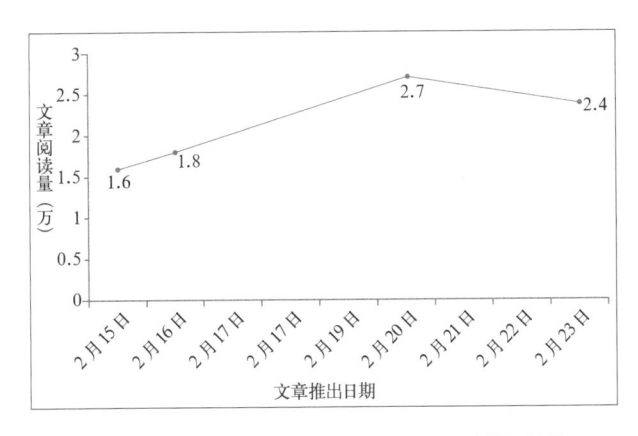

图1 河南博物院微信公众号关于"唐宫夜宴"文章的阅读量
（数据截至2021年4月26日）

**（四）从文创谈《唐宫夜宴》的文化衍生品**

文化创意产业主要指"那些出自个人创造性、技能及智慧和通过对知识产权的开发生产可创造潜在的财富和就业机会的活动，包括广告、建筑、艺术品和古董交易市场、手工艺品、工业设计、时装设计、电影和录像互动性娱乐软件、音乐、表演艺术、出版、电脑软件及电脑游戏、广播电视共十三类"[2]。《唐宫夜宴》本身也是一种文化创新，其作为以文物为主题的表演艺术，传播了文物的文化精神、历史意义、艺术价值，从而实现文化资源的深度挖掘和产业转化。河南博物院在《唐宫夜宴》拥有热度的第一时间，根据唐宫少女的形象设计了仕女乐队系列盲盒，仅是线上预售就受到人们的广泛喜爱和购买。仕女乐队系列盲盒作为文化衍生产品不仅完成了文化资源向经济资本的转化，同时也实现了博物馆文化的传播。观众带走一件文创产品，就是博物馆文化价值和影响力的一次成功输出。观众购买仕女乐队系列盲盒这种文化消费行为是对《唐宫夜宴》表达文化认同和满足自身文化需求的一种方式。

## 二、从《唐宫夜宴》"出圈"获得的博物馆文化传播启示

**（一）坚持博物馆的文化传播阵地，加强本土文化的传承、创新与跨界融合**

《唐宫夜宴》是一次成功的博物馆文化输出，究其根本原因是这个节目本身根植于博物馆优秀传统文化的土壤中，并进行了大胆的创新，加强了与科学技术的融合。因此在博物馆文化传播过程中要始终立足博物馆丰富的馆藏资源和本土文化的沃土。创新不仅要形式新、内容新，也要注重与其他领域的融合和借鉴。《唐宫夜宴》在参加第十二届中国舞蹈"荷花奖"角逐时并未受到广泛关注，但通过一系列舞台包装和互联网传播之后，整个节目对传统文化的呈现效果和对外影响力都得到了极大的提升。由此可见，当代博物馆文化传播不仅需要传承与创新，也需要多领域的融合发展。

**（二）把握文化热点，引领文化潮流，注重博物馆文化传播的延续性**

《唐宫夜宴》在2021年2月11日播出之后一夜之间成为热点，紧接着河南博物院自2021年2月15日起在微信公众号推出了一系列与该节目相关的文章，并于同年2月16日在微博启动了《唐宫夜宴》手绘大赛，同年2月26日河南博物院开启了仕女乐队系列盲盒的线上预售。这一系列的举动是河南博物院通过不同的方式和平台来扩大热点的影响力，传播热点所蕴含的文化内涵，将线上的热点关注者转化成线下的博物馆观众，最终实现博物馆的文化输出。由此可见，博物馆文

化输出应关注文化热点,把握文化热点和寻找文化契合点,而并非简单的"蹭热点"。热点背后涌动着巨大的流量,博物馆应该以热点为切入点,将流量转化成博物馆展厅的浏览量和文创产品的购买量。这就需要博物馆有极高的敏锐度,善于捕捉转瞬即逝的"热点",并对"热点"的可利用性进行多方面的评估,采取一系列层层递进的方式进行文化传播,增强文化传播的连续性。

**(三)关注观众的文化需求,尝试"多重互动式"的文化传播新模式**

互联网技术的发展为观众提供了向博物馆提出意见表达需求的更为便捷的途径。《唐宫夜宴》受到人们广泛喜爱后,观众通过微信、微博等渠道向河南博物院建议推出相关文化衍生品。河南博物院通过设计大赛了解了观众对唐宫少女形象的设计想法,也为进一步推出唐宫少女形象的盲盒打下了基础。为了满足人们对文创产品的迫切需求,盲盒的售卖形式采取了线上预售。这一过程充分体现了河南博物院对线上观众需求的充分把握和满足。互联网时代背景下,博物馆应紧跟时代潮流,同时通过线下和线上渠道充分了解观众需求,尝试"多重互动式传播模式"。"多重互动式传播模式"是通过多重互动机制更好地发挥观众的主动性,实现博物馆与观众之间不限时空地平等交流和互动。同时,该模式也具有多重反馈机制,能在观众与博物馆传播者之间建立多种反馈通道,让博物馆传播者更便捷地获取观众信息,从而进一步改善自身的服务品质。[3]

**(四)打造博物馆IP,增强文化传播的持续性**

近些年,打造博物馆IP成为热点,《关于推动文化文物单位文化创意产品开发的若干意见》极大地推动了博物馆文创产品的开发和IP的运营。但是我国博物馆对于IP的开发和利用仍处于初级阶段,大多数博物馆虽然文创产品开发意识显著提高,可是目前市场上文创产品单一化、同质化现象突出。仕女乐队系列盲盒是河南博物院针对市场需求设计出的文创产品,以唐代少女为原型设计文创产品,河南博物院并不是首创,陕西历史博物馆在几年前推出的"唐妞"已被设计成摆件、钥匙扣、胸针等多样化的产品。对比来看,仕女乐队系列盲盒的优势在于《唐宫夜宴》在国内的影响力提高了衍生产品的知名度,造就了人们对其衍生产品的高认知度和喜爱度,也使衍生品获得了高辨识度,因此推广和深入开发相对就较为容易。有效的博物馆IP营销是将历史与文化源源不断地注入品牌,利用互联网与新技术整合线上线下资源,形成系列化开发,并通过持续产出优质内容来输出文化保持IP活力。博物馆的厚重文化为IP打造提供了资源宝库,博物馆IP的成功打造也可以促进博物馆文化传播的持续性和文化品牌的建立。

## 三、从《唐宫夜宴》看博物馆文化传播新趋向

**(一)"云传播"逐步成为博物馆文化传播的热点**

传播学认为一个完整的传播过程,包括传播者、受传者、信息、媒介和反馈这五个基本要素。其中媒介作为文化传播的重要载体,通常指博物馆展览及其辅助手段。[4]新时代背景下,博物馆"云传播"是依托数字网络这一重要的媒介将经过

处理和开发的馆内丰富优质资源与公众共享的方式。《唐宫夜宴》本身也是将博物馆馆藏文物资源经过数字化处理通过传统媒介与数字网络媒介传递给公众。网络作为各大博物馆争取的文化传播阵地，也是"云传播"发展的土壤，近些年互联网技术在博物馆文化传播的应用大大弥补了传统媒介的不足，大大提高了文化传播的速度和广度，博物馆通过网站、微信、微博、快手等平台传播文化，突破了时间和空间的限制，将观众从线上吸引到线下的博物馆展馆中。尤其是在2020年新冠肺炎疫情背景下，博物馆纷纷闭馆，线下传统的文化传播方式受到了极大的限制，国家文物局通过"博物馆网上展览平台"发布了400多个网上展览项目，涵盖在线虚拟展览、数字全景展厅、博物馆大数据平台、文物数字化展示项目等多种类型。"云传播"虽不是新生事物，但在特殊时期却成了最合时宜、最能满足公众需求的一种文化传播方式。

**（二）"以人为中心"在博物馆文化传播中逐步深化**

"使用与满足"理论是以受众为中心，从受传者角度出发考察大众传播的效果。传播学认为没有效果的传播是没有意义的，"使用与满足"理论最大的特点是把能否满足受众的需求作为衡量传播效果的重要标准，这无疑与博物馆当下"以人为本"的思想相契合。无论是《唐宫夜宴》在舞蹈编排中考虑当下公众的审美需求，充分运用公众喜闻乐见的"奇妙夜"等元素，还是河南博物院在与公众的传播互动中及时了解并满足公众对"唐宫夜宴"衍生品的强烈需求，都是"以人为中心"文化传播理念的具体表现。日本著名博物馆学家鹤田总一郎曾说："观众，同博物馆藏品一样，是构成博物馆不可或缺的基本要素。观众既是博物馆的服务对象，也是博物馆赖以生存的基础。博物馆应该像爱护文物一样爱护和对待观众。如果不考虑观众，或者没有观众来参观博物馆，那么，可以说该博物馆不成为一个博物馆，或者至少是一个不合格的博物馆。"[5] 在互联网发达的当下，人人都是受传者，也是传播者，因此博物馆越来越重视在文化传播中"人"这一重要的要素。尽管在疫情期间全国各大博物馆闭馆，但为了满足社会公众的文化需求，形式各样的线上文化传播活动纷纷登场，全国31个省份的400余个网上展览项目全方位地为公众提供了一场文化盛宴。博物馆文化"以人为中心"传播理念充分考虑观众的个体差异，积极引导观众成为主动的文化探索者和传播者，从而真正地实现有效传播。

**（三）文创产品逐步成为博物馆文化传播的重要载体**

博物馆文化传播作为大众传播同样需要的传播载体，除了博物馆展览、博物馆社教活动、讲座等这些比较常见的载体，文创产品作为既可以传播文化又能为博物馆带来一定经济效益的传播载体，其设计与研发工作也被更多的博物馆重视起来。2015年3月20日实施的中国《博物馆条例》第三十四条规定："国家鼓励博物馆挖掘藏品内涵，与文化创意、旅游等产业相结合，开发衍生产品，增强博物馆发展能力。"文物文创商店被喻为博物馆的"最后一个展厅"，这体现了博物馆将文创视作博物馆发展战略中的重要部分。《唐宫夜宴》系列盲盒推出速度之快、系列衍生品之全面，正是河南博物院利用文创产品传播文化、满足公众需求的表现。文创产品作为文化传播的载体，具有实用性、美观性、创意性等优点。近年来，河南博物院文创开发经历了由外包给文创公司到创建自己的文创团队这一重要转变，国内博物馆为了打造文创精品，采取了建立内部文创团队或加强与社会企业的合作等举措，这都体现了博物馆通过文创产品传播文化的意识进一步增强。

## 四、结语

《唐宫夜宴》的一夜爆红现象并非偶然，它反映的是博物馆在互联网时代，文化传播的主动权与话语权由博物馆自己紧紧掌控，也同样反映出新冠肺炎疫情以来，尽管博物馆门庭冷清，但公众对于参观博物馆的热情依旧有增无减，对优秀传统文化的兴趣依旧与日俱增。新的时代环境下，博物馆文化传播正在面临前所未有的机遇与挑战。博物馆如何立足于丰富的馆藏资源，不断地开拓创新，把握时代脉搏搭建与公众平等对话的平台，以博物馆不变的使命与担当来应对博物馆文化传播的万变挑战成了未来博物馆能否引领时代文化发展的关键。

---

[1] 单霁翔. 博物馆使命与文化公共权益保障[J]. 四川文物，2014（1）.

[2] 宫承波，闫玉刚. 文化创意产业总论[M]. 北京：中国广播电视出版社，2008.

[3] 张鲁. 社交媒体时代的中国博物馆传播模式研究——以故宫博物院为例[D]. 杭州：浙江大学，2016.

[4] 李文昌. 博物馆的传播学解读——传播学读书笔记[J]. 中国博物馆，2008（3）.

[5] 1990年日本法政大学教授、博物馆学家鹤田总一郎在复旦大学的演讲.

# 河南博物院院藏革命文物教育功能的再思考

豆晓宇　冯冬艳
河南博物院

**摘要**：河南是革命文物资源大省。河南博物院院藏革命文物资源题材丰富、内容深厚、形式多样。加强河南博物院院藏革命文物教育功能，对发挥革命文物爱国主义教育，推动精神文明建设，树牢意识形态具有重要意义。本文通过分析河南博物院院藏革命文物教育现状，进行全国调研，给出了几点建议与思考。

**关键词**：新时代；革命文物；教育功能；再利用

2021年1月，教育部印发《革命传统进中小学课程教材指南》（以下简称《指南》），《指南》从中国共产党的领导地位、理想信念、人民立场、思想路线、革命斗争精神、爱国情怀、优良作风七个方面明确了革命传统教育的主题内容，强调夯实学生听党话、跟党走的思想根基。[1]同时，把反映革命传统重要人物事迹、重大事件、伟大成就、重要论述作品、节日纪念日、故居遗址遗物、馆藏文物等适宜内容纳入课程教材，细化不同学科革命传统教育的重点内容和形式。

2021年3月4日，国家文物局、退役军人事务部印发《关于充分用好革命文物资源及烈士纪念设施服务党史学习教育的通知》，要求在聚焦主题、提升水平的同时，拓展服务党史学习教育的方式，共建共享机制，通过联合办展、巡展等多种方式提高服务党史学习教育的覆盖面，编写适合干部群众、学生等不同对象的相关读本读物，拓展线上传播渠道，鼓励通过"云"展览、短视频、在线直播、H5、全景VR等形式，让正能量产生大流量、好声音成为最强音。[2]

探索革命文物分类与博物馆教育的实用性、可操作性结合，摸索规律、求得共识、优化方法，激活并创造展示与传播最佳效能，是新时代革命文物保护与利用的方向与关键。

## 一、河南博物院革命文物教育项目及对外宣传现状

### （一）历史为主线、英烈为主题的展览模式

"中原丰碑"河南革命历史陈列专题展，按时间顺序分为"苦难与抗争——旧民主主义革命时期""曙光初照——建党及大革命时期""中原星火——土地革命时期""同仇敌忾——抗日战争时期""走向光明——解放战争时期"五个部分，全面表现了从 1840 年至 1949 年间河南人民进行的革命斗争、丰功伟绩及英雄丰碑[3]；"人民呼唤焦裕禄"主题展，是河南博物院 2019 年举办的大型党史展览之一，展览分为"榜样的足迹""精神的丰碑""人民的呼唤"三个部分，以院藏焦裕禄文物为依托，结合图片、场景和多媒体等，多角度、全方位展示焦裕禄一心为民、鞠躬尽瘁的光辉形象。

### （二）专题讲解为主、教育活动为辅的基本模式

围绕革命主题、红色主题展览，以讲解员、志愿者为主体开展定时、定点专题展厅讲解的同时，成立"中原历史文化宣讲团"，充分发挥爱国主义教育示范基地作用，依托专家、讲解员、志愿者，围绕常设及临时展览开展主题教育活动，通过讲座、小品、情景剧、朗诵、互动问答等形式讲述近代历史和英雄故事。

由于河南博物院的展览以古代史为主，涉及红色主题的专题展览、临时展览不多，缺乏持久、持续的宣传阵地，相应的教育活动较少，造成新时代背景下革命文物的宣传力不足、影响力不够。[4] 曾经举办的涉及革命文物的陈列，如"河南革命文物""中原丰碑""河南新民主主义革命史""中原百年风云""人民呼唤焦裕禄"等展览的教育活动及宣传相对单一，没有形成有效合力，更谈不上形成教育品牌，红色主题的藏品、展览未能发挥出更大教育价值。

## 二、有关国内博物馆革命文物教育功能的调查

通过实地调查、座谈交流、网站信息整理及电话采访等形式，对目前国内博物馆、纪念馆革命文物的利用尤其是教育活动开展情况形成以下基本认知。

### （一）陈列展览形式多样

除以中国国家博物馆"复兴之路"基本陈列、北京展览馆"伟大历程 辉煌成就——庆祝中华人民共和国成立 70 周年大型成就展"、安徽博物院"烽火江淮——安徽革命史陈列"为代表的近代通史类陈列，以井冈山革命博物馆基本陈列、鄂豫皖苏区首府革命博物馆"红色大别山"基本陈列、南昌八一起义纪念馆为代表的场景式陈列，以韶山毛泽东同志纪念馆基本陈列、中共一大旧址纪念馆基本陈列、焦裕禄同志纪念馆基本陈列、八路军驻洛办事处纪念馆"1933—1942：抗战前哨 红色枢纽——八路军驻洛办事处史实陈列"为代表的人物、近代史专题陈列[5]，福建博物院以

18件文物结合当代23位名人撰写的文稿推出的"英雄的鲜血染红了它——革命先驱遗书展",以"人间正道是沧桑"等传唱诗词作为开篇,通过名人感悟的视角,深情介绍为民族复兴大业呕心沥血的革命先驱们及他们眼中的家、国、亲情、友情和民族大业,为新时代策划革命文物展提供新的视角与思路。此外,中国人民革命军事博物馆围绕中国人民志愿军抗美援朝出国作战70周年主题推出的"铭记伟大胜利 捍卫和平正义纪念展",在新媒体场景应用、融媒体传播方面提供新的实践。相较而言,纪念馆在主题策划、场景营造的成效上更具优势与特色。

**(二)教育活动各具特色**

博物馆、纪念馆教育活动形式及内容一览。(表1)

**(三)搭建互联网教育平台**

《关于实施革命文物保护利用工程(2018—2022年)的意见》明确提出要"融通多媒体资源""建立革命文物大数据库""让革命文物活起来"。推进红色文化资源数字化是让革命文物等红色文化"活起来"的基础性工作和重要手段,博物馆应在履行职能、保护文物、做强主业的前提下,引导运用创意和科技手段,延伸教育服务功能。[6]

2019年5月18日,陕西正式上线运营"互联网+革命文物"教育平台(http://www.sxgmww.com),该平台成为陕西省文物局联合中国移动5G网络,打造的全国首个5G"互联网+革命文物"教育平台。[7]平台立足增强视觉效果、实现虚拟互动等互联网数字技术,对革命文物进行了全景立体化展现、文物故事的综合延伸,通过网络,对广大观众开展爱国主义教育。(图1)

图1 陕西革命文物全媒体资源库

平台搭建起从"云端"到"终端"的展示平台,可用手机、电脑、电视三屏互动传播,让革命文物展示用上5G传播的技术,还利用动漫、游戏、VR、AR等新兴技术,提供革命文物全息影像欣赏、虚拟触摸和历史事件沉浸式体验,让观众可随时随地参观革命博物馆、纪念馆,身临其境地感知革命文物的历史价值和现实意义。

## 三、结合河南博物院实际情况对革命文物教育功能的几点思考

**(一)加强研究,打造好革命文物数据库**

针对河南博物院革命文物的研究,从目前情况来看,远远少于古代文物的研究成果。让河南博物院革命文物的研究形成图书、电子数据、视频展播、网页主题介绍等全面的数据资源库,为教育项目的开发及宣传打好基础是教育和宣传的关键。

一是加强河南博物院革命文物的深度研究,

表1 博物馆、纪念馆教育活动形式及内容一览

| 场馆名称 | 活动形式 | 活动内容 |
| --- | --- | --- |
| 中国人民革命军事博物馆 | 讲解服务 | 采取微信语音导览系统，实现参观者自助导览服务。一是可通过微信扫描二维码的方式，获取文物讲解及展品的图文介绍；二是在官方微信公众号内回复展品对应编号，获取展品信息；三是在重要接待、教育活动的实施、特殊要求下采用人工讲解。 |
| | 教育活动 | 1. 主题活动的策划。如萌芽计划"致敬最可爱的人"线上作品征集活动，此活动围绕抗美援朝英模功臣人物或集体，或结合中国人民革命军事博物馆（以下简称"军博"）抗美援朝相关文物进行创作。作品积极向上，可为书法、绘画、书信、手工、摄影、短视频等。军博遴选部分作品，在军博官网、微信公众号等新媒体平台以及展览大楼相关区域予以展示；评选一定数量的优秀作品，颁发证书；为学校和指导教师设立优秀指导教师奖和优秀组织奖；获奖者将获得精美纪念品。<br>2. 红色宣讲进校园。讲解员或军事专家，以红色故事、军事科技等主题开展讲座、知识问答、个人演讲等形式，让同学们沉浸在红色故事的世界，军事科技的世界，从而继承革命优良传统和科研精神。<br>3. "小小讲解员"夏令营。军博老师按计划带领小学员参观中国共产党领导的革命战争陈列，讲解红军爬雪山、过草地、强渡大渡河、飞夺泸定桥等红色故事，讲述空军战机、海军舰艇和坦克火炮等兵器知识，播种革命精神的火种和探寻军事知识的萌动。在军博老师的指导下，孩子们一个一个亲手触摸体验了实枪的拆解与组装，以及正确的使用方法。进行了语音发声、讲解礼仪等讲解方面的专业训练，布置"汇报演讲"内容，小学员们通过在活动中的所感所悟尽情地进行展示，畅想着属于他们的未来梦想。 |
| | 馆校合作 | 如"我与祖国共成长"军博展厅里的少先队入队仪式。注重仪式感的营造，九点出旗奏乐，少先队员敬礼，齐唱《中国少年先锋队队歌》，宣读新队员入队名单。现场学生家长为同学们佩戴鲜艳的红领巾，庄严宣誓，少先队员代表发言，军博和学校领导为辅导员老师颁发聘书，为新成立中队授中队旗，表达对新少先队员们殷切的期望。而后参观军博，用一件件革命文物、一幅幅历史照片，使同学们更加深了对中国少年先锋队意义的理解，并在幼小的心灵中感受到所肩负的使命感、荣誉感和责任感。 |
| 鄂豫皖苏区首府革命博物馆 | 讲解服务 | 设有讲解员、志愿者讲解，自助语音导览，AR智能讲解。主要提供中文讲解，讲解内容包括主展馆基本陈列和专题展馆"鄂豫皖苏区将帅馆"。 |
| | 教育活动 | 1. "红色故事小讲堂"专题栏目。讲述红色故事，传承红色基因，以小故事叙述峥嵘岁月，以小舞台再现英雄史诗，以小角度彰显革命情怀。采用线上讲堂与线下课堂相结合的方式，起到教育效果。<br>2. "我是国旗护旗手"主题活动。国庆节期间，鄂豫皖苏区首府革命博物馆与县教育局联合，联动各个中小学协办参与，在博物馆英雄广场举行大型教育活动。唱红歌、主题演讲、诗歌朗诵、为祖国送上祝福。培养青少年祖国荣誉感，书写青少年和国旗的故事。<br>3. "新县传承红色教育培训中心"。开办培训中心网站，开通培训咨询专线，制定2—7天的培训课程，融合多个教学点，对有需求的机关、企事业单位、学校等团体开展教育教学活动。 |
| 八路军驻洛办事处纪念馆 | 讲解服务 | 除旧址的讲解以外，近3年间，在旧址上举办了"气壮山河——抗战歌曲史料（唱片）展""为民、务实、清廉——党风楷模刘少奇图片展""新四军统战工作图片展"等8个不同主题展览。除人工讲解外，还制作了电子语音导览，在官方公众号发送信息，可了解语音导览的相关信息。 |
| | 教育活动 | 1. 公祭日及节日的相关活动。如12月13日，南京大屠杀死难者国家公祭日，通过举办公祭仪式、手摇老式警报、全体默哀、主题诗朗诵、现场留言等活动，突出主题"铭记历史、祈愿和平"。又如9月18日，九一八事变，通过升国旗、讲解员志愿者诗歌朗诵《有段历史叫抗战》、拉响防空警报，致敬为抗战牺牲的中国军人和遇难同胞，告诫吾辈勿忘国耻，铭记历史，激励我们不忘初心，砥砺奋进。<br>2. 青少年研学活动。如"英勇无畏的抗战，感悟新时代复兴力量"，青少年们以小记者身份对百年古宅的沧桑历史和红色枢纽的感人事迹进行参观学习，启发青少年作为小记者如何以革命先辈为榜样，好好读书，建设祖国，并形成文字。又如"我红色基因润童心"，通过小营员们在党旗下共同唱响《中国少年先锋队队歌》、小营员代表发表"少年强则国强"的演讲、参观纪念馆、小小讲解员讲述文物故事、体验打背包、制作宣传旗帜，让小营员更加深刻地认识到我们党取得革命胜利的不易，更加珍惜今天的幸福生活。<br>除上述活动外，还举办有"红色读书会""观看红色影片"等常设的主题活动。 |
| | 馆校合作 | 联合洛阳理工学院学生，在馆内开展红色歌曲演唱、情景剧演出、快闪等系列活动，给观众带来沉浸式体验，更生动讲述红色故事，传承红色基因。 |

成立河南博物院革命文物专家组，逐步丰富革命文物的研究成果。如河南博物院品牌图书《每周一品》革命文物版、《河南博物院近现代文物故事》等图书。

二是将研究成果转化为可为大家服务的数据资源。此资源是为了方便科研成果的全方位转化。如丰富河南博物院藏品信息资源库革命文物的相关图片及文字资料；如正在拍摄的"红色记忆"短视频系列；如设计制作红色文物故事专题网页及网站；再如讲解词的编写、教育课程、游学线路的开发。

**（二）资政育人，增加革命文物的课程设计及培训**

河南博物院教育品牌已经在全国叫响，中原国学讲坛、历史教室、中原历史文化宣讲团等品牌经过多年的努力打造已在全国博物馆教育事业中成绩显著，也形成了公众教育的精确分类。

此外，院内对职工培训所设置的老专家课堂、青年沙龙、传帮带等各类业务知识培训、调研学习等方式是培训革命文物研究人员的重要平台。

做好革命文物在宣传教育上的再利用，人才是关键，无论是公众还是院内业务人员，都需要开设更为专业、全面的革命史及革命文物等专业课程。如："中原国学"讲坛可邀请革命史、党史专家开展公益性讲座；历史教室围绕"出彩中原"展览及爱国主义教育策划主题活动及课程；中原历史文化宣讲团深入学校、机关、单位开展主题宣讲；老专家课堂邀请革命史、革命文物分类、革命文物展览、革命文物讲解等相关专家，对河南博物院涉及相关工作的员工进行全面培训。

**（三）文旅融合，创新参观服务体验**

从调研来看，在文旅融合的大环境下，体验式教育成为主流。特别是遗址性的革命类博物馆，参观教育服务的体验设计就更为丰富。河南博物院是综合性博物馆，在展览设计及教育活动中，增加体验感、实现体验式的爱国主义教育，更能加强革命文物在宣传教育利用上公众的关注与参与。

一是夯实展览讲解。在讲解词的编写上，跳出陈列大纲，以时间线或者重大事件、重点人物及文物为基础，发掘文物与历史的具体细节，用贴近实际、贴近生活、贴近群众的方式，讲好历史故事、人物故事和重点文物故事。从讲解内容上实现情感的交流，建立起展览与观众之间的对话。

二是举办特色活动。如调研的相关博物馆、纪念馆所，举办特色活动是增加观众参与度的有效方式。在革命纪念日、相关节日，设计公益的爱国主义教育活动，增加群众的历史信念感、仪式感；走出馆社"宣讲"，打造主题讲座、专题党课，举办中小学校"红色故事讲解大赛"等，形成长期且有效的社会互动、馆校结合。

三是运用数字技术"吸粉"。新时代，数字技术发展迅猛，革命文物的教育功能可充分借助数字技术手段。如通过多媒体场景、幻影成像、全息投影、VR、环幕投影等数字技术，让革命文物在陈列展览中动起来、活起来，增强时代背景的渲染，让观众通过文物的数字化表达，实现共情，起到更好的教育效果。

**（四）牢记公益，发挥革命文化教育带动作用**

通过起草相关管理利用办法，对馆藏革命文

物进行研究、整合与再利用，逐步更新、实施教育活动，不断加强全国爱国主义教育示范基地的全面建设与社会影响力。在整个发展和建设过程中，牢记公益事业，让红色精神转化为利民的实际行动。具体建议如下：

一是提供义务讲解。作为全国首批免费开放的博物馆，向游客提供定时定点的免费讲解，展现公益特性和人文关怀，带来社会效应和良好反响。

二是开展志愿服务。组织志愿者开展革命主题宣讲活动。以义务宣讲为重点服务项目，走进校园，文化育人。

三是推出免费服务。针对军人及英烈家属参观提供免预约及免费讲解；留守儿童、福利院孩子参与教育活动及观展全部免费等。

四是带动企业发展。近年来，红色文化产业收入在迅速增长，通过河南博物院文创办开发的红色纪念品、艺术品、生活用品等文创产品，带动中原地区红色旅游经济的发展，并实现相关企业的稳定发展，增加人民的就业机会。

革命文物是革命文化的物质载体，河南是革命文物资源大省。河南博物院院藏革命文物资源题材丰富、内容深厚、形式多样。加强河南博物院革命文物教育功能的再利用，对发挥革命文物爱国主义教育，推动精神文明建设，树牢意识形态具有重要意义。所以新时代我们需要始终以政府管理为主导，注重资源的整合，结合现状切实加强对革命文物资源的优化和完善，确保革命精神的传承和发展，促进革命文物内涵与故事的传播，让革命文物在新时代焕发出更为鲜活的生命力、影响力。[8]

---

[1] 引用2021年1月教育部印发《革命传统进中小学课程教材指南》相关内容.

[2] 引用2021年3月4日国家文物局、退役军人事务部印发《关于充分用好革命文物资源及烈士纪念设施服务党史学习教育的通知》相关内容.

[3] 丁福利，刘康，石晓霆. 中原丰碑[M]. 河南：河南人民出版社，2016.

[4] 丁福利. 当代中国博物馆教育寻真[M]. 北京：中国学术期刊（光盘版）电子杂志社有限公司，2018.

[5] 李宗远，刘春杰. 中国纪念馆珍贵文物故事[M]. 北京：中共党史出版社，2018.

[6] 引用《关于实施革命文物保护利用工程（2018—2022年）的意见》相关内容.

[7] 陕西"互联网+革命文物"教育平台. http://www.sxgmww.com.

[8] 徐贵福. 让革命文物焕发时代光彩[N]. 解放军报，2020-11-25.

# 试论夏商王朝的民族政策

王 琼
河南博物院

**摘要**：夏商时期，在王朝直接控制的王畿地区之外还分布着众多少数民族方国与部落，能否处理好与这些方国、部落的关系直接影响到王朝政权的稳定与否。夏代统治者对不同的方国、部落在政治、经济、文化上采取不同的统治政策，达到了巩固政权、扩大疆土的目的。商王朝在吸收夏王朝经验的基础上进行改进，使得商代疆域在夏代的基础上又有所扩大，并对民族融合、文化交流以及后世民族政策的制定产生了较大的影响。

**关键词**：夏商王朝；民族政策；区别；影响

在我国国家起源的夏商时期，以夏族和商族为统治核心的国家的周围还存在着诸多少数民族。夏、商王朝统治者对待不同民族、部落有不同的统治政策，通过种种灵活多变的民族政策，来达到巩固政权、扩大国家领土的目的。夏商时期的民族政策是夏、商王朝统治者国家政策的重要组成部分，研究它们有助于我们更全面地了解夏商时期的国家政治状态、对外关系以及民族文化交流情况，夏商时期的民族政策对后世王朝制定民族政策也有着重要的影响。

## 一、夏王朝的民族政策

夏王朝的统治中心在今河南西部，这在学术界已经基本成为一个共识。在夏王朝直接统治区的周围，还有一些方国、部落。其中，西方势力较强大的是有扈氏，东方主要是东夷族，南方主要是苗蛮集团，北方则主要是商族。为了在保证夏王朝统治稳定的前提下拓展疆域，夏王朝统治者在政治、经济和文化交流三个方面对周边民族实行了一系列的政策。

### （一）政治

夏王朝对待周边民族的政治政策主要有征伐和羁縻两种。

首先，对于威胁到王朝统治的方国或部落，夏王朝采取不遗余力的打击政策。在夏王朝刚建立之际，统治尚不稳固，就发生了与西方有扈氏，东方伯益、后羿部落的战争。

夏与有扈氏之战是夏王朝西部最大的战事。有扈氏在今陕西户县一带，与夏后氏同为姒氏。

关于战争的原因,《史记·夏本纪》记载:"有扈氏不服,启伐之,大战于甘。"《逸周书·史记解》云:"有夏之方兴也,扈氏弱而不恭,身死国亡。"《尚书·甘誓》记载了夏启在与有扈氏大战之前动员会师的过程,经过夏王朝军队与有扈氏在甘的鏖战,最终"遂灭有扈氏,天下咸服"。经过此战,夏王朝在西方的最大障碍被扫除,慑于夏王朝的强大,西方其他部落纷纷称臣纳贡。

除了与西方有扈氏的战争,夏王朝与东方东夷集团的战争也是有夏一代主要的对外关系内容。在夏王朝政权建立初期,夏启就与伯益就继承权问题发生了战争。关于这场战争,古本《竹书纪年》记载:"益干启位,启杀之。"由于伯益企图争夺夏启的政权,被杀。这是夏王朝与东夷集团的第一次冲突。据文献记载,在帝相之时,夏王朝就开始了对诸夷的征伐,古本《竹书纪年》就记载:"(后相)元年,征淮夷、畎夷;二年,征风夷及黄夷。"在太康继位后又发生了后羿部落"因夏民以代夏政"的变乱。后羿部落是东夷集团的一支,该部落在夏代早期势力不断增强,兼并了东夷集团内的大风、凿齿等部落,最终形成了一股可与夏王朝相抗衡的力量,直至帝少康在有虞氏的帮助下才得以"复禹之绩"。考古资料表明,在二里头文化一期中突然出现的大量的山东龙山文化因素有可能就是在"夷羿代夏"影响下出现的。[1] 此后,夏夷关系有所缓和。

除了战争这种解决民族矛盾的极端方式,羁縻政策也是夏民族政策中重要的组成。"羁縻"一词虽最早出现于汉朝,但我国自夏朝开始,就已经有了羁縻之实。[2] 由于夏王朝的强大,一些无力与夏王朝抗衡的方国、部落往往向夏王朝纳贡称臣,以求生存,对这些方国、部落,夏王朝就采取羁縻政策,只要他们不反对夏王朝的统治,就只给予松散的管理、牵制。这一点在夏夷关系上有所表现。夏王朝虽然频频与东夷集团发生冲突,但是还以夷人臣服于夏王朝的时候居多,这反映在文化面貌上应是二里头文化影响夷人的岳石文化,但是实际上二里头文化的范围始终未出河南,其与岳石文化大约以今杞县—鹿邑为界,对岳石文化的影响极其有限。[3] 这说明对待势力强大的东夷集团,只要它不反对夏王朝的统治,夏王朝就采取羁縻的政策,只给予松散的管理。

有时为了拉拢某些强大的方国、部落,夏王朝还对其进行赏赐封爵。古本《竹书纪年》记载:"后泄二十一年,命畎夷、白夷、赤夷、玄夷、风夷、阳夷。"所谓"命",乃指古帝王赏赐臣属爵位官职或贵重物品的诏令。这段记载即是夏王朝对于前来表示臣服的夷族进行封爵赏赐,以示恩宠。和封爵赏赐一样,联姻也是夏王朝另外一个重要的羁縻政策。利用婚姻方式团结诸族,是夏代立国之本,国家的兴衰存灭,每每与这方面的成功与否紧相交织。[4] 异族之间的联姻,往往有着极强的政治目的,或为加强联盟关系,共同抗击敌人,或为了牵制对方。《大戴礼记·帝系》载:"鲧娶于有莘氏。有莘氏之子谓之女志氏,产文命。禹娶于涂山氏之子,谓之女蟜氏,产启。"在夏王朝建立之前,夏族先祖鲧、禹开始与其他部落联姻,这种联姻无疑加强了夏族的势力。夏王朝建立之后统治者秉承了这一政治传统,而事实证明,在夷人代夏之后这种联姻为保存夏王室有生力量发挥了重要的作用。据记载,仲康之子相娶有缗氏女为妻,在太康失国后,相也被后羿所杀，有缗氏女逃回娘家避难，并生下少康，为夏王室保存了有生力量。少康中兴，也与姻亲集团有虞氏的支持作后盾分不开，《左传·哀公元年》记载，少康在后羿的追杀之下逃至有虞氏，"虞思于是妻之以二姚，而邑诸纶。有田一成，有众一旅，能布其德，而兆其谋，以收夏众，抚其官职。使女艾谍浇，使季杼诱豷，遂灭过、戈，复禹之绩"。同时，夏的覆灭，王室妻族的作梗是相当关键的因素。[5] 一般关于夏朝的灭亡，人们都认为是夏桀的荒淫无度和商族的兴起，一些文献中则有不同的记载。《国语·晋语》说："昔夏桀伐有施，有施人以妹喜女焉。"夏桀宠爱妹喜，并借与妹喜的结合而取得了与有施氏的联姻，后来"桀伐岷山，得女二人"，"而弃元妃于洛"，于是"末喜氏以与伊尹交，遂以间夏"。如果说夏灭亡的外因出于商的兴起，那么桀弃婚姻的政治意义于不顾，失去王室血亲集团的支持，则是其亡国的重要内因。[6]

### （二）经济

《尚书·禹贡》记载："禹别九州，随山浚川，任土作贡。"大禹将天下划分为九州，不同地区的方国、部落要定期向夏王朝交纳不同的贡赋以示臣服，这被称作五服制度。关于五服制度的内容，《尚书·禹贡》记载："五百里甸服：百里赋纳总，二百里纳铚，三百里纳秸服，百里粟，五百里米。五百里侯服：百里采，二百里男邦，三百里诸侯。五百里绥服：三百里揆文教，二百里奋武卫。五百里要服：三百里夷，二百里蔡。五百里荒服：三百里蛮，二百里流。东渐于海，西被于流沙，朔南暨声教讫于四海。禹锡玄圭，告厥成功。"虽然今天看来这种以五百里为一服的划分方法和贡纳制度在现实中不可能实现，但是毫无疑问，周边方国、部落向夏王朝定期纳贡的制度是存在的。古本《竹书纪年》记载："七年，于夷来宾。"《竹书纪年》记载少康之时，"方夷来宾"，"后发即位，元年，诸夷宾于王门，诸夷入舞"。这些记载都反映了方国前来朝拜夏王朝的情景。

### （三）文化

中原地区的夏文化较之周边少数民族先进，于是夏文化在周边地区的传播多伴随对周边方国、部落的征伐进行。在二里头文化一期（即夏代早期），夏文化仅在豫西伊、洛、颍、汝流域地区发现；在二里头文化二期，夏族势力北上，逐渐向晋南地区发展，重新占领在夏初失去的晋南地区。[7] 在这里分布有二里头文化东下冯类型，其年代相当于二里头文化二期，这是夏族势力北上的考古学证据。到了二里头文化三、四期（夏代中、晚期），二里头文化的分布范围向西、向南都有所扩展。向西夏文化已分布于豫西三门峡市一带，并且夏王朝的势力已深入陕西关中东部；向南今南阳、信阳地区为二里头文化的分布区，在长江北岸的黄陂县盘龙城也发现了典型的二里头文化遗存，这证明二里头文化已深入到湖北境内。[8] 先商文化中也发现了诸多二里头文化因素，尤其是先商文化南关外型，受到了夏文化的强烈影响。在夏文化向周围地区进行影响渗透的同时，也积极吸收各地文化。分布于晋南地区的二里头文化东下冯类型的主要来源是二里头类型，此外还吸收了当地以陶寺文化晚期为代表的龙山文化以及光社文化的部分因素发展而成。

通过政治、经济、文化上不同的民族策略的实施，夏王朝有力地打击了反抗力量，扩大了夏王朝的疆域，夏文化得以广泛传播，对商族文化也产生了较大影响。

## 二、商王朝的民族政策

商代前期商王朝的直接统治地区以郑州、洛阳地区为中心，商代后期转移至豫北安阳一带。商人已有四方的观念，在甲骨卜辞中就有询问大邑商"东土""西土""南土""北土"受年情况的词句。此时商王朝的西方有以舌方、羌方、鬼方为代表的诸戎，东方有东夷民族，北方有以土方、燕亳、肃慎为代表的诸戎狄，南方有荆楚。随着商代对外战争的节节胜利，商王朝不但迅速控制了原夏王朝的版图，其疆域还有所扩大。文献记载"殷因于夏礼"，商代继承了夏代先进的文化，其民族政策也因袭夏代，从政治、经济、文化上对周边方国进行控制。但是商王朝的民族政策较之夏王朝也有不同之处，正是这些不同的政策，使得"大邦殷"能够在更大程度上拓展疆域。相比较夏王朝的民族政策，商王朝民族政策的特点主要有以下三点。

### （一）战争频繁，开拓疆土

所谓"国之大事，在祀与戎"，商民族沿袭夏代的"为政尚武"的风尚，在商代历史上，战争占有很重要的位置。商王朝建立之后，势力强大，政局稳定，战争不多，到仲丁时才发生河亶甲征蓝夷、再征班方等战争，到了商代后期的战争则比较频繁。有学者对关于征伐方国的甲骨卜辞进行了统计，结果表明在晚商时期，西方一直是商王朝的大患，商王用兵最多，东方次之，南方再次之，北方最稳定，而关于战争的卜辞在武丁时期最多。[9]武丁是商代后期一位重要的君王，他一生征战无数，开拓疆土，居功甚伟。甲骨卜辞所记录的武丁用兵最多，战争规模最大的是对舌方、土方和羌方的征战，这些战争动用兵力动辄超过千人，规模较大。通过武丁的奋力开拓，商人在西方的势力通过关中地区翻过秦岭进入汉中盆地，通过山西西部和渭北地区直接影响陕北高原地区，形成商文化在西部地区的全盛时期。[10]商代后期，商文化在东方也已扩张到了除胶东半岛之外的山东全省。在今山东济南、长清、平阴、邹城、滕州、青州等地都发现了典型的商代后期文化，而夷人文化则向东退缩。《左传·昭公九年》记载："及武王克商，肃慎、燕亳，吾北土也。"可见至少在商代后期肃慎、燕亳是商王朝在北方的两个方国。一般认为分布于西辽河流域的夏家店下层文化是肃慎文化，而分布在京津一带的殷商时代文化为燕亳文化，商文化对这两个地区的文化均有影响。此外文献中还有关于武丁伐荆楚的记载，《诗·商颂·殷武》记载说："挞彼殷武，奋伐荆楚，深入其阻，裒荆之旅，有截其所。"

商代后期战争频频发生，商王朝凭借其强大的实力迅速扩展，其疆域在东方、西方以及北方都较夏代有所扩展。

### （二）对方国首领封爵，加强控制

据文献记载，对于某些方国，商朝统治者对其进行封爵。《史记·殷本纪》记载："以西伯昌、九侯、鄂侯为三公。"《战国策·赵策三》也说："昔者，鬼侯、鄂侯、文王，时之三公。"一方面，这种封爵是对方国的一种拉拢，以求方国忠于商王的统治；另一方面，可能是商王有以方国供职者为人质，防止方国反叛的意图。[11]还有一些方国首领臣服以后，到中央做小臣、亚史等官职。这些臣服于商代的方国，不但要对商王朝定期纳贡、朝拜，还要在军事上服从商王朝的调遣，参与商王对敌对方国的征伐。纣王就曾赐周文王"弓矢斧钺，使得征伐，为西伯"，周族在商王室的支持下对其周围各游牧羌戎兼并和征伐。甲骨卜辞中也有对被商王调遣方国征伐结果的占卜，如卜辞曰：

乙巳卜，宾贞，鬼获羌。一月。《乙》865。

癸巳卜，㱿，贞呼雀伐望戉。《合集》6983。

这种"以夷制夷"的政策为商王朝节省了兵力，保存了实力，对后世影响很大。

### （三）政治联姻，互结联盟

利用与强大方国、氏族的政治婚姻巩固王朝政权，这在夏王朝时就已经是一项重要民族政策，商代继承了这一政策，并加以发挥。正因为夏桀失去王室姻亲集团的支持，使得商王朝有机可乘，商代统治者更明白姻亲联盟能为王朝政权带来稳定的保证和坚实的后盾。在实行一夫多妻制的商代，商王往往从方国中择娶王妇，甲骨卜辞中商代君主的许多王妇名都与方国名相重，并在表示国族名的字上加女旁，来为妇命名，如：妇好—子方、妇妌—井方、妇娘—良方等[12]。某些出身氏族势力炽盛、具有政治才能或有子嗣继承王位的王妇还能和先王一起入祀，给娘家有权势的王妇以较高的政治地位无疑对有姻亲关系的方国是一种拉拢。在择娶方国贵妇进行联姻的同时，商王朝也把本族的女子嫁给外族。《诗经·大雅·大明》云："文王初载，作作之合；在洽之阳，在渭之涘。文王嘉止，大邦有子；大邦有子，俔天之妹；文王厥祥，亲迎于渭。"说的就是文王娶商王之妹为妻之事。这一政治婚姻显然是帝乙想用血缘纽带维系商周之间的臣服关系。[13]

## 三、结语

有夏一代，为巩固政权，开拓疆土，统治者对王朝周边少数民族政治、经济、文化实行不同的政策。在政治上，以军事征伐为主，封爵赏赐、联姻等羁縻政策为辅；在经济上，要求少数民族方国部落定期纳贡、朝拜；在文化上，积极向周边地区进行文化渗透的同时也吸收其他先进文化因素。商代统治者承袭夏代的民族政策，在此基础上加大向外扩展的力度，打击反对商王朝统治的方国，注意对臣服方国的封爵，积极利用臣服方国打击反对力量，并且吸取夏代灭亡的教训，更加重视政治联姻的作用，这些政策相互配合使用，恩威并施，不但巩固了国家政权，使得疆域有所扩大，也加速了民族之间的交流和融合，扩大了华夏文化的影响力，使得一部分少数民族融入华夏族之中，更丰富了华夏文化的内涵，开后世民族政策之滥觞，其意义不可谓不重大。

---

[1] 王琼."后羿代夏"的考古学观察[D].郑州：郑州大学，2011.

[2][8][10] 曾文芳.先秦民族思想与民族政策[D].西安：陕西师范大学，2007.

[3][5][6] 李民，张国硕.夏商周三族源流探索[M].郑州：河南人民出版社，1998.

[4] 宋镇豪.夏商社会生活史[M].北京：中国社会科学出版社，2005.

[7] 张国硕.从夏族北上晋南看夏族的起源[M]//文明起源与夏商周文明研究.北京：线装书局，2006.

[9] 孙亚冰.殷墟甲骨文中所见方国研究[D].北京：中国社会科学院研究生院，2001.

[11] 张杰.试论方国臣服于商的主要表现及其特点[J].殷都学刊，2002（2）.

[12] 徐义华.商王朝对外服方国的控制策略[J].平顶山学院学报，2008（6）.

[13] 宋镇豪.中国风俗通史·夏商卷[M].上海：上海文艺出版社，2001.

# 黄河之子济沧海：参与郑和下西洋的河南籍将领

刘 涛

肇庆学院肇庆经济社会与历史文化研究院；龙岩学院闽台客家研究院

**摘要**：康用、甄凯、李成是目前史料所见参与郑和下西洋的河南籍将领，其中，康用、李成先后两次参与郑和下西洋。康用参与郑和第一、第三次下西洋，李成最后一次参与郑和下西洋是郑和第四次下西洋，甄凯参与郑和第一次下西洋。此三人均立有军功，在当时及其后世产生了积极的影响，具有一定的历史地位。

**关键词**：郑和下西洋；明代卫所军户；康用；河南等处承宣布政使司

目前，学术界关于郑和下西洋将领研究已取得一些成果，如徐恭生《〈卫所武职选簿〉资料摘录与郑和下西洋研究中的相关问题》一文根据《明代兵部武职选簿》记载，述及两名河南籍将领参与郑和下西洋，开封府祥符县（今开封市祥符区）人李成，由留守后卫金川门所百户在"永乐二年与世袭，十三年因下西洋二次有功，升本卫所副千户"，即李成在永乐十三年（1415年）因参与两次下西洋有功，升任留守后卫金川门所副千户；河南南阳府唐县（今河南唐河县）人甄凯在永乐二年（1404年）调任豹韬卫西洋公干。似乎参与郑和下西洋的河南籍将领仅此两人。然而，该文围绕《明代兵部武职选簿》进行考察，未考证旧志，无法全面反映郑和下西洋河南籍将领的情况。[1]笔者在《陈洪谟所修正德〈大明漳州府志〉背后的故事——湖湘军户文化与明代海上丝绸之路渊源考》一文中发现原籍汝宁府遂平县（今河南遂平县）康用两次参与郑和下西洋，却未对康用事功进行翔实考证，也未从康用的河南故里出发，深入考察参与郑和下西洋的河南籍将领。[2]

## 一、康用参与郑和下西洋的时间问题

康用参与郑和下西洋始载正德《大明漳州府志》中"漳州卫中所千百户考"：

> 康政，中所正千户也，成化十五年袭先职到任。（其先汝宁府遂平县人。曾祖成，从军克汝宁等府，升任小旗，历升龙骧卫水军千户所流官百户，洪武二十三年除福建漳州卫中所百户，老。子用继，永乐四年驾船前往西洋等处公干，杀获贼船，升本所副千户。永乐七年，复驾船西洋等国公干，升正千户，辛。子泰继，

泰辛，子政继，见考军政掌印。）[3]

福建都指挥使司漳州卫中所康用曾两次驾船前往西洋等国公干，即追随郑和两次下西洋。《闽书》仅载："康成，汝宁人，洪武、永乐间累功历升。至世武隆庆初从征海寇有功，升本卫指挥佥事。未袭。"[4] 该志未载康用及其事迹，此孤证是否可靠？

## 二、康用参与郑和第一次下西洋考实

康用第一次参与郑和下西洋的时间问题，就要从康用在永乐四年（1406年）所为说起。

《明太宗实录》记载：

> （永乐五年九月）壬子，太监郑和使西洋诸国还，械至海贼陈祖义等。初，和至旧港，遇祖义等，遣人招谕之。祖义诈降，而潜谋要却官军，和等觉之整兵提备。祖义率众来劫，和出兵与战，祖义大败，杀贼党五千余人，烧贼船十艘，获其七艘及伪铜印二颗，生擒祖义等三人，既至京师命悉斩之。苏门答剌、古里、满剌加、小葛兰、阿鲁等国王遣使，比者、牙满黑的等来朝贡方物，赐其使钞币铜钱有差，仍命礼部赐其王锦绮、纱罗、鞍马等物。[5]

旧港位于今印度尼西亚苏门答腊岛东南部巨港。阿鲁洋位于今印度尼西亚苏门答腊岛中北部，马六甲海峡航道南侧勿拉湾附近。郑和第一次下西洋还朝时，将"海贼"也就是海盗陈祖义押解回京。根据康用在"永乐四年驾船前往西洋等处公干，杀获贼船"可见，康用于此与船有关，《明太宗实录》述及郑和擒获陈祖义始末中与船有关的有"烧贼船十艘，获其七艘"之句。康用"杀获贼船"之"贼"，指的就是"海贼"，即陈祖义。

康用杀获"海贼"陈祖义的船舶。所谓"杀获"，包括"烧贼船十艘"，以及"获其七艘"。《明太宗实录》未记载陈祖义与郑和交战的时间，从正德《大明漳州府志》记载：康用在"永乐四年驾船前往西洋等处公干，杀获贼船"来看，应在永乐四年（1406年），可见康用在永乐四年（1406年）参与郑和与陈祖义的交战，于此立下战功，从而获得由漳州卫中所百户升任中所副千户。

郑和第一次下西洋是在永乐三年（1405年），康用却在永乐四年（1406年）"驾船前往西洋"，康用是否会在郑和第一次下西洋出发后随后下西洋？《明史》记载郑和第一次下西洋出发地点：

> 永乐三年六月，命和及其侪王景弘等通使西洋。……自苏州刘家河泛海至福建，复自福建五虎门扬帆，首达占城，以次遍历诸番国，宣天子诏，因给赐其君长，不服则以武慑之。[6]

郑和第一次下西洋在永乐三年（1405年）六月出发后，一路前行，并无后续部队追随，不存在后续部队增加的情况。郑和下西洋虽然在苏州刘家河出发，但是从苏州泛海到福建五虎门扬帆出海，"福建五虎门"位于福建福州府。因此，虽然康用来自福建漳州卫，却是在福建参与郑和下西洋。康用从漳州卫中所出发，驾船前往福州五虎门，与郑和会合，一同扬帆。郑和在永乐三年（1405年）六月从苏州刘家河出发泛海到福州，不用花费很多时间，康用不至于在永乐四年（1406年）方才到福州五虎门与郑和会合。康用应在永乐三年（1405年）六月就参与郑和下西洋，正德《大明漳州府志》所谓康用在"永乐四年驾船前往西洋等处公干"，是从康用在永乐四年（1406年）"杀获贼船"出发来说的。康用在永乐三年（1405

年）六月参与郑和下西洋，永乐四年（1406年）立有战功，永乐五年（1407年）九月随之还朝。

### 三、康用参与郑和第三次下西洋考辨

根据刘锡涛考证，郑和第三次下西洋时间是在永乐七年（1409年），即当年9月从刘家港出发、12月从福州府长乐县五虎门出发。[7] 康用任职漳州卫，应就近从福州府长乐县出发，即前往长乐县五虎门会合，参与郑和第三次下西洋。因此正德《大明漳州府志》所载康用在"永乐七年，复驾船西洋等国公干"是正确的。

《明太宗实录》记载郑和此次下西洋返朝时：

> 献所俘锡兰山国王亚烈苦奈儿并其家属。和等初使诸番，至锡兰山。亚烈苦奈儿侮慢不敬，欲害和。和觉而去。亚烈苦奈儿又不辑睦邻国，屡邀劫其往来使臣，诸番皆苦之。及和归，复经锡兰山，遂诱和至国中，令其子纳颜索金银宝物，不与，潜发番兵五万余劫和舟，而伐木拒险绝和归路，使不得相援。和等觉之，即拥众回，船路已阻绝，和语其下曰："贼大众既出，国中必虚，且谓我客军孤怯不能有为，出其不意攻之，可以得之。"乃潜令人由他道至船俾，官军尽死力拒之，而躬率所领兵二千余由间道急攻土城破之，生擒亚烈苦奈儿并家属头目。番军复围城，交战数合，大败之，遂以归群臣请诛之。上悯其愚无知，命姑释之，给与衣食，命礼部议择其属之贤者立为王，以承国祀。[8]

郑和此次下西洋再次发生激战，"锡兰山"即今斯里兰卡。既然康用参与郑和第三次下西洋，有理由推测康用参与此次战争，理由有二：其一，康用卒年。正德《大明漳州府志》所载康用第二次参与郑和下西洋"升正千户，卒"。康用在何时去世？从康用"驾船西洋等国"记载来看，康用参与此次下西洋期间曾到访西洋等国，于此升任正千户。所谓康用之"卒"，是针对康用所在的卫所武职而言，即康用获升正千户后去世，其子世袭正千户，而非康用在参与此次郑和下西洋期间去世。永乐九年（1411年），康用应跟随郑和还朝，在正千户任上去世。其二，正德《大明漳州府志》所载康用"驾船西洋等国公干"其中是否包括锡兰国？根据刘锡涛考证，"锡兰"名列郑和第三次下西洋到达的主要国家、地区名录[9]，康用"驾船西洋等国"包括锡兰。

正德《大明漳州府志》记载"漳州卫中所千百户考"：

> 蔡诵，中所百户也，弘治十七年袭先职到任。（其先漳州府龙溪县人。高祖伯铭，洪武四年选充漳州卫中所总旗，老，子显道代役，残疾，弟真代役，永乐七年跟随本所千户康用，驾船西洋等国公干，有功，升本所试百户。残疾，子瑞继，瑞卒，子銮继，老无子，侄诵继，见考掌印兼轮班备倭。）[10]

蔡诵的高祖父蔡伯铭，洪武四年（1371年）选充漳州卫中所总旗，因年迈，由其子蔡显道代服兵役，由于残疾，改由其弟蔡真代服兵役。蔡真在永乐七年（1409年）跟随漳州卫中所千户康用驾船下西洋，因功获升漳州卫中所试用百户，因残疾，由其子蔡瑞继任，蔡瑞去世后，由其子蔡銮继任，因年老无子，改由其侄蔡诵继任。蔡诵是蔡銮之侄，即蔡诵之父是蔡銮的兄弟，蔡诵

是蔡瑞之孙、蔡真的曾孙，在弘治十七年（1504年）世袭百户，所任百户源于蔡真参与郑和下西洋，且仅隔两代，此记载是可信的。

蔡真在永乐七年（1409年）追随康用驾船下西洋，康用时任副千户，康用与蔡真在此次下西洋中均立下军功，获得升迁，正是康用领导有方，身先士卒，激发蔡真，使之得以升迁。蔡真后来因残疾，改由其子继任，蔡真很可能在追随康用参与郑和下西洋时受伤。

## 四、余论

综上所述，可归纳为以下三点认识。

第一，康用两次参与郑和下西洋史料真实可靠。康用去世后，由其子康泰世袭，康泰去世后，又由康泰之子康政世袭。康政是康用之孙，在成化十五年（1479年）世袭漳州卫中所正千户，正是源于康用两次参与郑和下西洋履立军功所得，康用原本承袭父职百户，先后升任副千户、正千户。康政在任期间正是正德《大明漳州府志》修纂之际，该志由此记载"见考军政掌印"。康政与康用世代较近，中间仅隔一代，康政在成化十五年（1479年）距离康用立功时间永乐七年（1409年）仅70年，是可信的。

第二，康用部属蔡真是漳州府龙溪县人，来自海洋社会，与康用耕读传家的中原故里不同。康用来自农耕文明，并不靠海，为何能够两次漂洋过海，履立军功？究其原因有二：其一，康用之父康成早已编入龙骧卫，成为水军武官，在龙骧卫驻扎的应天府（今江苏省南京）已习水性，随后调任漳州卫，来到东南海疆。到了康用，早已耳闻目染海洋社会多年。其二，康用领导有方，其部属蔡真得以立功。蔡真来自海洋社会，对驾船技能可谓得心应手，而康用并非来自海洋社会，却能够奉命率部参与下西洋屡立军功，可见康用任职漳州卫期间勤学苦练，向来自海洋社会的蔡真等人虚心求教，既使自己快速掌握航海知识，也使蔡真得以发挥所长获立军功，直至蔡真的曾孙蔡诵一辈仍牢记蔡真曾经追随康用参与郑和下西洋。

第三，李成在永乐十三年（1415年）因两次参与郑和下西洋获升留守后卫金川门所副千户，李成在永乐二年获得世袭百户资格，在永乐十三年（1415年）升任，其第二次参与下西洋应是郑和最近一次下西洋，郑和在永乐十三年七月结束第四次下西洋[11]，李成应参与此次下西洋，由此得以升任副千户。李成参与两次下西洋，可能是连续参与下西洋，也可能是间隔一到两次参与下西洋，具体待考。

---

[1] 徐恭生.《卫所武职选簿》资料摘录与郑和下西洋研究中的相关问题[J]. 郑和研究, 2009（3）.

[2] 刘涛. 陈洪谟所修正德《大明漳州府志》背后的故事——湖湘军户文化与明代海上丝绸之路渊源考[M] // 重庆中国三峡博物馆、重庆博物馆编著. 长江文明. 成都：四川美术出版社, 2019.

[3][10] 陈洪谟修, 中国人民政治协商会议福建省漳州市委员会整理. 正德《大明漳州府志》（卷28、卷10）[M]. 厦门：厦门大学出版社, 2012.

[4] 何乔远编撰, 厦门大学古籍整理研究所, 厦门大学历史系古籍整理研究室《闽书》校点组校点. 闽书（卷71）[M]. 福州：福建人民出版社, 1994.

[5][8] 张辅等监修. 明太宗实录（卷43、卷71、卷83、卷116）[M]. 台北：历史语言研究所校印, 1962.

[6] 张廷玉等奉敕修. 明史（卷6、卷304）[M] //《钦定四库全书》（史部），清乾隆抄本.

[7][9][11] 刘锡涛. 郑和下"西洋"时间地点考论[J]. 东方论坛, 2013（3）.

# 《河南博物院院刊》征稿启事

为适应文博事业发展的新内容、新趋势和新要求，提升文博学术研究水平，搭建学习交流的平台，推动河南文博事业的创新发展，河南博物院集结出版《河南博物院院刊》，每年两期。刊物栏目如下：

1. 考古探索（考古资料及相关理论方法研究）
2. 博物馆学（博物馆学理论方法与实践探索研究）
3. 展览评议（以国内外原创性展览为主要研究对象）
4. 文物品鉴（馆藏及考古出土文物研究）
5. 史学发微（历史文化研究）
6. 院史专题（河南博物院早期历史研究）
7. 文化遗产与保护（物质、非物质文化遗产的保护研究）
8. 艺文园地（艺术史、艺术作品等方面研究）
9. 书刊评价（考古文博类图书推介）

现将投稿要求和具体格式启事如下：

1. 投稿文章，敬请提供电子文本，提供文章的关键词、中文摘要及作者简介（工作单位、职称、主要研究方向、邮政编码、联系方式等）。投稿时请标明"投稿《河南博物院院刊》"。

2. 来稿要求文字精练、标题准确、层次清晰、观点鲜明、图文并茂。引文核对准确，注释一律放在文末并注明出处，注释的格式参照国际标准；图片请提供600dpi以上的清晰大图，图表请注明名称、来源。

3. 自收稿之日起，编辑部将在3个月内给作者答复来稿处理意见，如在此期限内未收到采用通知，作者可另行处理稿件并告知我刊。稿件恕不退还，请自留底稿。

4. 凡向本刊投稿，稿件录用后即视为授权本刊，并包括本刊关联的出版物、网站及其他合作出版物和网站。

5. 在不改变原意的前提下，本刊有权对来稿进行必要的文字处理。

6. 所有稿件应为作者独创，不得侵犯他人著作权或其他权利，如有侵权，由稿件署名人负责。

7. 本刊已许可中国知网以数字化方式复制、汇编、发行、信息网络传播本刊全文。本刊支付的稿酬已包含中国知网著作权使用费，所有署名作者向本刊提交文章发表之行为视为同意上述声明。如有异议，请在投稿时说明，本刊将按作者说明处理。

通讯地址：河南省郑州市农业路8号河南博物院研究部　　邮编：450002
电话：0371-63511064　　电子信箱：hnbwyyk@163.com

《河南博物院院刊》编辑部